Klaus von Beyme

Parteien im Wandel

Klaus von Beyme

Parteien im Wandel

*Von den Volksparteien zu den
professionalisierten Wählerparteien*

Westdeutscher Verlag

Die Deutsche Bibliothek – CIP-Einheitsaufnahme
Ein Titeldatensatz für diese Publikation ist bei
Der Deutschen Bibliothek erhältlich

1. Auflage Oktober 2000

Alle Rechte vorbehalten
© Westdeutscher Verlag GmbH, Wiesbaden, 2000

Der Westdeutsche Verlag ist ein Unternehmen der
Fachverlagsgruppe BertelsmannSpringer.

Das Werk einschließlich aller seiner Teile ist urheberrechtlich geschützt. Jede Verwertung außerhalb der engen Grenzen des Urheberrechtsgesetzes ist ohne Zustimmung des Verlags unzulässig und strafbar. Das gilt insbesondere für Vervielfältigungen, Übersetzungen, Mikroverfilmungen und die Einspeicherung und Verarbeitung in elektronischen Systemen.

www.westdeutschervlg.de

Höchste inhaltliche und technische Qualität unserer Produkte ist unser Ziel. Bei der Produktion und Verbreitung unserer Bücher wollen wir die Umwelt schonen. Dieses Buch ist auf säurefreiem und chlorfrei gebleichtem Papier gedruckt. Die Einschweißfolie besteht aus Polyäthylen und damit aus organischen Grundstoffen, die weder bei der Herstellung noch bei der Verbrennung Schadstoffe freisetzen.

Umschlaggestaltung: Horst Dieter Bürkle, Darmstadt

ISBN 978-3-531-13578-6   ISBN 978-3-322-90730-1 (eBook)
DOI 10.1007/978-3-322-90730-1

Inhaltsverzeichnis

Einleitung 9

1. **Der Wandel der theoretischen Grundlagen der Parteienforschung** 14
   1. Die Grenzen einer Theorie der Parteien 14
   2. Der Wandel im Verhältnis von Parteien und sozialen Bewegungen 18
   3. Der Wandel der Typologien von Parteien 24

2. **Der Wandel auf der Wählerebene** 43
   1. Abnehmende Parteienidentifikation 43
   2. Wachsende Apathie der Wähler – abnehmende Wahlbeteiligung? 52
   3. Die Zunahme der Fluktuation von Wählerstimmen (volatility) 57

3. **Entideologisierung der Parteien und die programmatische Annäherung der Parteienfamilien** 64
   1. Das Ende des Rechts-Links-Schemas 64
   2. Gewichtsverschiebungen zwischen den Parteifamilien 70
   3. Ideologische Distanz und ideologische Konvergenz der Parteien im System 88
   4. Der Cleavage-Ansatz in der Konsolidierung der neuen Demokratien 96

4. **Der Wandel der Parteiorganisation** 104
   1. Der Mitgliederschwund in den Parteien 104
   2. Entkopplung von Parteien und Verbänden 123
   3. Die Etatisierung der Parteienfinanzierung 127
   4. Die Professionalisierung der Führung und die innerparteiliche Demokratie 144

5. **Der Wandel auf der Ebene des Parteiensystems** 158
   1. Fragmentierung der Parteien und Mäßigung des Pluralismus im Parteiensystem 158
   2. Die Wiedergewinnung der Autonomie der Parlamentsfraktion gegenüber der Parteiorganisation 167

3. Die Ausweitung der Koalitionsfähigkeit der Parteien
und die Annäherung der Policy-Positionen 175

Konklusion: Party Change – Faktoren des Wandels von den Volksparteien zu den professionalisierten Wählerparteien.................. 191
1. Die Ära der ideologisierten Massenparteien 192
2. Die Ära der Volksparteien 192
3. Die Ära der professionalisierten Wählerparteien 197
4. Determinanten des Parteienwandels 202

Literatur.. 210

Tabellen:

Tabelle 2.1: Wahlbeteiligung bei Parlamentswahlen 54
Tabelle 2.2: Wählerfluktuation in Parteiensystemen (1950-1999)........ 59
Tabelle 2.3: Wählerfluktuation nach Gründungswahlen
in neuen Demokratien.. 61
Tabelle 3.1: Die Fraktionen im Europäischen Parlament
in den 90er Jahren.. 76
Tabelle 3.2: Parteifamilien in Osteuropa.. 101
Tabelle 4.1: Anteil der direkten Staatsfinanzierung am Einkommen
der Parteien.. 141
Tabelle 5.1: Typologie der Parteiensysteme.. 159
Tabelle 5.2: Typologie der Parteiensysteme in der Ära der Volksparteien
(70er Jahre).. 160
Tabelle 5.3: Zahl der relevanten Parteien, die über 2% der
Stimmen erhielten.. 164
Tabelle 5.4: Regierungs- und Koalitionsmuster
in Transformationssystemen.. 166
Tabelle 5.5: Parteifragmentierung und Dauer der Regierungen........... 178
Tabelle 5.6: Dauer der Kabinette.. 179
Tabelle 5.7: Alternierende Regierungen und Koalitionen.................... 180
Tabelle 5.8: Gesamtwirtschaftliche Daten im internationalen Vergleich:
Do parties matter?.. 188
Matrix 1.1: Wandel der sozialen Bewegungen.................................... 23
Matrix 1.2: Ideologische Dimensionen des Verhaltens von Parteien.... 32

Schema:	Soziraler Wandel und Wandel der Parteien 13
Schema 3.1:	Soziale und politische Cleavages und ihre Widerspiegelung in den Parteien Osteuropas 98

Abkürzungen

APSR American Political Science Review
BJPS British Journal of Political Science
EJPR European Journal of Political Research
PVS Politische Vierteljahresschrift
WEP West European Politics
ZParl Zeitschrift für Parlamentsfragen

Einleitung

Die Parteien stellen eines der wenigen Forschungsbereiche dar, welche der Politikwissenschaft fast exklusiv überlassen wurden. Die Politologen dankten dies mit der Konzentrierung auf dieses Gebiet, allerdings um den Preis der Vernachlässigung anderer Bereiche, z.B. der Regierungs- und Parlamentsstudien. Erst spät haben sich die Juristen wenigstens für den Aspekt des Parteienrechts interessiert (Tsatsos 1990).

Die Parteienforschung ist in ihrer Reputation gehandikapt, weil sich dieser Bereich als nicht sehr theoretisierbar erwies (Kap.1.1). Soweit Generalisierungen vorgenommen wurden, erwiesen sie sich von Ostrogorski und Michels bis zu Duverger und Kirchheimer als falsch. Dennoch war ihnen eine breite Diskussion sicher. Es ist in der Forschung wichtiger, profilierte aber unhaltbare Hypothesen zu riskieren als differenziert und nach Ländern unterschieden abzuwägen. Die nachkommenden Forscher danken es einem Theoretiker mit nicht enden wollenden Widerlegungsversuchen. Die eigene Aussage ist häufig vom Typ: "hier irrte Goethe".

Mit der geringen Theoretisierbarkeit verbunden ist die Öffentlichkeitsträchtigkeit des Themas. Keine Wahl vergeht, ohne daß die halbe Zunft in Rundfunkinterviews und Fernseh-Talkshows "Common-sense-Wissen" zum besten gibt. Die Parteienforschung geriet so in den Geruch, nur gehobenen Journalismus darzustellen. Diese "Schande" wird durch methodologische Hochrüstung der quantitativen Forschung zu tilgen versucht. Das mag einer der Gründe dafür sein, daß der Rational Choice-Ansatz auf dem Vormarsch ist und dem früheren verhaltenstheoretisch orientierten Behavioralismus an Häme heimzahlt, was dieser einst den Institutionalisten und Historikern angetan hatte. Er hat den Vorteil, daß man statt harten Umfrage- und Aggregatdaten über Mitgliedsbewegungen und Wählerfluktuation mit "stilisierten" Daten arbeitet. Die Präferenzen der Akteure in den Parteien werden nicht mehr empirisch ermittelt, sondern im Modell rationaler Spieler und Gegenspieler fingiert. Dieser Ansatz ist mehr an Prognosen als an der Wiedergabe *der politischen Realität* interessiert und daher nur im Nachhinein falsifizierbar. Aber kein Zweifel: Die Parteien- und Wahlforschung eignet sich besser als andere Unterdisziplinen für die Anwendung von Rational Choice-

Methoden – vor allem im Bereich der Koalitions- und Regierungsbildung (Kap. 5.3).

Das Schema "Sozialer Wandel und Wandel der Parteien" demonstriert die Anlage dieser Studie. Auf der *Gesellschaftsebene* vollziehen sich Wandlungen von der Individualisierung bis zur Globalisierung, die von Parteien an der Macht nicht kontrolliert werden. Es gibt jedoch auch Prozesse wie die Europäisierung, welche die Parteien partiell steuern können. Auf der *Wählerebene* haben diese gesellschaftlichen Prozesse ihre Rückwirkungen. Die Parteien können einige Wandlungen wie die Entideologisierung und die Abnahme der Parteiidentifikation kaum steuern, versuchen jedoch durch Flexibilisierung der Policy-Angebote, durch Kommerzialisierung der Wahlwerbung, durch Professionalisierung der Zielgruppensuche und durch Medienorientierung der Wahlkämpfe Einfluß auf das Verhalten der Wähler zu nehmen. Am größten scheint der Handlungsspielraum auf der *Ebene der Parteiorganisation* zu sein. Hier sind die Abnahme der Mitgliedschaft und die Auflösung der Bindungen zu organisierten Interessen sowie die Angleichung der sozialen Zusammensetzung der Parteien auch durch gezielte Mitgliederpolitik nicht aufzuhalten. Aber auf dieser Ebene wird durch Förderung der organisatorischen Flexibilisierung durch Professionalisierung und Etatisierung in der Finanzierung der Parteiarbeit mancher Verlust kompensiert. Auf der *Ebene des politischen Systems* können die koalitionsfähigen Parteien ebenfalls gewisse Prozesse nicht steuern, z.B. das Aufkommen der Konkurrenz von neuen sozialen Bewegungen. Aber die Organisationen antworten durch eine Reautonomisierung der Fraktionen, durch eine Annäherung der Policy-Positionen und durch Angleichung der Rekrutierungsmuster der Parteien mit einigen Erfolgen.

Parteienforschung ist wegen der ständigen Aktualität ein frustrierendes Geschäft. Alle paar Jahre ist sie mit aufregenden Untergangsszenarien beschäftigt. *"Decline of Parties"* wird auch in der seriösen szientistischen Literatur pausenlos diskutiert. Wenige Parteiensysteme sind wirklich untergegangen, wie das in Italien 1994. Ein schwarzer Freitag für Parteienforscher, die diesem System trotz Korruption und Krisen jahrzehntelang eine erstaunliche Adaptionsfähigkeit nachgesagt hatten. Es war wie beim Untergang des Kommunismus: plötzlich hatten es alle schon immer gewußt. In anderen Ländern ist das Parteiensystem nur stark herausgefordert worden durch neue Kräfte in der Arena: vor allem in Dänemark 1973 und 1998, in Belgien durch die ethnischen Parteien, in Österreich durch die Erfolge der FPÖ, in Deutschland durch den Aufstieg der Grünen. Aber von Niedergang konnte keine Rede sein, obwohl fast alle Einzelbefunde der Forschung zutrafen: die Mitgliederzahlen, die Parteiidentifikation sanken, die Wählerfluktuation und die Fragmentierung des Parteiensystems nahmen zu. Wie kam es gleichwohl zu mehr als zum Überleben der Parteien? Die Parteienstaaten gewannen an Einfluß in anderen Bereichen (z.B. durch Etatisierung von Organisation und Finanzierung oder die Penetrierung der Gesellschaft und damit die Ausweitung der sehr erfolgreich ausgebauten Rekrutierungsfunktion).

Die Geschichte der Parteienforschung ist die Geschichte überholter Krisenszenarios. Nach einem Vierteljahrhundert versteht niemand mehr, warum Sartori (1976) den polarisierten Pluralismus so gefährlich fand – außer bei den historischen Beispielen (Untergang der Demokratien von Spanien bis Deutschland zwischen den Weltkriegen). Die meisten der Typen von Parteiensystemen, die Sartori klassifizierte, sind in der Ära der Wählerparteien zu historischen Schulbuchtypen geworden – besonders die Zweiparteiensysteme und die demokratischen Regime mit einer hegemonialen Partei.

Der Wandel, der alle Typologien nach 20 Jahren überholte, hat auch die Rettungsversuche der Klassifikation Sartoris überholt (vgl. von Beyme 1982, 1984). Nicht überholt wurde die Gelassenheit der damaligen Konklusionen: Es gab viel Wandel, aber keinen Niedergang. Aber die Gewichte der Analyse haben sich verschoben: Ganze Bereiche des einstigen Forschungsstandes sind uninteressant geworden. Die ideologischen Distanzen zwischen den Parteifamilien haben sich verkleinert. Die Sozialstruktur der Wähler und der Parteimitglieder wird kaum noch untersucht. Die älteren Zahlen sind wenig aussagekräftig: "*Representation from above*" (Esaiasson/Holmberg 1996) hat sich in der Periode der Wählerparteien verstärkt. *Meinungsrepräsentativität* wird von den Wählern verlangt. *Soziale Repräsentativität* der Mandatsträger und Parteiführer fordert nur noch eine Minderheit. Organisationsdaten und Mitgliederbewegungen sind mit großer Akribie verfolgt worden (Katz/Mair 1992, 1994) und haben die älteren Daten in die rein historische Relevanz abgedrängt, die nur noch für die Periode der Volksparteien interpretiert werden können.

Der neue Trend der Parteienforschung rückte *"party change"* in den Vordergrund. Zentrum des Bemühens ist der Entwicklungsschritt der letzten zwanzig Jahre von den Volksparteien zu den Wählerparteien der Berufspolitiker. Einige Bereiche, wie die Parteienfinanzierung, haben in dieser Entwicklung an Gewicht gewonnen. "Die politische Klasse im Parteienstaat" (von Beyme 1992, 1995) war eine Vorarbeit, den neueren Wandel der Parteien zu erfassen. In anderen Bereichen kommt der Autor zu ganz anderen Schlüssen als vor zwanzig Jahren: Das Gewicht der Fraktionen gegenüber den Parteizentralen hat durch die Professionalisierung der Parteieliten zugenommen (Kap. 5.2). Vor zwei Jahrzehnten hat sich ein großer Teil der Literatur von der Reideologisierungswelle Ende der 60er und Anfang der 70er Jahre irreführen lassen. Damals mußte man sich noch der Frage widmen, ob Kirchheimers Prognosen über die Durchsetzung der Volksparteien zuträfe. Heute muß man sich eher fragen, ob der Typ der Volkspartei – soweit er sich durchsetzte – nicht längst die neue Qualität einer Rahmenpartei mit Resten von Massenmitgliedschaft angenommen hat. Mitgliedermassen gibt es in einigen Parteien noch immer, aber ihr Gewicht für die Wahlentscheidung, die Programmformulierung und die Politikdurchsetzung hat abgenommen. Die Wählerpartei hat die Mitglieder zu "Botschaftern der Partei in der Gesellschaft" degradiert. Sie sind noch immer ein verläßliches Wählerpotential, das man nicht mutwillig verprellen kann. Aber als potentielle Aktivisten und "militants" sind sie für die Wahlschlachten bedeutungslos geworden. Aktivisten sind nach Abflauen der Ideologisierung und Mobilisierung der 70er Jahre für das professionelle Wahlkampfmanagement eher ein Störfaktor. Regelmäßigkeiten der Koalitionsbildung müssen in der Ära der Wählerparteien neu evaluiert werden. Der geordnete Rückzug aus dem traditionellen Wohlfahrtsstaat der klassischen Moderne hat selbst die sozialdemokratische Parteifamilie grundlegend gewandelt.

Der Verfasser bleibt trotz des rasanten Wandels der Parteien bei seinen optimistischen Ansichten von 1982. Es gibt keinen Niedergang der Parteien, sondern allenfalls den überfälligen Rückzug aus Bereichen, in welche diese nicht mehr gehören. Gingen die Parteien je unter, müßten sie wieder erfunden werden. Als Klammer für die Willensbildung innerhalb und außerhalb von Parlament und Regierung sind sie noch immer unersetzbar. Was als Arbeit an einer dritten Auflage eines älteren Buches begann, wurde zu einer neuen Studie, die sich auf eine Generalthese zuspitzen ließ. Daher konnte auf viele Details, die einst zu einer "comprehensive study" gehörten, verzichtet werden. Ein Autor, der sich der historischen Betrachtungsweise unter systematischen Fragestellungen verpflichtet weiß, muß zur Kenntnis nehmen: Je deskriptiver die Darstellung, um so schneller wird sie vom Wandel überholt – und dient nur noch als Material der Geschichtswissenschaft.

Schema: *Sozialer Wandel und Wandel der Parteien*

	Gesellschaftsebene	Wählerebene	Ebene der Parteienorganisation	Ebene des politischen Systems
Unkontrollierte Prozesse	Individualisierung Abnahme sozialer Bindungen Abkopplung des Verhaltens von sozialstrukturellen Determinanten Entstehung der postindustriellen Dienstleistungsgesellschaft Bedeutungszuwachs der Massenmedien Digitalisierung Globalisierung	Entideologisierung Abnahme der Parteiidentifikation Zunahme der Wahlenthaltung Zunahme der Fluktuation der Wählerstimmen	Abnahme der Mitgliederzahlen Auflösung der Bindungen zu organisierten Interessen Angleichung der sozialen Zusammensetzung von Parteien	Fragmentierung des Parteiensystems Konkurrenz von sozialen Bewegungen Abbau der Dominanz einer Parteifamilie Mäßigung des Pluralismus im Parteiensystem
Wandlungen, die vom politischen System partiell gesteuert werden	Abnehmende Steuerungsfähigkeit von Parteien an der Macht Europäisierung	Flexibilisierung der Policy-Angebote Kommerzialisierung der Wahlwerbung Professionalisierung der Zielgruppensuche Medienorientierung der Wahlkämpfer	Konzentration auf Wähler, Entstehung professionalisierter Wählerparteien Öffnung für Nichtmitglieder Professionalisierung der Parteiführung Stärkung der Stabsarbeit Etatisierung der Parteifinanzierung Durchsetzung gesellschaftlicher Bereiche (staatliche Wirtschaft, Medien, Bildungssystem) Meinungsresponsivität statt sozialer Repräsentanz von Gruppen (Ausnahme: Frauen- und Minderheitenquoten)	Wiedergewinnung der Autonomie der Fraktion gegenüber der Partei Annäherung der Policy-Positionen Angleichung der Rekrutierungsmuster der Parteien

1. Der Wandel der theoretischen Grundlagen der Parteienforschung

1. Die Grenzen einer Theorie der Parteien

Die Parteienforschung hat sich mit der Theoriebildung schwerer getan als andere Bereiche der Sozialwissenschaften. Vielfach blieb sie in der typologischen Vorarbeit stecken, oder sie wandte sich dem formalistischen Rational Choice-Ansatz zu, der ökonomische Marktmodelle auf die Politik übertrug und den politischen Markt so formal abhandelte wie den wirtschaftlichen oder den Heiratsmarkt. Immerhin hat sich nach 1945 eines gebessert: Parteientheorie war nicht mehr in den Dienst eines handfesten Vorurteils gestellt. Von der Antike bis 1918 überwogen harmonistische Konkordialehren, welche den Parteienstreit diskriminierten (von Beyme 1978). Als die Parteien schließlich akzeptiert wurden, sind von Ostrogorski (1903, 1964) bis Michels (1911, 1989) Depravationstheorien über die innere Struktur der Parteien geboten worden. Zwei Theoretiker sublimierten ihre Enttäuschungen in der praktischen Politik – der eine bei den russischen "Kadetten" (Liberale), der andere bei den deutschen Sozialdemokraten – in einer Theorie. Beide hatten alternative Ordnungsvorstellungen für den politischen Raum. Ostrogorski bekämpfte mit seinem Schlachtruf "nieder mit den Parteien, hoch die Ligen" die Massenorganisationen der Caucus-Parteien und strebte zurück zum Honoratiorenverband. Michels wandte sich einem syndikalistsichen Bewegungsmodell zu, das sich schließlich sogar als anfällig für faschistische Gedanken erwies.

Theorien umfassen analytische Aussagen, Prognosen und normative Urteile. Von Durkheim bis Downs (1957: 21) hat es aber immer einen Zweig der empirischen Wissenschaft gegeben, der mehr an den Prognosen als an der analytischen Deskription interessiert war. Aber auch das normative Element war stark in früheren Theorien der Politik, vor allem bei Kirchheimer und der Diskussion um die Volksparteien.

Wo die Prognose im Zentrum steht, muß die Auswahl der Daten begrenzt werden, und die Fakten sind weitgehend "stilisiert" – nicht mehr empirisch abgefragt, wie noch im Behavioralismus, sondern Konstruktionen möglicher Präferenzen der parteilichen Akteure. Die Prognosefähigkeit von Koalitionstheorien und Modellen des Verhaltens rationaler Wähler erweist sich freilich immer wieder als begrenzt. In solchen Fällen bauen die Wissenschaftler gern die Rückzugsposition auf, daß der "heuristische Wert" solcher Modelle die Fähigkeit zur Vorhersage von Entwicklungen überwiege (Browne/Rice 1979: 86). Die Modellästhetik solcher Bemühungen ist beträchtlich, der Ertrag aber steht vielfach in keinem Verhältnis zum Aufwand an Zeit und Geld.

Vom *typologischen Ansatz* auf der Basis deduktiv-normativer oder induktiver Theorien sind weit weniger weitreichende Generalisierungen zu erwarten als vom Modellansatz. Obwohl mehr historisch-soziale Komplexität in den Typologien bewahrt wird als in den Modellansätzen, neigt er ebenfalls zu starken Reduktionen.

Bei Duverger begann die Nachkriegsforschung mit der Reduktion der Komplexität auf die Typologie der Grundeinheiten von Parteien, aus denen allzu weitreichende Schlüsse gezogen wurden. Die sozialistische Partei – und hier ihr Prototyp SPD, die von Michels und Duverger gleichsam zum Bild der Urpartei hochstilisiert wurde – bekam einen geheimen normativen Stellenwert, da bürgerliche Komiteeparteien als überholt eingestuft wurden. Die Entwicklung der Volksparteien, in der sozialistische Parteien Züge der bürgerlichen Honoratiorenparteien annahmen und die bürgerlichen Gegenparteien einen Teil des Organisationspatriotismus der Sozialisten erlernten (vor allem die christdemokratischen Parteien), wurde daher vorschnell durch eine negativ getönte normative Brille gesehen.

Ebenso einseitig konnten die Resultate der typologischen Ansätze sein, die eher mit der Parteiensystemperspektive an den Forschungsgegenstand herangingen. Sartoris Versuch klammert soziale Grundlagen der Parteien weitgehend aus zugunsten einer politischen Dynamik im Parteiensystem, in der Regierungsbildungsprozesse und Systemerhaltungsstrategien den Maßstab für die Beurteilung abgeben, um den Preis handfester Einseitigkeiten über die Randparteien vor allem in seinem Typ des fragmentierten Pluralismus. Das Profil der einzelnen "familles spirituelles" und ihre Dynamik blieben blaß angesichts der Interparteidynamik, obwohl das Buch zuerst die "Parteien" und erst an zweiter Stelle die Parteiensysteme im Titel führte.

Klagen über Theoriedefizite gibt es in allen Bereichen der Politikwissenschaft. Mir scheint jedoch die Bildung allgemeiner Theorien im Bereich dieses Kernstücks der Disziplin, der Parteienforschung, besonders schwer, und zwar aus mehreren Gründen:

Historisch gesehen sind Parteien ein *organisatorisches Substitut für die Herrschaft der alten aristokratischen und frühbürgerlichen Eliten*, die noch so naturwüchsig mit den Zentren der Macht sozial verbunden waren, daß sie besonderer Organisationsformen nicht bedurften. Erst die Herausforderer (Liberale, Radikale, Sozialisten, christlich-soziale Gruppen) im 19. Jahrhundert organisierten sich als Partei. Die Konservativen waren die erste Partei nur dort, wo die Liberalen sie von der Macht verdrängt hatten, noch ehe diese sich förmlich als Partei konstituiert hatten (Ära Walpole in England, frühe Restaurationszeit in Frankreich). Schon in vordemokratischen Systemen hat jede Partei die Entstehung ihrer Gegenpartei herausgefordert. In einer der ersten Parteitheorien in Deutschland bei dem Historiker Niebuhr hieß es 1815 treffend: "Sobald es eine Partei gibt, so sind es auch deren zwei". Dies führte dazu, daß der Interaktionsaspekt den Gegenstand weit mehr konstituiert als bei anderen Organisationsformen der Moderne von den Verbänden bis zu den Bürokratien. Die Ebenen der Partei und des Parteiensystems sind ständig vermischt und lassen sich analytisch nur um den Preis gewisser Willkürlichkeiten sondern.

Selbst bei Beschränkung auf den *organisatorischen Kern der Binnenstruktur von Parteien* sind weniger Generalisierungen über das Organisationspotential möglich. Parteien haben im Gegensatz zu Interessengruppen kaum positive oder negative Sanktionen, um die Angehörigen der Zielgruppen, um die sie werben, zum Beitritt zu bewegen. Für Parteien läßt sich daher die " Logik des kollektiven Handels", wie sie Olson mit einer Theorie über die Anreize zur Förderung der Organisationsbereitschaft für die Verbände entwickelt hat, nicht ohne weiteres annehmen. Gleichwohl ist der Versuch gemacht worden, Olsons Modell auf die Parteien zu übertragen (Barnes 1968: 121). Mit begrenztem Erfolg, da viele organisatorische Anreize, die Verbänden zur Verfügung stehen, bei den Parteien entweder fehlen oder allenfalls für die Führungskräfte, nicht hingegen für die Masse der Mitglieder von Bedeutung sind. Nur die Parteieliten und Karrierebeamten haben auch materielle Interessen, die in der Parteipolitik gefördert werden können. Führungsposten in der Organisation hingegen sind weniger attraktiv. Parteifunktionäre werden weder besonders gut bezahlt, noch genießen sie ein hohes soziales Prestige. Die Amateure der Politik, die den Berufspolitikern noch immer Konkurrenz machen, sind zwar für ihre Wiederwahl auf die Partei zunehmend angewiesen, aber sie haben im System der repräsentativen Demokratie noch Freiheitsspielräume gegenüber der Partei- und Fraktionsorganisation. Amateur- wie Berufspolitiker haben im parlamentarischen System als Repräsentanten mehr Autonomie als die Führungskräfte anderer Großorganisationen in Industrie, Bürokratie oder Verbänden.

Die *Grenzen von Subsystemeinheiten wie Parteien* sind fließender als bei anderen Großorganisationen, welche von den Sozialwissenschaftlern untersucht werden. Wo eine formelle Parteimitgliedschaft im europäischen Sinne nicht existiert, wie in den USA, wurde die Erforschung der Parteiidentifikation zum funktionalen Äquivalent für die organisierte Mitgliedschaft, wie sie in Europa überwiegt. Auf diese Weise bekam der Begriff der Partei in der quantifizierenden

1.1 Die Grenzen einer Theorie der Parteien 17

Wahlverhaltensforschung wieder eine entscheidende Stellung. Bis dahin hatte er nur eine subsidiäre Rolle gespielt. Parteien waren zuvor eher wie eine Art "Durchlauferhitzer" für Attitüden angesehen worden, die in der Phase der politischen Sozialisation erworben wurden. Die Parteien waren für den älteren sozialen Gruppenansatz ein Umschlagplatz längerfristiger sozialer Gruppenloyalitäten. Der sozialpsychologische Ansatz hingegen zog die Parteien nur als eine der Sozialisationsagenturen in Betracht, die die politische Sozialisation in Konkurrenz mit dem Elternhaus, Peergroups, Medien, Schulen und anderen Institutionen beeinflussen. Beide Ansätze offenbarten Vorzüge und Schwächen: Der Gruppenansatz zur Erklärung von Wahlverhalten konnte langfristige Entwicklungen relativ gut erklären. Für kurzfristige Wandlungen hingegen, wie sie durch neue Parteien, neue Wahlkampfthemen ("issues") und Kandidaten bewirkt wurden, war der Ansatz nicht flexibel genug. Parteientheorie ist in beiden Ansätzen in der ständigen Gefahr, in eine Theorie der Wählerbewegung ausgeweitet zu werden und somit den Kern der Institution "Partei" zu verfehlen.

Parteien sind noch enger als andere soziale Gebilde mit den *sozialen Bewegungen* verbunden, die in Wellen die Gesellschaft zu verändern suchen. Jeder neue "cleavage" (Konfliktlinie), jede neue "famille spirituelle" ist in der Regel aus einer sozialen Bewegung hervorgegangen. Dies führt zu der Gefahr, daß jede neue soziale Bewegung allzu modisch in eine Krise der Parteien umgedeutet werden kann, als ob nicht jede Partei das Produkt einer vergangenen Krise gewesen wäre, und daß dabei die Absorptionsfähigkeit des Parteiensystems – bei leichten Änderungen der Spielregeln ohne grundsätzliche Erdrutsche – unterschätzt wird. Der "nothing new under the sun"-Approach des berühmten Diktums von Lipset und Rokkan, daß die Konfliktstrukturen der 20er Jahre erstaunlicherweise noch die der 60er Jahre seien, schien einige Zeit fragwürdig geworden zu sein. Dänemark und Holland erschütterten ihn am nachhaltigsten, aber andere Systeme entwickelten sich weitgehend zurück zur "Normalität" (etwa Frankreich und Norwegen). Nur die Niederlande haben in den letzten Jahren noch jeden neuen Konflikt auch in eine neue Partei umgesetzt. Der Preis war eine ungewöhnlich hohe Fluktuation der kleineren Parteien, kein wirklicher Paradigmenwandel.

Parteien sind *staatsbezogener* als andere gesellschaftliche Organisationen. Die funktionellen Imperative, die sich daraus ergeben, werden vor allem von Wissenschaftlern übersehen, die mit der "Staatsableitung" auch die "Parteiableitung" treiben, und das, was Raschke (1977) den "gebrochenen Spiegel" nannte, gern wieder als heilen Spiegel haben möchten, in dem die sozialen Konfliktstrukturen ungebrochen reflektiert werden. Der Konflikt zwischen Integrations- und Konflikt- oder Transmissionsparadigmen tobt letztlich um die Frage des präskriptiven

Gewichts der einzelnen Funktionen, vor allem jener, die auf den Staat bezogen sind.

Viele Vorwürfe der Theorielosigkeit sind irrelevant. Gerade der holistische Theoretiker unter den Staatsableitern huldigt einer Arbeitsteilung, die er theoretisch völlig ablehnt, und überläßt die Niederungen der Parteienforschung der bürgerlichen Wissenschaft. Der orthodoxe Behavioralist als das andere Extrem, dem oft mit Recht extreme Fragmentierung seines Horizonts vorgeworfen wird, ist in diesem Punkt eher Praktiker der Einheit von Theorie und Praxis. Es werden von ihm keine weiter reichenden theoretischen Aussagen angestrebt, als er mit seinen beschränkten Daten absichern kann. Ausnahmen gibt es freilich.

Mit den metatheoretischen Positionen der Politischen Theorie verbinden sich drei unterschiedliche Typen von Parteientheorie, die treffend als *Integrations-*, als *Konkurrenz-* und *als konfliktorisches Transmissionsparadigma* eingeteilt wurden. Das Integrations- und das Konkurrenzparadigma, die bei Wiesendahl (1980) gesondert wurden, sind Varianten eines Ansatzes, der von den Funktionsbedingungen des politischen Systems in seiner bestehenden Form ausgeht. Der *Integrationsansatz* im engeren Sinne tendiert eher zu typologischen Methoden, das *Konkurrenzparadigma* in der Theorie elitärer Demokratie der Schumpeter-Downs-Schule neigt eher dem Modelldenken zu. Es teilt mit dem *Transmissionsansatz* der dialektischen Schulen eine holistische Schau, die beim Gesamtsystem ansetzt. Der systemtheoretische Integrationsansatz tut dies freilich nicht in der normativen Absicht, die Relativität dessen, was ist, aufzuzeigen und seinen Bestand zu verunsichern.

Die *konflikttheoretischen* Vertreter des Transmissionsparadigmas nahmen lange für sich in Anspruch, allein eine Theorie der Parteien zu besitzen, obwohl sie sich erst spät für Parteien zu interessieren begannen und dies heute noch mit schlechtem Gewissen und allerlei Rekurs auf Gramscis Erkenntnisse der im Überbau wirkenden Eigengesetzlichkeiten tun. Sie pflegen den halblinken Theoretikern den Vorwurf mangelnder Theoriebemühung heimzuzahlen, den diese gegenüber den "bürgerlichen Positivisten" reichlich benutzten.

2. Der Wandel im Verhältnis von Parteien und sozialen Bewegungen

Immer wieder ist ein Ende der Parteien prognostiziert worden. Es schien nahe herbeigekommen, als die neuen sozialen Bewegungen zur konkurrierenden Organisationsform der Parteien wurden. Dabei hat man freilich im normativen Überschwang das "neue" stark überschätzt.

Alle Parteien der Geschichte sind aus Bewegungen hervorgegangen. Die Vielzahl der Parteien, die keine Bewegung hinter sich hatten und aus vorüberge-

1.2 Der Wandel im Verhältnis von Parteien und sozialen Bewegungen

henden Führungscliquen entstanden, haben keinen Bestand gehabt. Das bedeutet aber nicht, daß die neuen sozialen Bewegungen schlicht ein ähnliches Verhältnis zu den Parteien haben wie die alten. Die Vorstellung, daß eine Bewegung zu Ende geht, wenn sie sich als Partei institutionalisiert, ist sowohl ahistorisch als auch für die Analyse der Gegenwart nicht recht zu gebrauchen.

Das Verhältnis von Partei und Bewegung ist in vielen Ländern viel komplexer gewesen als in Deutschland, daher droht die Verallgemeinerung deutscher Erfahrungen für die Deutung der Vergangenheit wie der Zukunft in die Irre zu führen. Wo die Arbeiterbewegung nicht einfach von einer Partei dominiert wurde – und in den außerdeutschen Modellen war das nirgendwo der Fall – war sie ein gutes Beispiel für die Koexistenz von Bewegung und Partei. Die Christdemokraten haben eine Koexistenz mehrerer Bewegungssäulen von Anfang bis heute gezeigt.

Ein Teil der neuen Berührungsängste mit Parteien und der magischen Überhöhung der nichtinstitutionellen Aspekte der neuen sozialen Bewegungen resultierte aus der einseitigen Verabsolutierung deutscher Traditionen, die zum Teil falsch wahrgenommen werden. Die Angst vor der Institutionalisierung führte in der Wissenschaft zum bewußten oder unbewußten Übernehmen der alten Weber-Michels-Thesen über die Veralltäglichung des Charismas bei institutionalisierten Gruppen, die unweigerlich einem Oligarchisierungsprozeß unterworfen werden.

In der Organisationsgeschichte zeigt sich im Vergleich zwischen Frankreich und Deutschland ein Paradoxon: Das zentralisierte Frankreich hat im gesellschaftlichen Bereich der Gruppen und Parteien fragmentiert reagiert, während die deutsche Antwort auf die staatliche Zersplitterung eine erstaunlich zentralisierte Gruppen- und Parteienstruktur war. Diese Organisationsstrukturen haben in beiden Ländern vier verschiedene Regime überlebt und erweisen sich als wesentlich zählebiger als die Verfassungsinstitutionen. Die neuen sozialen Bewegungen haben bei uns insofern gemäß der deutschen Tradition gehandelt, als sie relativ rasch einen "Bundesverband der Bürgerinitiativen" und eine "Partei auf Bundesebene" hervorbrachten, zwei Institutionalisierungsversuche, die im Ausland gelegentlich Befremden über den Etatismus der Alternativen hervorgerufen haben.

Sich als Partei zu konstituieren ist in Deutschland für jede relevante Gruppe eine der ersten Erwägungen, während sie in Ländern mit relativem Mehrheitswahlrecht und anderen hohen Zugangsbarrieren die letzte der möglichen Überlegungen ist. Im internationalen Vergleich zeigt sich, daß die Begriffe der Parteien- und Interessengruppenforschung keineswegs völlig überholt sind.

Die Parteienlandschaft war in Amerika schon immer tief von sozialen Bewegungen durchdrungen. Die dritte Partei war von der "Free Soil Party" und der "Know Nothings Party" bis zu Sozialisten und Kommunisten in der Regel eine seltene Option. Soziale Bewegungen haben meist den Weg der "pressure groups", die *Unterwanderung einer Partei* gewählt. Der Rechten sagte man die

Unterwanderungstaktik nach, der Linken vielfach die Tendenz, sich eher als eigene Partei zu konstituieren – oder sie haben das Modell der *außerparlamentarischen Opposition* nach Art der Bürgerrechtsbewegung des SDS oder der Black Power vorgezogen (Rosenstone 1984). Eigene politische Gruppenbildung war vielfach nur eine Auseinandersetzung von Fraktionen innerhalb einer großen Partei wie bei der Wallace-Bewegung. Die Ventilfunktion dritter Parteien ist bedeutend, so gering ihre direkte politische Durchsetzungsfähigkeit auch *prima vista* gewesen ist.

Meine These ist, daß gerade die neuen sozialen Bewegungen Annäherungen an amerikanische Konfliktaustragungsmuster in Europa mit sich gebracht haben. Es gibt heute nach Auflösung der ideologischen Versäulung keine Abweichung von einem radikaldemokratischen Konsens mehr – bis hin zur Linken, die kein grundsätzlich anderes System mehr will (kein realer Sozialismus hat dauerhafte Sogwirkung behalten können), sondern zu den Ursprüngen des Demokratiegehalts der Verfassungsordnung zurück will. Huntington hat für Amerika einen permanenten Konflikt zwischen Idealen und Institutionen herausgearbeitet. Manches davon wird von der Basisbewegung auch bei uns übernommen.

Europa hat mit seinen überlappenden Konfliktlinien, von denen jede aus einer tiefen *Systemkrise* (liberale und nationale Bewegung, Arbeiterbewegung) oder wenigstens aus einer sektoralen *Partialkrise* hervorging (z.B. Agrarbewegung, christlich-soziale Bewegung), die Relikte überwundener Krisen weiter mitgeschleppt. Funktionswandel schuf neue Aufgaben für überholte Gruppierungen (z.B. Ökopartei für die ehemaligen Agrarparteien, die sich in Zentrumsparteien umbenannten). Damit wurden vielfältige Strukturen zum Aufsaugen neuer Protestbewegungen im politischen Raum bereitgestellt. In vergleichender Perspektive fällt eher auf, daß schwache, reformistische Umwelt- und Anti-AKW-Bewegungen in Schweden und in den USA im Vergleich zu den Grünen als Partei noch immer durchsetzungsfähiger sind.

Eine letzte These lautet, daß die neuen sozialen Bewegungen den Parteien noch weniger radikalalternativ gegenübergestellt werden können als früher, weil es eine größere Rollendifferenzierung im politischen Verhalten der Individuen gibt als je zuvor. Die alten versäulten Subkulturen der Bewegungen, vor allem der von der Wahlpolitik ausgeschlossenen (Sozialisten) oder durch sonstige Restriktionen unterprivilegierten Gruppen (Kulturkampf gegen christliche Parteien), haben keine Vielfalt des politischen Verhaltens erzeugt wie moderne soziale Bewegungen. Man hat einen Unterschied zu früher darin gesehen, daß die neuen sozialen Bewegungen vom neuen Milieu profitierten, während die etablierten Parteien in ihrem traditionellen Milieu kaum noch verankert sind (Raschke 1982: 13). Auch diese Annahme ist zum Teil Frucht eines Wunsches. Das neue Milieu bleibt weit autonomer gegenüber der Partei neuen Typs, als es das alte Milieu

1.2 Der Wandel im Verhältnis von Parteien und sozialen Bewegungen

jemals gegenüber einer Partei gewesen ist. Die These von der neuen Subkultur wird von vielen Anhängern der neuen sozialen Bewegungen auch eher für bedenklich gehalten. Traditionell haben solche Unterscheidungen mehr der Stigmatisierung als der Erweiterung von Spielräumen gedient. Keine moderne Bewegung kann verhindern, daß ihre Teile bestimmte Aktionsformen wählen und aus der großen Verweigerung heraustreten, wie das im 19. Jahrhundert noch vorkam. Damals konnte die Kirche in Italien bis zum Durchbruch der Popolari-Partei Don Sturzos 1919 fünf Jahrzehnte ihre Bewegung in eine unpolitische Wahlboykott- und "Parteienbildungsverbotspolitik" kommandieren. Heute ließe sich weder Wahlboykott noch Wahlbeteiligung steuern, weil Individuen und Gruppen in der Bewegung viel zu autonom geworden sind.

Eine gewisse *minimale Arbeitsteilung* stellt sich jedoch nicht nur zwischen den kollektiven Organisationsformen her, sondern entsteht als Ausdifferenzierung von Rollen, über deren Einsatz Individuen und Kleingruppen relativ autonom und unabhängig von einer Bewegung entscheiden. Vorbei sind die Zeiten, da man vom Durchschnittsbürger nur *konventionelles Verhalten* erwartete, das die Wahl- und Partizipationsforschung zu mehr oder weniger gebändigten Modellen der elitären Demokratie verarbeitete. Vorbei erscheinen auch die Zeiten, da alles *unkonventionelle Verhalten* als "revolutionär" eingestuft und der Revolutions- und Terrorismusforschung überantwortet wurde (das bedeutet freilich nicht, daß vor allem einzelne politische Akteure heute immer noch gern nach dem veralteten Forschungsstand verfahren möchten). Selbst Verhalten gegen das Regime wird heute vielfach neutral als *"unkonventionelles politisches Verhalten"* definiert.

Moderne Bewegungen beschränken sich auf ein "corriger la fortune", indem sie im Protest die Chancen von Minderheiten verbessern. Protest ist der große Gleichmacher. Konventionelles Wahlverhalten benachteiligt kleine Gruppen. Unkonventionelles Wahlverhalten gibt Minderheiten ein größeres Gewicht (Barnes/Kaase 1979: 532). Gleichmacherei liegt zusätzlich in der *Diffusion der Mittel*, die einst auf Unterschichtenbewegungen beschränkt waren. Selbst im ruhigen Nordeuropa gab es gelegentlich Ärztestreiks, und junge Unternehmer benutzen heute gelegentlich die Straßendemonstration, die sie früher als "gewerkschaftliches Mittel" verabscheut hätten. Da es kaum noch Mitteltabus gibt – abgesehen von offener Violenz –, ist der Freizeitprotestler nicht selten zugleich der durchaus rational abwägende Wähler und Teilnehmer an einer friedlichen Bürgerinitiative. Nur übertriebene Stigmatisierung durch staatliche Repression könnte die säuberlich abgegrenzten Revolutionsgruppen wiederherstellen, die das unkonventionelle Verhalten aus der Zeit des Primats der Arbeiterbewegung kennzeichnete.

In Dänemark, den Niederlanden und in Deutschland ließ sich ein Zusammenhang zwischen Anhängern neuer sozialer Bewegungen und kleineren postmaterialistischen Linksparteien nachweisen. In anderen Ländern, wie Schweden, wo sich die etablierten Parteien des Themenfeldes annahmen, wurden diese auch "elektoral" belohnt. Die Euphorie eines unilinearen Erklärungsmodells wurde gedämpft. Es gab einmal eine unheilige Allianz von antiszientistisch gestimmten Alternativen, welche die frohe Botschaft von Ingleharts "Silent Revolution" auf szientistischer Grundlage verkündeten, daß pro Jahr etwa ein Prozent Zuwachs an Postmaterialisten zu verzeichnen sei. Manchmal wurde man an die Illusionen der Kautskyschen Sozialdemokratie erinnert, die sich ausrechnete, wann sie durch Wahlen zum Siege kommen müsse, ohne zu bedenken, daß verbales Verhalten sich nicht in tatsächliches politisches Verhalten umsetzen muß und daß die Gewinnung von Mehrheiten mit Konzessionen an vielfältige Sozialgruppen verbunden ist, die der Geschlossenheit eines Programms nicht bekommen. Sie könnten wie einst bei der Sozialdemokratie dazu führen, daß etwa so viele Verluste an Kernwählerschaft zu verzeichnen sind, wie es Zugewinne in neuen Zielgruppen gegeben hat (Przeworski 1985: 104f.). Der oben erwähnte Vorteil der Milieustütze für die neuen Parteien wird damit, angesichts der organisatorischen Defizite der Parteien neuen Typs, rasch wieder aufgewogen.

Neuere nichtlineare Erklärungen des Anwachsens der neuen sozialen Bewegungen begnügten sich jedoch nicht mit der Hoffnung auf den Selbstlauf der Ausweitung von postmateriellen Einstellungen in unserer Gesellschaft, sondern sahen die Empfänglichkeit für postmaterielle Botschaften in Wellen des neuen Idealismus, verbunden mit realen Chanceneinschätzungen für die eigene Karriere (Bürklin 1984). "Grüner an sich" wird "Grüner für sich" nicht selten durch die Einbrüche auf dem akademischen Arbeitsmarkt. Diese Erklärungsmuster ließen die Prognosen für die dauerhafte elektorale Etablierung des Protests der neuen sozialen Bewegungen nicht günstig erscheinen. Die unsicheren Prognosen sind relevant, noch ehe sie ihre Berechtigung erwiesen haben, wenn sie im Verhalten der potentiellen Anhängerschaft der neuen sozialen Bewegungen schon heute das zweigleisige Verhalten, die Arbeitsteilung von konventioneller und unkonventioneller politischer Aktivität, verstärken. Ein Schematimus der 30-Jahres-Zyklen, wie sie Beck für die USA festzustellen glaubte, wird sich für Deutschland kaum nachweisen lassen. Die abnehmenden Parteibindungen der dritten Generation werden durch den säkularen Prozeß der Abnahme von *Parteiidentifikation* überlappt und lassen genaue Zeitangaben eher irreführend werden.

Ein Novum an den neuen sozialen Bewegungen ist, daß es keine *Themenkonsistenz* wie bei den alten Bewegungen des 19. Jahrhunderts mehr gibt. Die Alternativen werden von den Diskussionsmoden nicht weniger gehetzt als die Etablierten. Die Friedensbewegung stahl der Antikernkraftbewegung die Schau. Die Grünen im Parlament gaben vor, Umweltprobleme diskutieren zu wollen, sie mußten aber feststellen, daß es ihnen an Spezialisten mangelte und daß sie im

1.2 Der Wandel im Verhältnis von Parteien und sozialen Bewegungen

Bundestag – wie eine Themenanalyse der ersten Zeit ergab – den Themenwandel zum Friedensthema nicht weniger gegen ihre eigene Kontinuität ausspielten als das kurzlebige Gedächtnis der Medien. Das Odium der Einpunktbewegung wurde durch hektische Übernahme immer neuer Themen überwunden. Analysen der Aktivitäten der Grünen im Deutschen Bundestag zeigten, daß Sicherheits-, Ökologie- und Gesundheitspolitik die Schwerpunkte der Parteiinitiativen waren.

Die Bewegungen sind den Parteien in der *Enttotalisierung des Erwartungshorizontes* mit einiger Zeitverzögerung gefolgt. Die sozialwissenschaftliche Begriffsbildung kann daher immer weniger die Reste eines holistischen Selbstverständnisses, das sich auch in neuen sozialen Bewegungen noch findet, als zutreffende Analyse des funktionalen Stellenwertes der Bewegungen im System akzeptieren.

Der Wandel der Parteien zeigt sich auch an einem geänderten Verhältnis zu den sozialen Bewegungen. Die Bewegungen haben sich enttotalisiert. Radikale Bewegungen vor den Honoratiorenparteien am Ende des 19.Jahrhunderts waren noch auf komplette Machtergreifung aus. Sieyès hat in seinem berühmten Pamphlet die rhetorische Frage gestellt: "Was ist der dritte Stand". Antwort: "Nichts" – "Was soll er werden?" "Alles".

Matrix 1.1: *Wandel der sozialen Bewegungen*

Theorien über soziale Bewegungen			
Theorietypen	Erklärungsmuster	Aktivitätstyp	Ziel der Bewegung
Prämoderne	Objektivistischer Cleavage-Ansatz (wo ein sozialer Konflikt ist, da entsteht auch eine Bewegung)	Mobilisierung von oben durch ideologisch inspirierte Führer	Machtergreifung
Moderne	Konditionaler Ansatz: Die Entstehung bedarf neben dem cleavage auch der Ressourcen an Eliten, Strategien, Situationen	Gleichgewicht von Partizipation von unten und Mobilisierung von oben	Machtteilhabe
Postmoderne	Bewegung ist "zwecklos". Sie entsteht aus sich selbst, auch ohne cleavage. Ausgangslage ist unspezifisch, der Protest entzündet sich am Einzelfall	Selbstverwirklichung	Autonomie

Quelle: von Beyme 1996: 291

Später glaubten Marxisten und Faschisten noch, das ganze Volk umspannen zu können. Bei den Marxisten waren nur angebliche Ausbeuterklassen ausgeschlossen und bei den Faschisten willkürlich definierte "Volksfeinde". Nach dem Scheitern dieser letzten "totalen" Bewegungen, die notwendig "totalitär" werden mußten, haben auch ziemlich radikale Massenparteien, wie einige Arbeiterparteien, gewußt, daß sie nicht mehr "alles" werden konnten. Nur in der Zeit des revolutionären Attentismus glaubten die Sozialdemokraten noch, durch ständige Vermehrung ihrer Wähler eines Tages die große Mehrheit der Wähler für den Sozialismus gewonnen zu haben. Nur Skeptiker wie Bernstein versuchten, diese Illusionen der Partei auszureden. Aber die Partei hatte sich trotz radikaler Rhetorik – gleichsam mit Kautsky reden, aber nach Bernstein handeln – längst an das kleinere Ziel herangetastet, das auf Machtteilhabe angelegt war. Erst in der Postmoderne haben die sozialen Bewegungen überhaupt nicht notwendiger Weise die Macht angestrebt. Sie wollten Selbstverwirklichung, Anerkennung *(recognition)* und Autonomie für ihre Lebensweise. Es zeigte sich jedoch, daß die Gesellschaft sich nicht im erwarteten Maße postmodernisierte: die Grünen und Alternativen haben neben der Anerkennung auch die Teilhabe an den Gütern und an der politischen Macht verlangt und auch erkämpft.

3. Der Wandel der Typologien von Parteien

Der rasche Wandel der Parteien nach dem zweiten Weltkrieg hat dazu geführt, daß von früheren Parteientheorien nur noch ein paar griffige Typologien übrig geblieben sind. Diese werden auf unterschiedlichen Ebenen angesetzt. Es lassen sich organisatorische Typologien, Typologien der Verbindungsglieder von Staat und Gesellschaft *(linkages)*, Typologien der Ziele von Parteien und mehrdimensionale Verlaufstypen unterscheiden.

Organisatorische Typologien. Die einfachste Unterscheidung kombinierte einen Organisationstyp mit einem Modus der Entstehung von Parteien. Es wurden *Honoratioren- oder Kaderparteien*, die in den Parlamenten entstanden, den *Massenparteien* gegenüber gestellt, die sich aus sozialen Bewegungen außerhalb der Parlamente entwickelten. Solche Querschnittstypologien verloren ihre Trennschärfe als die klassischen Massenparteien erodierten. Bürokratische Massenparteien gab es an der Jahrtausendwende durchaus noch, aber sie konnten sich dem allgemeinen Trend zur Entwicklung von professionalisierten Wählerparteien nicht entziehen. "Das goldene Zeitalter der Parteiengeschichte" (Panebianco 1988) ist vorüber. Neue Varianten alter Begriffe entstanden durch die Transformationsforschung in neuen Demokratien. In ihr wurden *Programmparteien*, *Interessengruppenparteien* und *charismatische Führungsgruppen* unterschieden (Klingemann 1992).

1.3 Der Wandel der Typologie von Parteien

Typologien der Verbindungsglieder zwischen Staat und Gesellschaft (linkages). Wo das Verhältnis von Wählern und Parteien immer ein lockeres gewesen ist und wenig ideologisch determiniert schien, wie in den USA, bot sich eine Typologie der linkages an, da die Organisation wenig Unterschiede klassifizieren ließ (Lawson/Merkl 1988: 16f): Demokratische Parteien bieten *partizipatorische Verbindungen* für die Bürger zur politischen Macht. *Wählerverbindungen oligarchischer Parteien* bieten Kontrolle über die Repräsentanten. *Klientelistische Linkages* bieten Parteien, die sich überwiegend als Patronageorganisation verstehen. *Direktive Verbindungen* schließlich stellen Parteien her, welche über das Verhalten der Bürger wachen. Sie sind mit der Demokratie nicht zu vereinen. In demokratischen Systemen kommen die ersten drei Typen in unterschiedlichen Mischungsverhältnissen vor. In politischen Krisenzeiten kann es zu Störungen dieser Linkage-Funktionen zwischen Bürgern und politischer Macht kommen: "*when parties fail*" (Lawson/Merkl 1988). Werden die traditionellen Verbindungsangebote der Parteien nicht mehr akzeptiert, so kommt es zu politischem Einfluß von alternativen Organisationen. Die Grünen und die Rechtspopulisten sind die wichtigsten Beispiele solcher partiellen Gefolgschaftsverweigerung für die etablierten Parteien. Nur die Grünen haben neue Formen der Organisation in enger Verbindung mit "neuen sozialen Bewegungen" aufgebaut. Sie haben die Parteiensysteme verändert, aber nicht erschüttert. Nur die Populisten haben Parteiensysteme gelegentlich in schwere Krisen gestürzt, wie in Dänemark 1973, in Italien 1992–1994 und in Österreich 1999/2000. Meistens haben die neuen Bewegungen sich jedoch überraschend schnell wieder in das alte Parteiensystem integriert.

Typologien der Ziele von Parteien Neben den Typologien der Organisation stehen solche, die von den Zielen der Parteien ausgehen. Es wurden vielfach *Wählermaximierungsparteien, Ämtermaximierungsparteien* und *policy-orientierte Parteien* unterschieden. Die ersten beiden Typen sind nur eine Ausdifferenzierung von Rational Choice-Ansätzen in der Koalitionstheorie. Einige Parteien sind noch hinreichend weltanschaulich motiviert um die Programmziele stark zu betonen. Andere haben die Policy-Orientierung weitgehend entideologisiert und kühl auf Interessen ihrer Zielgruppe ausgerichtet. Die alte Unterscheidung Max Webers von *Weltanschauungs-* und *Interessenparteien* liegt quer zu den neuen Typologien. Beide sind policy-orientiert, aber in unterschiedlicher Intensität. Die Wählermaximierungs- und die Ämtermaximierungsparteien lassen sich kaum noch sinnvoll unterscheiden. Wer Ämter gewinnen will, muß erst einmal Stimmen maximieren. Im angelsächsischen Westministermodell alternierender Regierungsparteien kann die Stimmen- und die Ämtermaximierung sogar identisch sein. Nur in fragmentierten Parteiensystemen ist es denkbar, daß kleine Parteien als "ewige" Koalitionspartner ämtermaximierend tätig werden, ohne ihre Wählerstimmen entsprechend zu vermehren. Aber selbst bei solchen Parteien der Mitte, mit einem beachtlichen Koalitions- oder Erpressungspotential (Zentrumsparteien in Skandinavien, Republikaner in Italien bis 1992, FDP in der Bundesrepublik), sind nicht ohne Policy-Orientierung, auch wenn diese eher negativ verstanden werden: der kleine Partner verhindert radikale Maßnahmen der größten Koalitionspartei und zieht jede Politikorientierung stärker in die Mitte. Die FDP akzeptierte im sozial-liberalen Bündnisse keine Schritte in Richtung Sozialismus, und im christlich-liberalen Bündnis keine Schritte in eine klerikal-konservative Richtung.

Hauptverdienst dieser neuen Dreiertypologie bleibt, daß sie den Wettbewerb um die Wähler nicht von den Koalitionsbildungstheorien isoliert (Strom 1995: 594). Ein neoinstitutioneller Ansatz verbindet sich dabei mit behavioralistischen Wettbewerbsmodellen. Für die *"vote seeking party"* wurden die britischen Konservativen als Prototyp ausgemacht. Für die *"office seeking party"* galten die italienischen Christdemokraten bis 1994 als typisch. Für den Typ *der policy seeking party* wurde kein sinnvolleres Beispiel gegeben als die finnischen Sozialdemokraten. Vermutlich hat der Autor sich die Abgrenzung unnötig erschwert, als er den dritten Typ mit nichtkompetitiven Wahlen und Vielparteiensystemen identifiziert hat, in denen Wahlen unvorhersehbare Resultate produzieren. Innerparteiliche Faktoren, welche diese Tendenzen verstärken, scheinen eine gut entwickelte innerparteiliche Demokratie zu sein. Die klassischen Sozialdemokraten waren in der zweiten Phase der Entwicklung, in der Ära der klassengebundenen Massenparteien, aus ideologischen Gründen policy-orientiert, aber deswegen nicht etwa besonders demokratisch strukturiert. Ideologische Parteien stellen propagandistisch ihre Massenbasis heraus, ohne "den Massen" viel innerparteiliche Mitwirkung zu gestatten. Oft waren Interessenparteien demokratischer und haben ihre Politiken opportunistisch rasch geändert, gerade weil die innerparteiliche Demokratie besser entwickelt war als in den großen "ideologischen Maschinen".

Mehrdimensionale Verlaufstypen der Parteien. Mit dem Wandel der Parteien kam es zu einer Diskussion um die Benennung des jeweils vorherrschenden Parteientyps. Verlaufstypen wurden vorwiegend nach dem Kräfteverhältnis im Dreieck von Parteiführung, organisierter Mitgliedschaft und Wählern bestimmt.

Es ist selbst im angelsächsischen Sprachgebrauch üblich geworden, von *Idealtypen* zu reden, um sich gegen empirische Einwände zu immunisieren. Da die amerikanischen Wissenschaftler Max Weber meist nur aus übersetzten Antologien kennen, ist dieser laxe Sprachgebrauch verzeihlicher als im deutschen Sprach-

1.3 Der Wandel der Typologie von Parteien

raum. Von einer "Steigerung der Merkmale", die Weber mit dem Idealtyp verband, kann keine Rede sein. Für so wenig komplexe Begriffe wie die Typen der Parteien reicht der *deskriptive Realtyp* aus. Idealtypen waren bei Weber hochkomplexe Abstraktionen wie "die Stadt" oder "der Kapitalismus". Aber auch, wenn wir einräumen, daß die Verlaufstypen "Realtypen" sind, muß begründet werden, warum ein bestimmter Organisationstyp in einer Epoche überwiegt, so daß es gerechtfertigt erscheint, von einer Epoche der Volksparteien oder der professionalisierten Wählerparteien zu sprechen. Die Empiriker können jeden Begriff fragwürdig erscheinen lassen, wenn sie Indikatoren operationalisieren und durchrechnen lassen. Es zeigt sich dann vermutlich, daß die Volksparteien im vierten Stadium nicht ausgestorben sind, und daß sogar Relikte alter Massen- und Klassenparteien noch existieren. Honoratioren-Rahmen-Parteien sind in keiner der vier Epochen völlig inexistent und haben vor allem in der liberalen Parteienfamilie immer wieder neue Varianten hervorgebracht. Die Verlaufstypen sind bei aller Fragwürdigkeit immer noch präziser als die personalisierten Epochenbegriffe (Ära Adenauer oder de Gaulle). Es wird in einem Verlaufsschema lediglich unterstellt, daß die vier Typen von Parteien in jeweils einer Epoche typisch und innovativ gewesen sind. Neben ihnen gab es immer auch Relikte archaischer Parteikulturen. In einigen Ländern hat sich der Schritt von Epoche zu Epoche nie wirklich vollzogen. Die vier Stadien sind eigentlich nur für den europäischen Kontinent voll gültig. In Großbritannien und Skandinavien finden sich Äquivalente zu den vier Perioden nur in Ansätzen.

Angesichts der Diversifizierung der europäischen Parteiensysteme durch den dritten und vierten Demokratisierungsprozeß mag es noch gewagter als früher sein, von allgemeinen Entwicklungstrends der Parteiensysteme zu sprechen. Dennoch ist dies in der Parteienforschung gemeinhin die geläufigste Antwort gegen das lose Gerede vom Niedergang der Parteien geworden. Am weitesten gingen in dieser Hinsicht Katz und Mair (1995). Die Autoren unterscheiden vier Stadien der Parteienentwicklung in Europa:

(1) Eliteparteien im 19. Jahrhundert,
(2) Massenparteien (1880–1960),
(3) Volksparteien (catch-all - Parteien) (1945–?),
(4) Kartellparteien (1970–?).

Die Grenzen der Stadientypen 2–4 werden offen gehalten. Die Parteientypen können sich überlappen. Der klar begrenzte Typ 2 der Massenparteien entspricht etwa dem Kriterium der Gültigkeit des Diktum von Lipset und Rokkan, daß die cleavages in den 50er Jahren mit einigen Ausnahmen noch den cleavages der 20er Jahre entsprächen. Ob sie diese Aussage noch für 1980 gültig gefunden hätten? Wohl allenfalls, wenn man die Analyse Ostrogorskis für England und Michels Analyse über die SPD generalisiert hätte, was freilich für die Mehrheit der Parteien in Europa ahistorisch wäre.

Eine brauchbare Stadientypologie der Parteiensysteme kann nur anhand der sich wandelnden Beziehungen von Parteieliten, Parteimitgliedern und Wählern von Parteien gebildet werden. Führungsstile und Organisationsmuster wandelten sich im 20. Jahrhundert mehrfach. Intervenierende Variablen stellen die Erweiterungen des Wahlrechts und die Tiefe der weltanschaulichen Ausprägung sozialer cleavages dar.

(1) Die *Zeit bis zur Universalisierung des Wahlrechts um 1918* war geprägt von *elitären Kaderparteien oder Honoratiorenparteien*. Es gab bereits einige gut organisierte Massenparteien, wie die SPD und andere sozialistische Parteien als Gegenpol. Aber sie blieben von der Führung des Systems mit wenigen Ausnahmen (Minister-sozialismus in Frankreich und Italien ohne Engagement der Gesamtpartei) ausgeschlossen. Die politische Klasse benutzte die Kaderparteien, aber die Honoratioren aus den Oberschichten waren nicht nur auf dieses Herrschaftsinstrument angewiesen. Es ist daher kein Zufall, daß die klassische Elitentheorie bei Mosca und Pareto die Parteien nicht in das Zentrum der Betrachtung stellte. Das lag nicht zuletzt an dem Sonderfall Italien, – der ihnen neben Frankreich – das Gros der empirischen Beobachtungen für ihre Elitentheorien lieferte. Seit der *Trasformismo*-Politik der Ära Depretis bis Giolitti blieb das Parteiensystem coupiert, weil die klerikalen Kräfte weitgehend dem päpstlichen Aufruf zum Wahlboykott folgten. Erst 1919, als das System durch faschistische Tendenzen in Gefahr geriet, wurde der Boykott des laizistischen Staates aufgehoben und die Popularenpartei gewann auf Anhieb ca. 20%. Dennoch erwies sich dieser Erfolg als zu gering und zu spät. Ähnliche Tendenzen zeigten sich in der Dritten Republik Frankreichs. Die Republik der Notabeln und Eliten konzentrierte sich auf die radikal-liberale Mitte. Die Extreme waren seit der Marginalisierung der Monarchisten und Bonapartisten unterrepräsentiert. Auch der Schweizer Freisinn hat sich an der Monopolstellung des Liberalismus nach dem Sonderbundskrieg gleichsam tot gesiegt. In vielen Ländern überwog Duvergers Typ der Kaderpartei.

(2) Mit dem Zerfall des alten Honoratiorenkartells wurde die Vorherrschaft des bürgerlichen Lagers erschwert. Die Schärfe der Klassenkonflikte in Zeiten der nicht konsolidierten Demokratie (Weimarer Republik, Österreich, Finnland) oder der durch extremistische Flügelparteien in einem *polarisierten Klassen-Pluralismus* wieder bedrohten Demokratie (Frankreich, Belgien) nahm zu. Die Eliten, in Parteien verschanzt, führten die *Massenparteien* relativ autoritär. Sie bildeten selbst im parlamentarischen System kaum noch den nötigen Minimalkonsens heraus, um die Neutralität des parlamentarischen Verfahrens zu garantieren. Es gab nur gelegent-

1.3 Der Wandel der Typologie von Parteien

lich lagerübergreifende Kooperation. Wenn Pareto das Miteinander von bürgerlichen und sozialistischen Parteien gelegentlich als *Demo-Plutokratie* bezeichnete, so wurde damit mehr Kooperation unterstellt, als in der Regel vorhanden war. Die Gegeneliten der Linksparteien hatten kaum Anteil an der Macht. Ausnahmen stellten Norwegen und Schweden dar. In Großbritannien konnte MacDonald sich nur an der Macht halten, als er sich von seiner Labour Party löste. Die Gegenpartei war nicht wirklich an die Macht gekommen. In dieser Epoche verschärfter Klassenkonflikte entwickelten die Parteien noch große Alternativen für Sozialreformen und gelegentlich sogar für eine andere Staatsform.

(3) Ende der 50er Jahre kam es zur Entwicklung der *Volksparteien*. Die internationale Parteiforschung bevorzugt den Einschnitt 1945. Das ist verständlich. Seither gab es überschaubare Daten zur Parteientwicklung und die rasche Konsolidierung der Demokratien ließ rückblickend längere Zeitreihen zu. Dennoch entspricht in der Mentalitäts- und Verhaltensgeschichte das Jahr 1945 keiner grundsätzlichen Zäsur. Die Parteien knüpften weitgehend an Verhaltensmuster der vorfaschistischen Zeit an. Die alte Lagermentalität der Zwischenkriegszeit wurde gelegentlich durch Kooperation überbrückt, wie in Österreich. Aber die Führungs- und Organisationsstile des korporativen Kartells, das 1945 erstand, war den Vorkriegsmustern noch recht ähnlich. In Schweden war dieses Muster mit der Harpsund-Demokratie schon ab 1936 entwickelt worden. Es zeigt sich, daß jede gewählte Zäsur dem Test des Historikers in einzelnen Ländern kaum standhalten kann.

Typenbildung aber ist Generalisierung auf mittleren Erfahrungswerten. Die Zeitgeschichte ist sich überwiegend einig, daß die eigentliche Zäsur Mitte der 50er Jahre lag. In der Entwicklung von Kunst, Literatur und Architektur wird auch optisch unmittelbar sinnfällig, daß etwa Mitte der 50er Jahre der gewaltige Modernisierungsschub nach 1945 die Denk- und Verhaltensweisen geändert hatte. Ende der 50er Jahre hatten die postautoritären Regime die Demokratie und den Mehrparteienstaat akzeptiert. In Deutschland bereitete sich der Mentalitätswandel vor, der zum Godesberger Programm führte. Die Entlassung der Bundesrepublik in eine partielle Souveränität beschleunigte diesen Prozeß. In Frankreich wirkte das Ende der 4. Republik 1958 in Richtung einer Veränderung des Parteiensystems. In den Ländern mit größerer Systemkontinuität wird der Strukturwandel in der Parteienlandschaft weniger exakt zu bestimmen sein. In der zweiten Hälfte der 50er Jahre wurde aber in den meisten europäischen Ländern der Modernisierungsschub – anfangs als "Amerikanisierung" denunziert – innerlich nachvollzogen.

Voraussetzung der Entwicklung der Volksparteien war die Erhebung der Parteien in den Verfassungsrang, die sich nach dem zweiten Weltkrieg vollzog. Der Preis für diese Konstitutionalisierung der Parteien im Außenverhältnis war der Druck zur

Demokratisierung im Innenverhältnis. Der Staat konnte nur Gruppierungen rechtlich privilegieren, die analog zu seinen Prinzipien organisiert waren. Was *Demokratisierung* der Parteien genannt wurde, war freilich eher *Parlamentarisierung* der Willensbildung zu nennen. Die volle innerparteiliche Demokratie wurde selten verwirklicht und ist im Zeitalter der professionalisierten Rahmenparteien eher wieder im Abnehmen begriffen. Einstige Emphatiker der innerparteilichen Demokratie begannen ihren Hohn über ein mit der Massenmitgliederpartei obsolet gewordenes Konzept auszugießen (Leif/Raschke 1994: 200).

Das Verlaufsschema, das die Volkspartei als einen charakteristischen Typ der Entwicklung von Parteien einstuft, soll nicht suggerieren, daß dieser Typ sich in allen Ländern und bei allen Parteien durchgesetzt habe. In Skandinavien hat es die typische Volkspartei nicht gegeben, es sei denn, man subsumiere die dominante Sozialdemokratie unter diesen Begriff. Aber gerade das bürgerliche Lager, das anderwärts Volksparteien zuerst hervorbrachte, hat dies angesichts der Zersplitterung der Mitte und der Rechten nicht bewirkt. Die gesellschaftliche Dynamik schien in allen Ländern ähnlich. Dennoch haben die Prozesse der Individualisierung von politischen Bürgern, die Abkopplung des Individuums von sozialstrukturellen Determinanten und die Entideologisierung unterschiedliche Formen der Parteiorganisation hervorgebracht.

Der Ausdruck "Volkspartei" wurde als Schimpfwort geprägt und später von Parteien der Mitte zum Ehrentitel umfunktioniert. Die CDU benutzte in der Krise des Jahres 2000 die Formel "eine große Volkspartei wie die CDU" rituell wie Gebetsmühlen. Äquivalente des Begriffs, die vor allem im deutschen Sprachraum kursierten, waren (von rechts: "kontextlose Superstruktur" (Wilhelm Hennis) bis links: "Omnibusparteien" (Wolf-Dieter Narr)) noch viel abwertender und daher für die wissenschaftliche Analyse unbrauchbar. Die Kriterien für Volksparteien, die Kirchheimer (1965) entwickelt hatte, wurden selektiv und nach Bedarf herausgegriffen (Mintzel 1984: 326f). Volksparteien im wörtlichen Sinn hat es eigentlich nur bei ethnischen Parteien von Minderheiten gegeben, die von der Schwedischen Volkspartei in Finnland bis zur Südtiroler Volkspartei in Italien oder der PNV, der Partei der Basken in Spanien, über die Hälfte der Bevölkerung der Region repräsentierten. Der Zusatz "Volkspartei" war in katholischen Ländern häufig für die christlich-sozialen Parteien üblich und trat mit einem volksumspannenden Anspruch wenigstens für den katholischen Bevölkerungsteil auf. In einer Synopse der Parteibegriffe (Mintzel 1984: 296) zeigte sich ein stark deutschsprachiges Bias. Kirchheimer hatte seine Gedanken zwar englisch geschrieben, aber deutsch gedacht und überwiegend mit deutschen Erfahrungen illustriert. Nur Anthony Downs (1957) hatte mit dem Terminus *"catch all-party"* einen Begriff zu bieten, der vor allem die angelsächsische Entwicklung aufnahm. Kirchheimers Kriterien umfaßten einen Niedergang der Ideologie, eine Stärkung

1.3 Der Wandel der Typologie von Parteien

der Führung und Schwächung der Mitgliedschaft, die Ausweitung der Zielgruppe auf tendenziell das ganze Volk oder wenigstens einen wachsenden amorphen Mittelstand, und die Öffnung der Parteien zu einer größeren Anzahl von Interessengruppen. Diese Kriterien wurden zu Spielbällen in ideologisch gefärbten Auseinandersetzungen. Sie waren anhand der Erosion einer "Urpartei" wie der SPD gewonnen, an der Kirchheimer gelitten hat. Der Attentismus einer "revolutionären aber keine Revolutionen machenden Partei" (Kautsky) wurde in der Ideologie dabei zu wörtlich genommen und es wurde vielfach in einer Depravationstheorie unterstellt, daß die modernisierte Partei auf dem Weg nach Godesberg die "Interessen der Volksmassen" verraten habe.

Noch verdächtiger mußte der Begriff Volkspartei erscheinen, wenn die NSDAP zur ersten deutschen Volkspartei erhoben wurde, weil sie in ihrer Mobilisierungskraft die damaligen sozialen und kulturellen Segmentierungen in strategischer Anpassungsfähigkeit überspielte und an der Macht die tradierten Milieustrukturen penetrierte, aufweichte und schließlich gleichschaltete (Falter 1991).

Eine Weile schien die Volksparteidiskussion eine deutsche Angelegenheit zu sein, die weder in romanischen noch britischen oder skandinavischen Zusammenhängen Sinn machte. Nur die Benelux-Staaten und Österreich zeigten ähnliche Tendenzen. Das Konzept war am besten anzuwenden in Ländern, in denen eine starke Christdemokratie einer starken Sozialdemokratie gegenüberstand. Der Begriff der catch-all party war problematisch in Ländern des "polarisierten Pluralismus", ein Typ der eigentlich nur zwischen den beiden Weltkriegen häufig vorkam und den Sartori (1976) für Italien vorurteilsbeladen noch in den 70er Jahren benutzte – zu Unrecht. In stark fragmentierten Parteiensystemen gab es nicht selten eine Kerngruppe (*core of the party system*), um die sich konzentrische Kreise der denkbaren Koalitionsfähigkeit legten (Smith in: Mair/Smith 1989). In solchen Konstellationen war eigentlich nur diese Kerngruppe "volkspartei-verdächtig". Parteien mit begrenzter oder keiner Koalitionsfähigkeit konnten nicht dazu gerechnet werden. Es zeigte sich also, daß Kirchheimers Binnenstruktur-Kriterien für Volksparteien um Variablen aus der Funktion des Parteiensystems und der Regierungsbildung erweitert werden mußten.

In den Benelux-Staaten wurde der "catch-allism" erstmals empirisch getestet – kein Zufall. Aber auch hier ließ sich kein linearer Trend nachweisen. In den 70er Jahren kam es zu einem Gegentrend. Die Parteien haben sich vorübergehend wieder reideologisiert. Die Mitgliedschaft in bürgerlichen Volksparteien erodierte nicht, sondern wuchs dramatisch, vor allem in Deutschland. Die ideologischen Dimensionen des Verhaltens der Parteien ließ sich in einer Vierfeldermatrix veranschaulichen. Auf der Y-Achse stand der traditionelle ideologische Fundamentalismus der Policy-Flexibilität gegenüber. Auf der X-Achse wurde ein Verhalten, das auf Ämtersuche fixiert war, einem "non-office-seeking behaviour" gegenüber gestellt. Nur der Quadrant rechts oben weist typisch volksparteiliches Verhalten aus. Daneben gelten auch noch drei andere mögliche Verhaltensweisen. Aber sie sind ungleich verteilt. Wo die Mehrzahl der Parteien in dem Quadranten rechts oben zutreffend charakterisiert ist, kann von einem System der Volksparteien gesprochen werden. Einen catch-allism schlechthin hat es nie gegeben. Wenn der Begriff nicht zur Tautologie werden soll, müssen die Prozesse der catch-all-Gesinnung im Detail aufgeschlüsselt werden können (vgl. Schema). Nicht nur die Verteilung von Volksparteien auf Ländergruppen erwies sich als ungleich, sondern auch das Vorkommen in einzelnen Parteifamilien.

Matrix 1.2: *Ideologische Dimensionen des Verhaltens von Parteien*

```
                    strategische Flexibilität
                              |
   demokratisches Oppo-       |    catch-all-Verhalten
   sitionsverhalten           |
                              |
non-office _____|_____ office
seeking                       |                    seeking
                              |
   Prinzipielle Opposition    |    traditionelle Policy-
                              |    Vertretung
                              |
                  ideologischer Fundamentalismus
```

Quelle: Krouwel 1998: 255

Indikatoren für die Volksparteienhypothese könnten sein:

- Die *Professionalisierung der Führung*, selbst, wenn sie anfangs nicht durch staatliche Parteienfinanzierung gestärkt wurde, wie in Irland oder in den Niederlanden.
- Die *Professionalisierung der Parteien im Parlament* nahm noch stärker zu als die Professionalisierung der Parteien außerhalb des Parlaments, vor allem

1.3 Der Wandel der Typologie von Parteien

durch das Wachstum der Stäbe, der Assistenten der Abgeordneten und der öffentlichen Zuwendungen an die Fraktionen.
- Die *Zentralisierung der Machtstrukturen* ließ sich in einigen Ländern wie Belgien und Frankreich nachweisen. Aber in den meisten Ländern kam es zu einer stärkeren *innerparteilichen Demokratisierung*. Dies kann als Folge der Protestbewegung der 60er Jahre angesehen werden. Doch die Demokratisierung nahm nicht linear zu. Immer wieder einmal wurde "mehr Demokratie gewagt", und wieder zurückgenommen – etwa als Scharping als Kanzlerkandidat der SPD per Mitgliederreferendum gekürt wurde und Schröder sich später lieber durch eine elitäre Parteitagsentscheidung wählen ließ.
- Die *pragmatische Haltung bei der Ämtermaximierung* nahm zu. Nur in den skandinavischen und den Benelux-Ländern ließ sich dies nicht immer nachweisen (Krouwel 1998: 250). Die allgemeine Koalitionsfähigkeit (vgl. Kap. 5) hat in allen Ländern zugenommen, wie sich an dem raschen Hineinwachsen der Grünen in die Rolle einer Regierungspartei in Belgien und Deutschland zeigen ließ. Nur bei rechtspopulistischen Parteien vollzieht sich das Hineinwachsen in die Koalitionsfähigkeit weniger schnell, wie die FPÖ in Österreich demonstrierte, aber selbst hier zeigte sich im Jahr 2000 eine gewisse Aufweichungstendenz in der Ablehnung von Koalitionen mit den Rechtspopulisten.
- Die Politik der meisten Parteien wurde *weniger ideologisch* und stärker auf konkrete Politikvorhaben gerichtet. Einer der gewichtigsten Einwände gegen die Thesen Kirchheimers kam aus der vergleichenden Staatstätigkeitsforschung. Kirchheimer hatte nur die Ebene der Ideologie anvisiert, ignorierte aber weitgehend die Differenzen in den Policies bei den Parteien an der Macht (M. G. Schmidt 1989).
- Die Catch-all-Gesinnung in den *Wahlkampfstrategien* ist bei allen Systemen gewachsen. Ausnahmen waren nur Länder mit starker Parteienfragmentierung wie Italien, Dänemark oder die Niederlande. In anderen Konkordanzdemokratien mit weniger Parteien – wie Österreich – hat sich hingegen die soziale Basis der drei Parteien verbreitert und Züge des "catch-allism" angenommen.
- Nicht alle Indikatoren belegen die Kirchheimer-Thesen. Nationale und weltanschauliche Differenzen der Parteienfamilien waren von Kirchheimer stark vernachlässigt worden. Die spätere Forschung zeigte die Differenzen:
- *Konservative Parteien* waren professioneller und weniger auf Mitgliederwerbung aus als die Christdemokraten. Daher war in ihnen die innerparteiliche Demokratie stärker entwickelt als in den "großen Maschinen". Dieser Befund war paradox, weil die Konservativen zugleich ideologisch rigider schienen als

die Christdemokraten und weniger aufgeschlossen gegenüber neuen Politikfeldern auftraten.
- *Liberale Parteien* erwiesen sich vergleichsweise als demokratisch, offen und transparent. Sie hatten kaum Massenorganisationen hinter sich, die als Zubringe-Institutionen (conveyer organizations) dienen konnten.
- *Agrarparteien*, die sich in Skandinavien in Zentrumsparteien umwandelten, kombinierten einen geringen Grad an professioneller Führung mit einer verhältnismäßig großen Mitgliedschaft. Sie waren stark policy-orientiert und weniger auf Ämtererwerb aus.
- Die *Sozialdemokraten* hatten die stärksten Wandlungen durchgemacht. Sie zeichneten sich anfangs durch eine starke Führung aus. Die innerparteiliche Demokratie war schwächer als ihre hehren Programmziele vermuten ließen. In der sozialen Zusammensetzung kam es bei ihnen zu den stärksten Umbrüchen. Die Autonomie der Fraktionen mußte mühsam erkämpft werden. Die Christdemokraten hatten von Anbeginn Züge einer Volkspartei. Die Sozialdemokraten hingegen mußten sie sich schrittweise erarbeiten.

Es zeigte sich also im Vergleich, daß es kein Einheitskonzept für alle Parteifamilien in Europa gibt. Dennoch lag die Entwicklung der "Volkspartei" im Trend und charakterisierte eine ganze Epoche.

Nicht wenige Parteiwandeltheoretiker beschränkten sich auf drei Stadien. Ist wirklich schon ein vierter Verlaufstyp entstanden, den man "professionalisierte Wählerpartei" nennen könnte? Das Verhältnis zwischen Führung und Mitgliedern plus Wählern war Grundlage der Klassifikation. Hat sich die Führung in den 90er Jahren wirklich grundlegend gewandelt? Die repräsentativen Manager in der Koordinationsdemokratie haben mehr Hilfe von Stäben und Experten bekommen. Da sich die Spezialisierung der Eliten auf einzelnen Politikfeldern fortsetzte (von Beyme 1998: 244ff), mußte die Führung ihre koordinatorischen Fähigkeiten ausbauen. Der neue Führungstyp war ein "gewählter Politikmanager", aber nicht unbedingt ein "repräsentativer Bürokrat" nach der Klassifikation von Panebianco (1988). Im vierten Stadium der Parteientwicklung haben sich einige Tendenzen verstärkt, die in der dritten Phase der Volksparteien angelegt worden sind. Der vierte Typ im Verlaufsmodell ist jedoch terminologisch weiterhin umstritten.

International wurde der Terminus "*Kartellpartei*" diskutiert (Katz/Mair 1995). Er hat den Nachteil, wenig trennscharf zu sein. Die Bezeichnung war auch schon für die Kader- und Honoratiorenparteien der ersten Phase des 20. Jahrhunderts benutzt worden, als das allgemeine Wahlrecht nur in wenigen Ländern eingeführt worden war. In Italien in der Ära des "trasformismo" von Depretis bis Giolitti waren die Gruppen der liberal-konservativen Mitte ein Kartell im wörtlichen

1.3 Der Wandel der Typologie von Parteien

Sinne, weil die klerikale Rechte die Wahlen im laizistischen Staat auf Geheiß des Vatikans boykottierte, und die sozialistische Linke noch sehr schwach war. Auch in Frankreich konnte angesichts der Dominanz der Radikalen und ihrer Bündnispartner vielfach von einem Kartell gesprochen werden. Mit dem Aufkommen einer neuen Debatte um die "politische Klasse" kam der Kartellgedanke erneut in die Debatte – diesmal für die Parteien im Zeitalter der Postmoderne. In vielen Parteiensystemen schienen sich konzentrische Kreise um eine Kernpartei zu legen (vgl. Kap. 5.1). Eine abgestufte Koalitionsfähigkeit der Parteien in Regierungsbildungen nach dem Gravitationsprinzip begünstigte die Kartellbildung schon in der dritten Phase.

Angesichts dieser verwirrenden Zuordnungsversuche zieht der Verfasser es vor, für die vierte Phase den Terminus "*professionalisierte Wählerpartei*" zu benutzen, den Panebianco (1988) einführte. Dieser Begriff ist wertneutraler als konkurrierende Denunziationsbegriffe, die in der Literatur verwendet werden, wie "*Nomenklaturpartei*", ein Ausdruck der von den neuen Populisten lanciert worden ist (Savelli 1992: 169ff). Eine neue eschatologische Dimension wurde mit der Nomenklaturpartei verbunden durch die Unterstellung, die heute etablierten Parteien würden einst untergehen wie die kommunistischen Nomenklaturparteien zwischen 1989 und 1991 untergegangen sind. Die Prognose traf bisher nur für einige italienische Parteien ab 1994 zu. Die Voraussage, daß ein völlig neuartiges Parteiensystem in einer "zweiten italienischen Republik" entstehen werde, wartet noch immer auf ihre Bestätigung.

Wo sich die Termini mit der Idee einer neuen politischen Klasse verbinden, wurde die Macht der Kartellbildung vielfach überschätzt. Durch lange Vorherrschaft konnte in Großbritannien unter Thatcher von einem Kartell gesprochen werden. Aber Labour und Liberaldemokraten gründeten ein Gegenkartell. Das Land wurde reif für eine Reform der Institutionen und des Wahlrechts, für die Dezentralisierung und die Übernahme der staatlichen Parteifinanzierung des Kontinents (Webb in: Mair/Müller/Plasser 1999: 61). Die Kartellbildung von Parteien umfaßt immer nur das gemeinsame Interesse an der Sicherung der Privilegien von Parteien und Abgeordneten. In der Sphäre der Politikfelder gibt es nur gelegentliche Kartelle durch "kooperative Opposition". Überwiegend aber herrscht dort Wettbewerb statt Kartellbildung.

Weitere Termini sind der Ausdruck "*Medienpartei*", der sich auf einen einzigen Aspekt kapriziert. Der Begriff "*Rahmenpartei*" bleibt blaß. Er ist allzu sehr auf die organisatorischen Nöte der Grünen zugeschnitten, die von ihren Sympathisanten in der Parteiforschung zur Tugend umdefiniert worden sind (Raschke 1993).

Minimalparteien erscheint sogar als irreführender Terminus. "Minimal" sind die gewandelten Volksparteien vielleicht im Hinblick auf die Mobilisierung ihrer Anhänger. Sie sind jedoch "maximal" im Hinblick auf die Durchdringung vieler Bereiche von Politik und Gesellschaft mit der Interessenwahrnehmung der Parteien.

Die Parteien der Berufspolitiker förderten die Entstehung einer neuen parteiübergreifenden *politischen Klasse*. Diese politische Klasse stellt eine privilegierte *Transferklasse* dar, die durch die "Dieselbigkeit der Revenüen" (K. Marx) aus dem Staatshaushalt gekennzeichnet ist. Die alte politische Klasse der ersten Phase der Elitenparteien hingegen basierten auf einer relativ einheitlichen *Besitz-* und *Erwerbsklasse*. Im vierten Stadium der Parteienentwicklung wurde der Staat von den Führungsgruppen erneut kolonialisiert, aber diesmal über den Parteienstaat, nicht über plutokratische Wirtschaftsmacht oder meritokratische Bildungsprivilegien. Die Universalisierung der höheren Bildung hat den Vorsprung der politischen Eliten vor dem Wählerdurchschnitt relativ klein werden lassen.

Die Parteien im Stadium der Dominanz der Berufspolitiker sind *selbstrefentiell* geworden. Die Bande zwischen Parteien und Wählern lockerten sich. Partei- und Regierungschefs etablierten zunehmend parteiunabhängige Kommunikationsbeziehungen zwischen sich und den Wählern. Der Prozeß der zur postindustriellen, vielleicht sogar zu einer postmodernen Gesellschaft führte, hat diese Entwicklung der Parteiensysteme mitbedingt.

Mit welchem Jahr will man diesen Prozeß beginnen lassen? Katz und Mair (1995) setzten ihn mit dem Jahre 1970 an. Das ist – wie so manches Ergebnis der empirischen Sozialforschung – pseudoexakt. Es kann kein Ereignis oder Prozeß genannt werden, der diese Zäsur für viele europäischen Parteiensysteme rechtfertigte. Es ist immer unwahrscheinlich, daß neue Epochen mit einer Dekade beginnen, auch wenn viele sich in der Sylvesternacht vornehmen, daß künftig alles besser und ganz anders gemacht werden müsse. Selbst 1945 – ein Jahr mit gewaltigen Umbrüchen – war in der Veränderung der Attitüden und Mentalitäten kein wirklicher Einschnitt. Es schiene mir ratsamer, die Langsamkeit des sozialen Wandels im Parteiensystem durch Offenhaltung der Daten stärker zu akzentuieren.

Der Wandel von der Volkspartei zu neuen Formen wurde vielfach mit der Herausbildung der Postmoderne in Zusammenhang gebracht (z.B. Raschke 1993:855ff). Aber auch für die Postmoderne gibt es nur umstrittene Entstehungsdaten. Architekturhistoriker konnten plausibel argumentieren: Die Postmoderne entstand um 1960, weil in diesem Jahr gewisse formale Entwicklungen gehäuft auftraten. Manche Sozialwissenschaftler hingegen bezweifeln, daß es bereits eine postmoderne Gesellschaft gibt, soweit sie nicht voreilig eine "Risiko-" oder "Erlebnisgesellschaft" verallgemeinerten. Die Postmoderne entstand zunächst als Idee der Intellektuellen, allerdings auf der Basis einiger Trends, die sich in der sozialen Wirklichkeit abzeichneten. Erst ex post facto werden die Historiker entscheiden, ob diese Trends dauerhaft waren und wirklich ein neues System durchsetzten (v. Beyme 1996:157ff).

1.3 Der Wandel der Typologie von Parteien

Der Wandel zur vierten Phase der Parteien der Berufspolitiker läßt sich zunächst nicht an den sinkenden Mitgliederzahlen ablesen, wenn man die Entscheidung bereits 1970 ansetzt. Katz und Mair (1992) haben mit vielen Daten demonstriert, daß der säkulare Mitgliederschwund der Parteien sich vor allem in den 80er Jahren vollzog und in den 90er Jahren fortsetzte. Die Parteimitgliedschaft änderte sich. Die Mitglieder werden älter und stärker karriere-motiviert. Man tritt einer Partei seltener aus Gründen der ideologischen Solidarität bei als in Zeiten der mobilisierten Massenparteien. Die "*Omnibusparteien*", in denen die Mitglieder eine Weile mitfahren, wurde schon in der Ära der Volksparteien von der Linken kritisiert. Am Ende der klassischen Moderne mit ihren Einheitsprinzipien (eine Kirche, ein Beruf, eine Ehe, eine Partei – und das immer alles von der Wiege bis zur Bahre) wurde das Verhältnis der Mitglieder zur Partei instrumenteller. Die Forschung starrte zu lange auf die globalen Mitgliederzahlen. Viel Tröstliches für die alten Maschinen konnte immer wieder ausgerechnet werden. Aber man übersah dabei vielfach, daß die permanenten Mitglieder überaltert waren und die neueren Mitglieder einer starken Fluktuation unterlagen. Die Bedeutung der Aktivisten und "militants" ist im Schwinden.

Die Volksparteien hatten bereits viele der Charakteristika der postindustriellen Parteien entwickelt. Aber die Mitglieder der Volksparteienphase waren noch stärker sozial und weltanschaulich in den alten Großsegmenten der Gesellschaft verankert. Die linke Welle Ende der 60er, Anfang der 70er Jahre in den Parteien hat den Ausbau der behäbigen Volksparteien mit Eifer bekämpft. Mit dem Scheitern der Linken kam es zur ungehemmten Durchsetzung dieser Prinzipien. In den 90er Jahren wäre die Linke froh, sie hätte es noch mit den alten Massen-Volksparteien zu tun, bei denen man hoffen könnte, durch Mobilisierung und Programmarbeit neue Politikinhalte über die Mitglieder zu lancieren. Die neue Linke aber nahm zum Teil dezidierter Abschied von den großen Massenparteien als die Sozialdemokraten und Sozialisten, die noch zu viele Mitglieder hinter sich hatten, als daß sie auf die Lebenslüge der Massenpartei verzichten konnten. Die Grünen wurden keine Massenparteien, auch wenn einige Fundamentalisten anfangs vom intellektuellen Erbe der diversen K-Gruppen zehrend, die sie durchlaufen hatten, davon geträumt haben mögen. Von den Grünen wurde behauptet, sie hätten die "professionelle Rahmenpartei" bereits in Ansätzen praktiziert (Leif/Raschke 1994:202). Für das Konzept der Rahmenpartei, mit viel Raum für autonome und dezentrale Initiativen, mag das zutreffen. Das "Professionelle" hingegen hat man an den Grünen eher vermißt und es entwickelte sich erst langsam in der Mitte der 90er Jahre. Die Professionalisierungsidee mußte für eine Partei, wie die Grünen, die jeder Art von Verfestigung der Führung abhold waren, besonders schwer akzeptabel sein. Sicher werden auch künftig die ökologischen Parteien nicht gerade die Vorreiter in der Herausbildung des neuen Typs der Kartellparteien sein. Die Betroffenheitsrituale einer bewegungsnahen Partei sind nicht leicht kompatibel mit der Gewährung von Autonomie an professionelle Politiker.

Wie die Volkspartei vor allem aus der Kritik an der SPD geboren wurde, so ist die alte "Ur-Partei" der Duvergerschen Parteientypologie auch in der vierten Phase – neben den Grünen – zum Prototyp der neuen Ära stilisiert worden. Es wurde von einer "*lose verkoppelten Anarchie*" gesprochen (Lösche 1993: 44). Der alte Monolith aus Einheit der Ideologie, der Massenmitgliedschaft und der Führung, bei der "Kaiser Bebel" einst die Massen führte, wie der Kaiser die preußische Armee, war ein Flickenteppich aus unterschiedlichen Stücken und Teilen geworden, die nur lose miteinander verknüpft wurden. Selbst die PDS wurde angesichts widerstreitender Tendenzen schon unter diesem Begriff subsumiert – vermutlich zu früh.

Die Grenzen der vier Epochen der Parteienentwicklung sind fließend. Jede Epoche umfaßte immer auch Parteien, die vom vorherrschenden Modell abwichen. Die dominanten Parteienmodelle ergaben sich aus einem Lernprozeß, bei dem die Rechte mehr gab als die Linke. Nur die erste Zäsur, mit der Entwicklung der klassengestützten Massenpartei um 1918, war von einer Vorherrschaft linker Ideen gekennzeichnet. Schon vor 1918 gab es einzelne Parteien, die ohne Einfluß der Linken, zu straffer organisierten Caucus-Parteien wurden, die manche Elemente späterer Massenparteien vorwegnahmen.

Die zweite Zäsur zwischen den Entwicklungsperioden, Ende der 50er Jahre, kam durch einen Sieg bürgerlicher Konzeptionen des Parteienstaats zustande. Die Konzession der Mitte- und Rechts-Parteien an die Linke war jedoch die Annäherung an das Konzept der Massenpartei. Ende der 70er Jahre war der wechselseitige Einflußprozeß zwischen links und rechts wieder symmetrischer. Die liberalkonservativen technokratischen Ideen, welche die professionellen Rahmenparteien prägen, gediehen inzwischen nicht mehr nur auf dem Boden der konservativen Parteien im engeren Sinne.

Das Bild der Rahmenparteien mit professionalisierter Leitung ist noch immer weniger klar als bei den anderen drei Typen. Noch immer – auch in den 90er Jahren – stehen archaische Führungstypen, wie die Notabeln neben repräsentativen Bürokraten, beraten durch Stabsprofessionelle in und außerhalb der Parteien, nebeneinander. Welche Art von Professionalisierung kennzeichnet die Partei der Berufspolitiker, und ist sie wirklich so neu?

In der Typologie der Parteien wurde schon lange der Typ der bürokratischen Massenpartei von dem der professionellen Wählerpartei unterschieden (Panebianco 1982: 481). Die Bürokratie ist seit den Thesen von Michels, die vor allem in Italien die Diskussion stark prägten, allzu wörtlich als Parteienbürokratie gewürdigt worden. Michels Prognose von der Herrschaft der Parteibürokratie ist kaum irgendwo in Erfüllung gegangen. Michels (1989: 340) hatte bereits behauptet, daß auch die anarcho-libertären Bewegungen den organisatorischen Zwängen des "ehernen Ge-

1.3 Der Wandel der Typologie von Parteien

setzes der Oligarchie" nicht entfliehen könnten. Er hielt nichts von Ostrogorskis Vorschlag, dem Dilemma durch Gründung loser Ligen statt bürokratischer Parteien zu entfliehen, weil den anarchischen Organisationen bisher kein neues Organisationsmodell gelungen sei. Paradoxerweise behielt Michels mit seinem Pessimismus für die libertären Organisationen recht. Bei den Grünen führte der Zwang zur Rotation der repräsentativen Wahleliten am stärksten zur Vorherrschaft der Gruppe der Parteibürokraten, die über Rotation, Einkommensbegrenzungen, Verhinderung von Verselbständigungstendenzen einzelner Parteiführer wachten, aber etwa im Fraktionsmanagement selbst nicht den gleichen strikten Rotationszwängen unterlagen.

Auch im Zeitalter der Massenparteien kam es überwiegend nicht zur Vorherrschaft der Parteifunktionäre. Ostrogorskis Begriff "*Caucus*" erklärte weit besser das Zentrum von Parteiführern, die ihrerseits nicht nur Bürokraten sondern Repräsentanten von Wählern darstellten. Max Weber hat sein Bürokratiekonzept auch an den Parteien getestet. In der SPD hat er immer wieder die "*Beamteninstinkte*" beklagt (Weber 1958:530). Dennoch sah er die politisch herrschende Schicht – er vermied es eine zündende Vokabel wie politische Klasse oder Oligarchie in die Debatte einzuführen – differenzierter als ein Gemisch von Führungsqualifikationen, welche die ausdifferenzierten Subsysteme der Gesamtgesellschaft ähnlicher machte, vor allem im Vergleich von Wirtschaftsführung und politischer Führung.

Vom *Parteienstaat* im modernen Sinne wird meist erst für die Jahre nach 1945 gesprochen. Die Erhebung der Parteien in den Verfassungsrang nach 1945 war eine wichtige Voraussetzung. Parteiengesetze haben die Funktionen der Parteien gelegentlich – wie in Deutschland – exzessiv zementiert, und die öffentliche Parteienfinanzierung war das Einfallstor für den modernen Parteienstaat. Der Parteienstaat entstand in vielen Ländern erst in den 60er Jahren. In der Ära der Profiparteien wurde er stark ausgebaut. Die Kausalitäten begannen sich zu verwischen. Am Anfang diente die öffentliche Parteienfinanzierung noch kaum zur bewußten Abschottung der Parteiführung von den Mitgliedern. Es ging eher um eine Sicherung der Kontinuität der Finanzierung, einen Ausgleich für steigende Wahlkampfkosten im Zeitalter der medialen Materialschlachten und um den Schutz der Parteiorganisationen vor Korruptionstendenzen (Landfried 1994). Mit zunehmendem Ausbau des Parteienstaats fühlten sich die Parteimitglieder immer weniger aufgerufen, mitzuarbeiten und zu spenden, weil Parteiarbeit professionalisiert und kommerzialisiert wurde. Parteien wagen es immer weniger, die Beitragssätze anzuheben, und bei erhöhungsunwilligen Mitgliedern einzutreiben, weil sie den Austritt aus der Partei nicht provozieren möchten. Mit zunehmender Abhängigkeit der Parteienorganisationen von der Staatskasse verschoben sich die Ziele. Für viele kleinere Parteien geht es gar nicht um Sieg und Machtteilhabe, sondern um einen Anteil, der die Höhe der Vorschüsse rechtfertigte, die man aus der Staatskasse für den

Wahlkampf erhielt. Grüne (1990) oder Republikaner (1994) sind an den Rand des Parteibankrotts getrieben worden, weil sie die Fünfprozenthürde nicht schafften.

Hauptproblem des Parteienstaats ist die allzu große Aufmerksamkeit der Organisationen der Parteien, welche – qua politische Klasse – die Energien der politischen Eliten absorbiert. *Politische Elite* ist ein weiterer Begriff, sofern er Eliten anderer Sektoren, wie Wirtschaft oder Interessengruppen umfaßt, die an wichtigen politischen Entscheidungen mitwirken. Die *politische Klasse* ist andererseits ein weiterer Begriff, weil sie auch die Hinterbänkler und die Opposition umfaßt, die an den Schlüsselentscheidungen nur sehr bedingt mitwirken. Als politische Klasse stärken die Politiker zunehmend die Kartellparteien, die in enger Kooperation den Parteienstaat ausbauen. Als politische Elite sind die Spitzengruppen der gleichen Parlamentarier aber nicht notwendiger Weise nur ein Kartell, sondern bleiben Wettbewerbsparteien.

Der Wandel der Parteientypen ist lange vernachlässigt worden, weil die Entwicklung vielfach durch die Brille einiger Theorien von Michels bis Duverger und Kirchheimer gesehen wurden. Erst in den 1980er Jahren entstand ein neuer Forschungszweig der *Party Change-Literatur*. Umstritten blieb in ihm das Movens der Entwicklung. Es läßt sich nach Faktoren erst aufschlüsseln, wenn die Bedingungen der Entwicklung mit Programmen und Organisationen beschrieben worden sind (vgl. Konklusion).

Die vergleichende Forschung über Westeuropa übersieht gemeinhin noch den uniformisierenden Einfluß der Europäischen Union. Noch sind die Parteien im Europäischen Parlament ohne Infrastruktur in den Mitgliedsländern. Aber die Integration schreitet vor allem im Rechtssystem fort. Die Rechtsprechung beginnt die Wahlsysteme und die Parteifinanzierung zu erfassen. Eine deutsche Partei, wie die PDS, die sich im deutschen Rechtssystem ungerecht behandelt fühlt, beginnt trotz ihrer programmatischen Europaskepsis an die europäischen Instanzen im Namen der Menschenrechte zu appellieren. Die langsame Parlamentarisierung des europäischen Systems wird ebenfalls vereinheitlichende Wirkungen zeigen, die nicht ohne Einfluß auf die Dynamik der nationalen Parteienstrukturen bleiben wird.

1.3 Der Wandel der Typologie von Parteien

Stadien der Parteientwicklung in Europa

	ELITEN-PARTEIEN. Die alte politische Klasse auf der Basis von Besitz- und Erwerbsklassen (bis ca.1918)	MASSEN-PARTEIEN auf der Basis scharfer Klassenkonflikte (ca. 1918– Ende der 50er Jahre)	VOLKS-PARTEIEN unter Auflösung der alten Lager (Ende der 50er Jahre–Ende der 70er Jahre)	PROFESSIO-NALISIERTE WÄHLER-PARTEIEN bei Herausbildung vieler neuer Milieus, mit Tendenzen zu einer neuen politischen Klasse (ab Ende der 70er Jahre)
Repräsentationsidee	"trustee" ohne Mandat	Delegierter	freier Repräsentant	abgehobener Repräsentant, der mit verstärkter *responsiveness* in der Stimmungsdemokratie kompensiert
Grundziele der Parteien	Privilegiensicherung durch Macht, oder Privilegienbeseitigung durch Gegenmacht	Kampf um die Durchsetzung alternativer Gesellschaftskonzepte	Durchsetzung von fragmentierten policies	Durchsetzung von fragmentierten policies, die sich annähern
Elitenqualifikation	Statuszuschreibung auf der Basis von Besitz- und Erwerbsklassen	ideologisch fundiertes Programm-Charisma	Kompetenzvermutung auf begrenzten Politikfeldern	Unternehmer mit staatlicher Risiko-Absicherung
Mitgliederstrukturen	Cliquen-Parteien. Nur bei den Gegenmachtparteien Ansätze zur Massenpartei	mobilisierte Massenparteien. Führung von unten kontrolliert	Akklamation der Führung beginnt Kontrolle von unten in der Partei zu verdrängen. Kontrolle verlagert sich auf staatlichen Institutionen und die Medien	*responsiveness* statt Mandat für zunehmend zeitlich abgesicherte Repräsentanten, die nicht mehr unter ständiger Drohung von Parlamentsauflösungen stehen.
Wahlkämpfe	Nebensache ohne großen Geld- und Arbeitsaufwand	Materialschlachten, arbeitsintensiv	medienwirksame Materialschlachten, arbeits- und kapitalintensiv	professionalisierte Kampagnen, kapitalintensiv. Aktivisten werden funktionslos.

Finanzie-rung	Eigenkapital und Patronage durch Interessenten	Mitgliedsbeiträge und Spenden	Staatliche Subvention und Spenden	Ausbau der Staatsfinanzierung plus offensives fund-raising. Zunahme der Korruption bei öffentlichen Aufträgen
Stellung zu den Medien	Cliquen-Kontakte	Agitation in parteieigenen Kommunikationsnetzen und den Medien der Zubringerorganisationen	Penetration der öffentlich-rechtlichen Medien	Kommerzialisierte Beziehungen zu privaten und mit wachsender Deregulierung auch zu öffentlich-rechtlichen Medien

2. Der Wandel auf der Wählerebene

1. Abnehmende Parteienidentifikation

Die Niedergangshypothesen gegenüber den Parteien stützen sich auf drei Prozesse, die im Vorfeld der Parteien ablaufen:

- der Niedergang der Identifizierung mit den Parteien,
- der Niedergang der Partizipation bei Wahlen,
- und die wachsende Fluktuation der Wählerstimmen, der sogenannten Volatilität.

Der abnehmenden Parteienidenfikation fällt dabei die Rolle einer unabhängigen Variable für die beiden anderen Entwicklungen zu. Das Konzept der Parteiidentifikation wurde in die Forschung eingeführt, längst ehe es zu pauschalen Thesen über *"decline of Parties"* kam. Dies geschah einmal aus wissenschaftlichen Gründen. Die Bereitschaft Parteimitglied zu werden variiert in westlichen Demokratien stark und hängt auch von traditionellen kulturellen Gegebenheiten ab. Treue Wähler, die nicht Parteimitglieder sind, können nicht weniger eifrig für ihre Partei eintreten als formelle Mitglieder, insbesondere wenn diese nur "Karteileichen" sind, oder ihre Aktivität mehr karrierepolitischen als weltanschaulichen Gründen entspringt. Es hat daher die vergleichende Systemforschung früh gereizt, die *subjektive Identifikation* der Bürger mit den Parteien zu testen. Die psychische Nähe zu Parteien schien vergleichbarere Daten zu produzieren, als das Zählen von Parteimitgliedern, zumal fast alle Daten über die Mitglieder vor der EDV-Ära hoffnungslos veraltet und fehlerhaft zu sein pflegten. Das Meßinstrument der Parteiidentifikation hat mehr Übereinstimmung gezeigt, als die Entwicklung der formellen Mitgliedschaften (Verba u.a. 1978: 96). Zum anderen gibt es Länder, in denen eine formelle Parteimitgliedschaft im europäischen Sinne nicht existiert. In den USA wurde die Erforschung der Parteiidentifikation zum funktionalen Äquivalent für die organisierte Mitgliedschaft, wie sie in Europa überwiegt. Auf diese Weise bekam der Begriff der Partei in der quantifizierenden Wahlverhaltensforschung wieder eine entscheidende Stellung. Bis dahin hatte er nur eine subsidiäre Rolle gespielt. Parteien waren zuvor eher wie eine Art

"Durchlauferhitzer" für Attitüden angesehen worden, die in der Phase der politischen Sozialisation erworben wurden. Die Parteien waren für den älteren *sozialen Gruppenansatz* ein Umschlagplatz längerfristiger sozialer Gruppenloyalitäten. Der *sozialpsychologische Ansatz* hingegen zog die Parteien nur als eine der Sozialisationsagenturen in Betracht, die die politische Sozialisation in Konkurrenz mit dem Elternhaus, Peergroups, Medien, Schulen und anderen Institutionen beeinflussen. Beide Ansätze offenbarten Vorzüge und Schwächen:

Der *Gruppenansatz* zur Erklärung von Wahlverhalten konnte langfristige Entwicklungen relativ gut erklären. Für kurzfristige Wandlungen, wie sie durch neue Parteien, neue Wahlkampfthemen (issues) und Kandidaten bewirkt wurden, hingegen war der Ansatz nicht flexibel genug (Budge/Farlie 1977: 13). Im Deutschen Kaiserreich zum Beispiel konnte die Zunahme der SPD mit dem Anwachsen der Arbeiterschaft und der organisierten Gewerkschaftsmitglieder erklärt werden. Für die Bundesrepublik hingegen war dies auch beim Vergleich längerer Perioden nicht mehr möglich. 1953–1972 wuchs die SPD von Wahl zu Wahl um rund 3%, der Anteil der Arbeiter nahm jedoch ab. Der sozialstrukturelle Ansatz erwies sich auch nicht als für alle Schichten gleich nützlich. Er versagte am eindeutigsten bei den neuen Mittelschichten, die sehr unterschiedlichen Kontakten und Einflüssen ausgesetzt sind.

Der *sozialpsychologische Ansatz*, der die subjektiven Faktoren des politischen Verhaltens betonte, wurde in der Michigan-Schule für die USA schon früh auf das Konzept der Parteiidentifikation konzentriert. Parteiidentifikation ist ein theoretisches Konstrukt, ein Modell für politisches Verhalten. Es ist als solches nicht "richtig" oder "falsch", sondern allenfalls "nützlich" oder "weniger nützlich". Obwohl gerade in Amerika die Pendelausschläge des Wahlverhaltens weit größer waren als die gemessenen Wandlungen der Bereitschaft zu Parteiidentifikation, schien das Konzept unentbehrlich, weil die formelle Mitgliedschaft in Parteien als Gradmesser der Geneigtheit, sich mit Parteien stärker zu identifizieren, nicht wie in vielen europäischen Ländern zur Verfügung stand. Wo förmliche Mitgliedschaft mit Parteibuch und Beitragszahlung nicht existierte und die Parteizugehörigkeit in einem Akt der Sympathieerklärung für eine Partei als Voraussetzung für die Zulassung zu den Vorwahlen in vielen Staaten bestand, ist die Parteiidentifikation ein funktionales Äquivalent der Mitgliedschaft im europäischen Sinn. Das Zweiparteiensystem ermöglichte dem Wähler zudem, seine Erstpräferenz ohne Rücksichten auf Koalitionserwägungen auszudrücken, so daß die erklärte Parteiidentifikation sich leichter in eine konkrete Wahlabsicht umsetzen konnte.

In den sechziger und siebziger Jahren vollzog sich in den USA ein starker Wandel. Seit Kennedy wurden politische Programme zunehmend betont. Neue Konflikte, wie sie die Rassenunruhen, die Bürgerrechtsbewegung, der SDS, der

2.1 Abnehmende Parteienidentifikation

Vietnamkrieg und schließlich "Watergate" auslösten, trugen dazu bei, daß die Parteiidentifikation der Amerikaner abnahm. Die Wahlentscheidung wurde mehr und mehr aufgrund von Problemen gefällt (issue voting). Die Zahl der unabhängigen Wähler nahm zu. Es entwickelte sich ein politischer Zynismus gegenüber vielen Programmpunkten und Kandidaten, die von den Parteien angeboten wurden. In Europa hat man vor allem die Jungwähler des Zynismus gegenüber der Parteipolitik bezichtigt. Zur Erklärung dieses Wandels wurde als Vermittlungsinstanz zwischen den neuen Problemen und der Wahlentscheidung die "politische Führerschaft" eingeführt. *"Political leadership"* schien die Instanz, welche die Wahlkämpfe von bloßen Attitüden der Wähler auf Probleme umstrukturierte (Miller/Levitin 1976: 46). Diese Erklärung war dem Konzept der elitären Demokratie verpflichtet. Sie ließ keine optimistische Deutung für die abnehmende Parteiidentifikation in dem Sinne zu, daß nun der vielfach schon konstruierte Wähler, der rational zwischen Programmen entscheidet, tatsächlich erscheine. Die Interviewer konnten bei den "Issue-Wählern" meist keine in sich stimmigen neuen Verhaltensweisen und Anschauungen feststellen. Die Befragten wußten selten die wichtigsten Programmpunkte der Parteien zu nennen, und ihre Meinungen zu einzelnen Punkten fügten sich nur in der Minderheit der Fälle zu einem konsistenten Bild über die ideologischen Präferenzen der Parteien. Die anfängliche Beschränkung auf Präsidentschaftswahlkämpfe verführte zu einer Überspitzung der These. Bei Kongreßwahlen hingegen, bei denen die Kandidaten nicht den gleichen Bekanntschaftsgrad unter den Wählern besaßen wie bei Präsidentschaftswahlen, spielte problemorientiertes Verhalten ohne dominante Rolle von "politischen Führern" auch weiterhin noch eine größere Rolle. Die Aufstellung von Kandidaten am Rande des ideologischen Spektrums der beiden großen Parteien wie im Falle von Goldwater 1964 und McGovern 1972 hat vorübergehend den Trend verschärft, daß die durch Umfrage festgestellten verbliebenen Parteiloyalitäten sich nicht im erwarteten Maße auch in Wählerstimmen für die betreffenden Parteien umsetzten.

Damit wurde das Konzept der Party Identification weniger nützlich, denn es setzte ein weiteres Konstrukt voraus: das "normal vote", das immer dann entstehen müßte, wenn Parteiidentifikation der einzige Faktor ist, der die Wahlentscheidungen determiniert. Wenn es ein "normales Wählerverhalten" gäbe, dann wären Parteiidentifikation und Wahlverhalten so weit identisch, daß die Frage nach den Wahlabsichten eigentlich nur zu Tautologien führen könnte (Roberson 1976: 180). Auch in Amerika wurde daher das Konzept "Parteiidentifikation" zunehmend angegriffen. Die Studien der Michigan-Schule konnten eine Reihe von neuen Entwicklungen in der Wählerschaft wie das Anwachsen der Nichtwähler, das ticket-splitting und das "roll off" – das Nichtausfüllen der langen Listen zur Besetzung für Ämter unterhalb der höchsten Ebene – nicht hinreichend erklären. Die Kluft, die die amerikanischen Forscher zwischen Parteiidentifikation und tatsächlicher Wahlentscheidung feststellten, hat zunehmend zu komplexeren neuen Fragestellungen angeregt.

Je weiter sich ein europäisches System vom Zweiparteienmodell Amerikas entfernte, für das die Hypothese der Parteiidentifikation entwickelt worden war, um so größer erschien die Gefahr, daß die Ergebnisse tautologisch wurden. Sozialstrukturelle Determinanten politischen Verhaltens bewirkten in vielen europäischen Demokratien eine größere Übereinstimmung von Parteiidentifikation und Wahlverhalten. Beide Faktoren aber waren in größerem Maße als in Amerika von einer dritten Größe abhängig.

Am leichtesten schien das Konzept der Parteiidentifikation auf Großbritannien übertragbar. Butler und Stokes (1976: 24) arbeiteten damit, sie nannten es jedoch vorsichtiger "*Partisan self images*", um die Identifikation nicht zu überinterpretieren. Auch in England stimmten diese self-images mit den Wahlpräferenzen in größerem Maße überein als in den USA.

In Europa ging dem Parteiwechsel häufiger ein Wechsel der dauerhaften Loyalität gegenüber der Partei voraus als in Amerika. Aber auch hier traten einige Prognosen nicht ein. Butler und Stokes (1976: 24) hatten es für möglich gehalten, daß die Identifikation mit den beiden größten Parteien in Großbritannien noch zunähme, weil die Identifikation mit den Liberalen im Abnehmen begriffen wäre. Das Gegenteil trat ein, und die Fluktuation der Stimmen nahm zu. Auch die Wahlbeteiligung sank. Die Annahme, daß Parteiidentifikation ein Lernprozeß sei, der sich nur schrittweise in die Abfolge politischer Generationen umsetzte, wurde durch den raschen sozialen Umbruch in Großbritannien fragwürdig gemacht (Crewe in: Budge u.a. 1976: 59). *Partisan dealignment* erfaßte auch die britische Wählerschaft. Es setzte aber später ein als in den USA. Der Stimmenanteil für die beiden großen Parteien sank, erlebte aber erst 1974 einen tiefen Einbruch. Auch in der Bundesrepublik wurde der Einsatz des Konzepts in seinem Nutzen unterschiedlich bewertet. Durch die weltanschaulichen Grundlagen der Parteien auch in der Ära der Volksparteien war die Parteiidentifikation höher als in den USA, aber sank stetig auch hier. Als Ende der 60er Jahre eine Reideologisierung der Parteien eintrat, wuchs die Parteiidentifikation vorübergehend wieder.

Vielfach wurde nicht von Parteienidentifikation, sondern von "*affektiver Parteiorientierung*" gesprochen. Neben der affektiven Komponente spielten jedoch kognitive Faktoren eine Rolle, vor allem im Begriff der *"Issue-Kompetenz"*, der Kompetenz von Parteien und Politikern wichtige Probleme zu lösen. Auch die Begriffe "Kandidatenorientierung" und "issue-Kompetenz" sind theoretische Konstrukte, die als Instrument dienen, um die Nähe der Bürger zu

2.1 Abnehmende Parteienidentifikation

einer Partei zu messen. Sie leisten dabei einen Beitrag zur Erklärung von Wahlabsichten, weniger auf der Ebene des Individuums als auf der Aggregatebene.

Für die Parteienforschung folgte aus den Ergebnissen der Umfrageforschung, daß die Parteien ihre Rolle als Mittelpunkt für die Strukturierung von Wahlabsichten der Bürger nicht mehr so unbestritten besitzen wie früher. Die abnehmende Parteiidentifikation wird vielfach als Beleg für den Niedergang der Parteien benutzt. Im europäischen Kontext waren solche Urteile vorschnell. Beschränkt man sich in Mehrparteiensystemen auf die großen Parteien, so fällt nur das Abnehmen der Identifikation mit ihnen auf. Es wird jedoch leicht übersehen, daß ein Teil der Identifikationsbereitschaft unter den Wählern nur auf die kleineren Parteien umgepolt wird, nicht hingegen ganz verschwindet, wie man für die Niederlande und Großbritannien gezeigt hatte (Merkl 1980: 398). Verallgemeinerungen für alle westlichen Demokratien erwiesen sich als problematisch, da die Bereitschaft zur Parteiidentifikation von mehreren Faktoren im System beeinflußt wird, die nicht für alle westlichen Demokratien in gleicher Weise wirksam sind:

(1) *Die Zahl der Parteien und die Art des Wahlsystems,* das die Parteiensysteme vorstrukturiert, haben Einfluß auf die Bereitschaft zur Parteiidentifikation (Schmitt/Holmberg 1995: 110). In stärker personenorientierten Zwei- und Zweieinhalbparteiensystemen wie in Großbritannien und der Bundesrepublik ist die Identifikationsbereitschaft höher als in einem Vielparteiensystem, in dem die Kandidaten eine geringere Rolle spielen und die Regierungsbildung noch weitgehend bei den parlamentarischen Parteiführern liegt wie in den Niederlanden. Aber auch in einer Situation polarisierter Wahlkämpfe kann die Art der Kandidaten die Wahlresultate nicht ganz erklären. Parteien können trotz wenig attraktiver Kandidaten von Wahl zu Wahl Gewinne machen (die SPD in den sechziger Jahren, die CDU in den siebziger Jahren). Die Personalisierung der Politik, die man aus der Abnahme traditioneller Parteiloyalitäten folgert, hat offenbar noch nicht voll erforschte Grenzen. In der Bundesrepublik kann der *Koalitionseffekt* im Zweieinhalbparteiensystem den Zusammenhang von Identifikation und Wahlentscheidung noch zusätzlich lockern.

(2) Die Parteiidentifikation ist in allen westlichen Demokratien mit der *Bereitschaft zu politischer Partizipation* verbunden. Die Länder wie die USA und Großbritannien, in denen eine Reihe von Jahren eine starke Abnahme der Identifikationsbereitschaft gemessen wurde, sind auch am stärksten vom Rückgang der Wahlbeteiligung betroffen. Der Umkehrschluß erscheint jedoch nicht zulässig. Wo die Partizipation steigt, muß nicht notwendigerweise auch die Parteiidentifikation wachsen. Ein Beispiel ist Frankreich. Hier lag sie in der Vierten Republik bei 45 % im Vergleich zu 75 % in den USA. Dennoch war die Partizipation in

Frankreich höher. Da die Parteien traditionell schwach strukturiert waren, blieb die Parteiidentifikation niedrig. In Frankreich haben bei einigen Wahlen sogar die prononciert antiparteilich eingestellten Teile der Landbevölkerung eine überdurchschnittliche Wahlbeteiligung erbracht.

(3) Parteiidentifikation ist verbunden mit der Bereitschaft, sich anhand eines *Rechts-Links-Schemas* in der politischen Landschaft zu orientieren (vgl. Kap. 3.1). Versuche, zu verallgemeinern, welcher Faktor Priorität hat, ob die Rechts-Links-Einordnung der Parteiidentifikation vorausgeht, sind umstritten geblieben. Vielfach hilft man sich mit der Annahme, daß beides simultan erworben wird. In relativ wenig konfliktorientierten Perioden scheint die affektive Parteiidentifikation das Primäre. In konfliktreichen Zeiten, in denen "issues" stark umstritten sind und für viele Wähler Umorientierungen bewirken, kann die Orientierung im Rechts-Links-Spektrum das Primäre sein, und Parteiidentifikation wird erst nach dieser Vorentscheidung langsam aufgebaut (Borre in: Cerny 1977: 31). Festzustehen scheint, daß die Rechts-Links-Dimension nicht als eine Art "Super-Issue" aufgefaßt werden kann, der alle Ansichten der Bürger zu Detailfragen im voraus festlegt.

(4) Parteiidentifikation ist abhängig vom Grad des *Vertrauens in das politische System*. Dieses Vertrauen ist jedoch unterschiedlich stark ausgeprägt bei den Anhängern der Regierungs- und der Oppositionsparteien. Aus dem Befund, daß Oppositionsanhänger dem System im allgemeinen kritisch gegenüberstehen, kann jedoch nicht auf eine geringere Identifikation mit der Oppositionspartei geschlossen werden. Es fehlen uns hier die nötigen Umfragen. Der Anschein des Einsatzes von Wählern und Mitgliedern im Wahlkampf läßt eher die Hypothese plausibel erscheinen, daß sich die Anhänger einer kraftvollen Oppositionspartei um so stärker mit ihrer Partei identifizieren. Wo jedoch anomisches politisches Verhalten zunimmt, wo die Fluktuation bei Meinungsumfragen groß erscheint und wo die Wählerpartizipation stark schwankt – insbesondere, wenn sie drastisch sinkt –, zeigt sich parallel auch eine abnehmende Parteiidentifikation auf der Aggregatebene (Robertson 1976: 180).

(5) Parteiidentifikation ist nicht losgelöst von der *Verbindung der Wähler mit sekundären Gruppen* zu analysieren. Wo große Gruppen politisches Verhalten stark beeinflussen, ist die Identifikation mit Parteien in geringerem Maße durch die Sozialisationsbedingungen der Individuen zu erklären. Wo kirchliche Organisationen noch stark in der Politik aktiv sind und Gewerkschaften sich auch als politische Organisationen und nicht nur als "Lohnmaximierungsmaschinen" verstehen, ist ihr Einfluß auf Parteiidentifikation und Wahlverhalten der Mitglie-

2.1 Abnehmende Parteienidentifikation

der größer. Selbst in Amerika, wo Gewerkschaften als politische Organisation weniger präsent sind als in vielen europäischen Ländern, haben sie durch Mobilisierung von ca. zwei Dritteln ihrer Anhänger zugunsten demokratischer Präsidentschaftskandidaten eine für die Wahlen entscheidende Kraft, die nur noch bei einigen ethnischen und rassischen Gruppen höher erschien. Wo der Einfluß der großen Gruppen stark ist, droht die Suche nach der Parteiidentifikation nur eine *"abgeleitete Parteiidentifikation"* zutage zu fördern.

In versäulten Konkordanzsystemen, in denen die primäre Gruppenidentifikation stärker ist als in wettbewerbsorientierten Systemen mit abnehmender Gruppenbindung bei der Mehrheit der Wähler, ist die Parteiidentifikation, die gemessen wurde, nicht sehr hoch (Niederlande, Österreich). Die Stimmabgabe für die sozialen Großgruppen zugeordnete Partei ist gleichwohl beträchtlich. Sie ist aber abgeleitetes Verhalten und Teil eines Rollenverständnisses, das affektive Bindungen an die Gruppe größer sein läßt als an die Partei. Die Abnahme der Parteiidentifikation in solchen Ländern ist vielfach stärker durch die Abnahme der Kirchenbindungen des katholischen Bevölkerungsteils als durch die Abnahme der Klassenbindungen der Gesamtbevölkerung zu erklären. Affektive Parteibindungen scheinen auf dem Boden eines Systems mit Verdrängungswettbewerb unter den Parteien im ganzen besser zu gedeihen. Wo Bindungen an soziale Säulen noch überstark sind, machen die Parteien kaum Proselyten außerhalb ihres Subsystems. Unter solchen Bedingungen erscheint Parteiidentifikation als ein weniger brauchbares analytisches Instrument.

(6) *Besondere politische Ereignisse,* die die Wählerschaft quer zu den traditionellen Konfliktlinien spalten, können die gemessenen Werte für die Parteiidentifikation vorübergehend sehr unterschiedlich vom tatsächlichen Wahlverhalten erscheinen lassen. Die Debatte um den EG-Beitritt in Dänemark und Norwegen hat solche Wirkungen entfaltet. Die traditionellen Parteibindungen wurden jedoch nur vorübergehend gelockert, und 1977 ließen sich zumindest in Norwegen bereits Tendenzen der "Renormalisierung" des Wahlverhaltens erkennen. Der Einfluß der längerfristig diskutierten "issues" auf die Wahlentscheidung ist hingegen weniger leicht nachweisbar. Wähler besitzen zwar überwiegend ein Image von Parteien auf der Rechts-Links-Skala, aber nur eine vage Vorstellung von der Parteiprogrammatik im allgemeinen. Wahlkämpfe sind zwar kompetitiv und kontrovers, aber die Parteien greifen keineswegs immer die gleichen Probleme auf. Kandidaten argumentieren vielfach bewußt aneinander vorbei und stellen die Probleme heraus, von denen sie sich Werbewirksamkeit versprechen. Bei Arbeiterparteien sind das vielfach soziale Fragen, bei bürgerlichen Parteien Wirtschafts- und Geldwertpolitik oder Fragen von Recht und Ordnung (Rose 1980: 48).

(7) Den *Medien* ist Einfluß auf die Beziehung zwischen Parteiidentifikation und Wahlverhalten nachgesagt worden in der These vom "doppelten Meinungsklima". Damit hat man für die Bundesrepublik zu erklären versucht, warum sich die konservative "Tendenzwende" 1976 nicht in einen Wahlsieg der Christdemokraten umsetzte. Die Positionen der Medien, angeblich links vom Durchschnitt der Bevölkerung, wurden für die Differenz verantwortlich gemacht. Diese Hypothese ging davon aus, daß die Medien sich nicht an ihre Rolle als bloße "Medien" der Parteien im Wahlkampf gehalten hätten, obwohl die behauptete unterschwellige Beeinflussung des Wählers kaum nachgewiesen werden konnte. Ex post facto wirkte diese Hypothese eher wie eine Begründung für eine irrige Wahlprognose.

Verallgemeinernde Prognosen über die Identifikation mit den Parteien sind im Licht dieser Differenzierungen problematisch. In vielen Ländern nahm die Parteiidentifikation ab. In einigen baute sie sich erst auf. In den drei neuen südeuropäischen Demokratien nahm die Parteiidentifikation jedoch nach der ersten Mobilisierungswelle wieder ab: in Spanien von 1985–1989 von 47.5% auf nur 30%, in Griechenland von fast 70% auf 57%. Nur in Portugal lag sie stabil bei ca. 49% (Morlino 1998: 169). Die Abnahme der Parteiidentifikation in anderen Ländern erscheint asymmetrisch. Sie wirkt stärker bei den bürgerlichen Parteien als bei den Arbeiterparteien. Neu auftauchende Probleme wie EG-Beitritt, Nationalisierungsdebatten, Ostpolitik, Atombewaffnung oder Kernenergie können jedoch auch die für einzelne Länder gemachten Trendprognosen vorübergehend unbrauchbar erscheinen lassen. Über die Wirkung der Hinwendung vieler Wähler zur postmateriellen Politik gibt es bisher nur Vermutungen. Die Wirkungen all dieser Faktoren sind unterschiedlich bei verschiedenen *Typen politischer Bürger*. Man hat "Parteiaktivisten" unterschieden, die starkes Interesse an Politik mit hoher Parteiidentifikation verbinden. Gegentyp ist der "Passivist", bei dem beides gering ist. Dazwischen liegen die "Einzelgänger" mit hohem Interesse an Politik bei geringer Parteiidentifikation und die Ritualisten mit geringem Interesse, aber andauernder Parteiidentifikation. Es spricht einiges für die Vermutung, daß die Abnahme der Parteiidentifikation vor allem durch die Abnahme der "Ritualisten" in der Stimmbürgerschaft in vielen Ländern bewirkt worden ist.

Die Tendenz zur Abnahme der Parteiidentifikation hat sich in den 80er Jahren fortgesetzt. Die Entwicklung verlief aber keineswegs einsinnig:

- Eine rasche *Abnahme* zeigte sich in Schweden, Irland, Italien und Frankreich. In den romanischen Ländern wurde dies vor allem mit dem Abbau der früheren stark ideologisierten Lager erklärt.

2.1 Abnehmende Parteienidentifikation

- In anderen Ländern kam es zu *Zickzack-Bewegungen* mit gelegentlichen Aufwärtstrends (USA, Großbritannien, Deutschland). Dies ist mit den Wellen erfolgter oder überfälliger Alternierung der beiden großen Lager zu erklären.
- *Stabil* blieb die Parteiidentifikation in stark fragmentierten Systemen, die zu Konkordanzstrategien neigten (Benelux-Länder, Dänemark, Norwegen). In Belgien hat die Reethnisierung des Systems noch zusätzlich stabilisierende Wirkungen entfaltet.
- *Aufwärtstrends* gab es nur in den neuen Demokratien der dritten Demokratisierungswelle in Südeuropa (Griechenland, Portugal, Spanien), weil hier eine minimale Parteiidertifikation aufgebaut werden konnte.

Die Autoren der großen vergleichenden Studie (Schmitt/Holmberg 1995: 122) waren frustriert, keine allgemeine Erklärung für die Entwicklung der Parteiidentifikation abgeben zu können. Jedes Land wurde letztlich in seinen Tendenzen individuell erklärt, was komparative Empiristen gern vermeiden. Die Entwicklung beim Übergang von den Volksparteien zu den professionalisierten Wählerparteien verläuft im Bereich der Parteiidentifikation negativ. Die Forschung hat entdramatisiert, was sie nicht ändern konnte. Die Befragung wurde differenzierter vorgenommen und siehe da, nur die starken Identifizierer hatten abgenommen. Die schwache Identifikation mit den Parteien hatte sich bei den Wählern relativ stabil gehalten. Zu dem *dealignment* der späten Phase der Volksparteien kam die Entdeckung eines *realignments* in der Phase der Wählerparteien. In Osteuropa kommt es – wie vorher in Südeuropa – nur zögernd erstmals zu einem *alignment*. Der Prozeß wird erschwert durch den ständigen Wandel der Parteienlandschaft und die enorme Fluktuation zwischen den Parteien, die Kontinuität erlangt haben.

Der Prozeß der Lockerung von Bindungen der Wähler an die Parteien erfolgte in Phasen (Reiter 1989, Schmitt 1989) und vollzog sich nicht in den gleichen Intervallen. Das zeigte sich vor allem im Vergleich zwischen Europa und den USA. Bei den Deutschen setzte dieser Prozeß besonders spät ein.

Der Vergleich in Europa wird durch Datenmangel behindert. Erst ab 1978 stehen die Surveys des Eurobarometers zur Verfügung. Die systematische Frage, die auch bei validen Daten auftritt, lautet jedoch: Hat die viel beklagte Abnahme der Parteiidentifikation wirklich so verheerende Folgen, wie prognostiziert? In Schweden sank sie am kontinuierlichsten und das Land blieb ultrastabil. In Italien fluktuierten die Werte auf relativ hohem Niveau und dennoch zerbrach das Parteiensystem Anfang der 90er Jahre. Kurz vor diesem Zusammenbruch des Parteiensystems in Italien war der Abfall der Parteiidentifikation kaum dramatischer als in Frankreich oder einem stabilen Land wie Irland (Schaubilder bei Schmitt/Holmberg 1995: 102ff). Der "rationale Wähler" ist vielfach beschworen worden. Vielleicht kann er nicht entstehen ohne Abbau der *affektiven* Komponente der "party identification". Die *kognitive* Seite der Identifizierung ist an Leistungen der Parteien gekoppelt und damit notwendiger Weise instabil. Der Prozeß wird verstärkt durch die abnehmende Polarisierung. Schon die Volksparteien verlangten weniger Identifikation als die alten ideologisierten Massenparteien und dieser Trend hat sich in einer medienorientierten Dienstleistungsgesellschaft bei den professionalisierten Wählerparteien noch verstärkt. In der Zeit einer vorübergehenden Reideologisierungs- und Polarisierungswelle Anfang der 70er Jahre hat der Versuch, Brandt mit einem Mißtrauensvotum zu stürzen noch mobilisierend gewirkt. Zwei Jahrzehnte später hat die Einigungswahl erstaunlich geringe Mobilisierungseffekte gezeigt, obwohl Anhänger und Gegner der Vereinigung allen Grund gehabt hätten, sich zu identifizieren und zur Wahl zu gehen. Wähler haben "*availability*" entwickelt und sind offener für einen Wechsel bei der Stimmabgabe. Die "*true believers*" haben abgenommen. "Image der Parteien" ist wichtiger geworden als programmatisch vorgetragene "Wahrheiten".

2. Wachsende Apathie der Wähler – abnehmende Wahlbeteiligung ?

Die Mobilisierungsfunktion der Parteien wird vielfach an der Wahlbeteiligung getestet. Diese hängt jedoch auch von anderen Institutionen ab, wie z.B. dem Wahlrecht. Die frühe Parteienforschung von Hermens bis Duverger ging allzu institutionalistisch an die Frage der Wahlbereitschaft heran und leitete die Partizipation häufig direkt vom Wahlsystem ab.

An wenigsten vorteilhaft schnitt dabei das relative Mehrheitswahlrecht ab, wenn die für die Parteien wesentliche Frage gestellt wird, welches Wahlsystem *die Fähigkeit der Parteien am besten stärkt, die Wähler zu mobilisieren*. Ein flüchtiger Blick in die Tabelle (2.1) zeigt, daß Großbritannien und die USA relativ weit hinten liegen. Allerdings können vor allem im amerikanischen Fall nicht alle Faktoren, die eine geringe Wählerbeteiligung begünstigen, allein auf das relative Mehrheitswahlrecht zurückgeführt werden. Der wichtigste Grund für die geringe Beteiligung in den USA ist wohl die doppelte Belastung, die dem Bürger durch die Notwendigkeit, sich registrieren zu lassen, aufgebürdet wird. Burnham hat sogar die These vertreten, der eigentliche Klassenkampf in Amerika drücke sich nicht im System der Parteien aus – wie gelegentlich behauptet wurde -, sondern zwischen den Wählern und den Nichtwählern. Die aktiven Bürger hätten in den meisten Staaten bisher wenig unternommen, um die Inaktiven durch Liberalisierung und Erleichterung der Registrationsvorschriften an die Urne zu locken. Als Grund hierfür wurde angesehen, daß die etablierten Parteien kein Interesse an der Mobilisierung der marginalen und ethnischen Minderheiten hätten. Auch

2.2 Wachsende Apathie der Wähler – abnehmende Wahlbeteiligung 53

diese These ist vielleicht eine einseitige Überspitzung. Selbst die Einführung einer automatischen Wählerregistrierung nach europäischem Muster würde unter den marginalen Bevölkerungsteilen vermutlich keine europäischen Quoten der Wahlbeteiligung herbeiführen können.

Auch einige Proporzsysteme erreichen keine sehr hohe Wahlbeteiligung. Die Schweiz rangiert trotz ihrer alten demokratischen Tradition besonders weit hinten. Die Referendumsdemokratie hat offenbar zu einer Überlastung der Bürger geführt, die sich in einer geringen Wahlbeteiligung niederschlägt. In den USA haben die langen Listen der Ämter, die durch Wahlen zu besetzen sind, abschreckende Wirkungen für die Partizipation an Wahlen entwickelt (vgl. Tabelle 2.1).

Die Parteien können ihre Mobilisierungsfunktion am besten in den Ländern ausüben, in denen das Parteiensystem hinreichend wettbewerbsorientiert ist (Skandinavien, Österreich, BRD, Neuseeland bis 1993). Das relative Mehrheitswahlrecht stärkt zwar auch kompetitives Verhalten der Parteien, hat aber zugleich einen Verödungseffekt außerhalb der Hochburgen der beiden großen Parteien. In den USA und in Großbritannien erscheint die Wahl in kleinen Einmann-Wahlkreisen im voraus entschieden, so daß viele Bürger nicht zur Wahl gehen. In den USA beteiligen sie sich allenfalls an den Vorwahlen. Empirische Studien zeigten, daß amerikanische Abgeordnete in den Hochburgen nicht passiv werden, sondern auch dort das Gefühl entwickeln, ihr Sitz sei "unsafe at any margin" (Mann 1978: 102). Sie vermögen das gleiche Gefühl jedoch kaum ihren Wählern zu vermitteln. Daher sinkt in den Hochburgen vielfach der Einsatz auch bei den Wählern, die sich durchaus mit ihrer Partei identifizieren.

Länder mit Wahlpflicht – insbesondere solche, die negative Sanktionen (Bußgelder) oder positive Anreize (kostenlose Fahrt bis zur Grenze für im Ausland arbeitende Italiener) verteilen – haben die höchsten Zahlen der Wahlbeteiligung. Aber auch sie liegen nur unwesentlich über den Spitzenreitern der Partizipationsskala in den Ländern, in denen der Gesetzgeber das Wählen nicht zur Pflicht erklärte. Vor allem die Bundesrepublik hat eine erstaunlich hohe Wahlbeteiligung, die erst 1980 wieder unter 90% sank. Ein ausländischer Kommentator konnte darin jedoch keinen Beweis für besonders demokratische Gesinnung sehen: "Die Deutschen sind pflichtgemäß angetreten, um Demokratie zu praktizieren". Die Wirkungen der Wahlpflicht sind schwer abzuschätzen. Es gibt nur ein Land, die Niederlande, das mit (1917–1970) und ohne Wahlpflicht gelebt hat. Nach der Abschaffung der Wahlpflicht sank die Wahlbeteiligung von über 95% auf 79,1%, stieg aber in den folgenden Wahlen wieder auf 80–90%. Es ist vermutet worden, daß die Wahlpflicht die Entstehung einiger neuer Protestparteien begünstigt hat, wie die Bauernpartei und die Demokraten '66. Beide Parteien zogen Wähler an, die ohne Wahlpflicht kaum an die Urne zu bringen gewesen wären. Nach 1971 zeigt sich jedoch nur ein loser Zusammenhang zwischen Wahl-

Tabelle 2.1: *Wahlbeteiligung bei Parlamentswahlen*

Länder mit Wahlpflicht	Mittlerer Wert (1945–89)	Wahlbeteiligung in den 90er Jahren
Belgien	92,7	92,7 91,1 90,2
Griechenland	79,5	81,8 78,2 78,7
Luxemburg	90,1	88,3 93,5
Niederlande bis 1970	94,7	–
Italien	91,8	87,3 86,1 82,9

Länder ohne Wahlpflicht	Mittlerer Wert (1945–89)	Wahlbeteiligung in den 90er Jahren
Dänemark	85,8	82,2 84,3 86,6
Deutschland	87,0	77,8 79,0 82,3
Finnland	77,9	68,4 78,4 65,3
Frankreich	77,7	69,3 68,0
Großbritannien	76,6	77,8 71,4
Irland	74,1	63,7 68,5 65,9
Island	90,0	87,6 87,4
Japan	72,5	75,3 67,3 59,0
Kanada	75,4	69,6 67,0
Niederlande seit 1971	83,2	92,3 78,8
Norwegen	81,5	75,8 78,3
Österreich	93,6	83,7 81,9 80,4
Portugal	81,2	68,2 66,3 68,0
Schweden	86,2	86,7 86,8 81,4
Schweiz	60,0	46,0 42,0 43,3
Spanien	73,5	76,4 77,3
USA	46,0	66,0 55,2

Neue Demokratien in Osteuropa		Wahlbeteiligung in den 90er Jahren
Bulgarien		90,7 84,1 75,2 58,1
Polen		62,3 43,2 52,2 47,9
Rumänien		79,7 74,0 75,0
Rußland		53,0 69,7 61,5
Slowakei		96,8 84,2 75,2 84,0
Tschechien		95,0 85,1 76,4 73,9
Ungarn		63,6 55,1 57,0

Quelle: für 1945–1989: R. Sturm: Wahlbeteiligung. In: M.G. Schmidt (Hrsg.): Lexikon der Politik. Bd. 3 Westliche Länder. München, Beck 1992: 492

pflicht und dem Fragmentierungsgrad des Parteiensystems. Die Wahlbeteiligung sank, aber die kleinen Parteien hielten sich überwiegend recht gut. Der interna-

2.2 Wachsende Apathie der Wähler – abnehmende Wahlbeteiligung 55

tionale Vergleich zeigt, daß in entwickelten westlichen Demokratien die Wahlpflicht nicht mehr notwendig ist, um eine gute Wahlbeteiligung sicherzustellen. In Ländern wie den USA, Australien und Kanada, die wegen der vielen marginalisierten Einwanderergruppen und großer Entfernungen schon immer mit dem Problem niedriger Wahlbeteiligung zu kämpfen hatten, müßte man eher sozial als wahlrechtlich ansetzen, um die Partizipationsbereitschaft zu erhöhen.

Mit der Überwindung der rein institutionellen Betrachtung der Parteien zeigten sich Unterschiede in der Wählerbeteiligung in ihrer partiellen Abhängigkeit vom organisatorischen Typ der Parteien. Die Organisationstypen, die sich im 20. Jahrhundert dreimal wandelten, hatten Einfluß auf die Partizipation bei Wahlen. Im Zeitalter der ideologisierten Massenparteien nach 1918 – in Verbindung mit der Durchsetzung des allgemeinen Wahlrechts – kam es zu einem gewaltigen Partizipationsschub (Nohlen 1992: 515). Aber auch der schrittweise Übergang zu den entideologisierten Volksparteien wirkte nicht – wie nach der Deutung der Kirchheimer-Thesen durch die damalige Linke – apathiefördernd. Mißt man den Anteil der Wähler an der Bevölkerung (und nicht an den Wahlberechtigten, weil sonst die Unterschiede der Wahlberechtigung die Ergebnisse stark verzerren) so hat sich die Partizipation in vielen Ländern in der Ära der Volksparteien verstärkt (Skandinavien, Benelux-Länder (außer Belgien, ein Fall mit Wahlpflicht, der nicht vergleichbar ist), Deutschland, Griechenland). Die Wahlbeteiligung verringerte sich in dieser Phase in einigen Ländern wie Frankreich und Großbritannien , in denen das Volkspartei-Konzept nicht recht anwendbar schien.

Nach der Angleichung des Wahlrechts und des Wahlalters in Europa wird in der Regel die Wahlbeteiligung am Prozentsatz der Wähler von den Wahlberechtigten gemessen. Eine unterdurchschnittliche Wahlbeteiligung hatte auch in der Zeit der Volksparteien die Schweiz (60% bis 1989). Bis zur Wende der 90er Jahre waren die Spitzenreiter unter den Ländern ohne Wahlpflicht in der Wahlbeteiligung Österreich (93–96%). Es folgten Island (90%) und Deutschland (87,0%). Das kleine Island war unverdächtig und wurde wenig kommentiert. Die hohe Wahlbeteiligung in ganz Skandinavien, mit Ausnahme von Finnland, wurde dann gern mit dem Faktor "kleines Land", wo man sich noch kennt, in einer Art Wikinger-Romantik verklärt. Aber die beiden deutschsprachigen Länder waren verdächtig. Hatte nicht die Demokratietheorie von Kornhauser bis Lipset und Eckstein eine hektische Überpartizipation als Grund für den Untergang der Demokratie zwischen den Weltkriegen ausgemacht? Hohe Partizipation der postnazistischen Länder schien wiederum verdächtig. Seit in den 90er Jahren (mit Ausnahme von 1998) die deutsche Wahlbeteiligung unter 80% rutschte, scheint Deutschland in den Kreis der "normalen" Länder aufgenommen zu sein.

In den meisten Ländern kam es in der Ära der professionalisierten Wählerparteien nicht zu einem drastischen Abfall der Partizipation mit Ausnahme von

Österreich. Aber nur in Schweden nahm die Wahlbeteiligung zu. Dies könnte durch die offenere Wettbewerbssituation erklärt werden, die nach der Erosion der Hegemonie der Sozialdemokraten entstand. In Norwegen und Dänemark war diese Hegemonie nicht ganz so stark gewesen, aber sie verfiel in der dritten Phase, die man sich für Notwegen scheut, "Phase der Volksparteien" zu nennen. Dieser Verfall war – trotz Aufkommens neuer kleiner Parteien – nicht vom Aufschwung der Wahlbeteiligung begleitet – im Gegenteil. Auch Skandinavien folgte überwiegend dem Trend der europäischen Länder zu weniger Wahlbeteiligung. In den neuen Demokratien Osteuropas gab es keine Vergleichsmöglichkeiten, weil die manipulierte Partizipation des realen Sozialismus mit 98–99% Wahlbeteiligung keinen Vergleichsmaßstab abgab. Hier läßt sich nach einem – mit Ausnahme Polens – hohen Einstiegsniveau bei den Gründungswahlen ein starker Abfall der Beteiligung verzeichnen. Nur Tschechien und die Slowakei zeigten europäische Wahlbeteiligungsziffern.

In der dritten Demokratisierungswelle in Südeuropa waren Griechenland (79.5%), Portugal (81,3%) und Spanien (86,2%) in der Wahlbeteiligung näher am europäischen Durchschnitt gewesen. Vor allem Portugal sank jedoch in den 90er Jahren stark ab. Die Höhe der Wahlbeteiligung wird von mehreren Faktoren bedingt. Sie ist auch keineswegs direkt von der Parteienidentifizierung abhängig, sonst müßte sie in Großbritannien und in den USA oder in der Schweiz höher sein. Historische, soziale und institutionelle Variablen intervenieren. Aber eine hohe Parteiidentifikation der Wähler wirkt wie ein Schwimmgürtel, der die Wahlbeteiligung nie allzu tief sinken lassen kann, und dieser hat sich in den neuen Demokratien noch nicht entwickelt. Der negative Befund über die osteuropäischen Nachbarn sollte jedoch als Warnung dienen, daß die Parteien die Parteiidentifikation nicht über das unvermeidliche – durch soziale Faktoren bedingte – Maß hinaus untergraben helfen sollten. Bei allzu großen Mißbräuchen der "politischen Klasse im Parteienstaat" geschieht aber genau dieses, und die Folgen sind noch nicht absehbar.

Die stabile Unterstützung der Parteien in der Wählerschaft gibt Parteien größere Freiheit in ihrem sonstigen Verhalten – aber nur in gewissem Rahmen. Sie ist mit dem Ballast im Segelboot verglichen worden: Die übrigen Komponenten des strategischen Verhaltens können frei im Wind fluktuieren, aber sie werden immer wieder ins Zentrum zurückgezogen, das um den Ballast gravitiert (Cotta 1999: 13). Nimmt der Ballast zu stark ab, so wirkt dieser Umstand als starke Einschränkung der Manövrierfähigkeit des Parteienboots im Wind wachsender Volatilität. Neben der Wettbewerbsorientierung gibt es jedoch auch eine nicht artikulierte stille Übereinkunft (*collusion*): Die Wähler sind verfügbarer geworden. "*Availability*" nimmt zu. Dieser schwer übersetzbare Terminus bezieht sich auf den Wähler, der bereit ist, sein Wahlverhalten zu ändern (Bartolini 1999:

466). Er ist nicht notwendiger Weise der rationale Wähler, der über die konkurrierenden Programmangebote besonders gut informiert ist, aber er ist sensibel gegenüber Angeboten, die Änderungen versprechen, oder auch nur Glaubwürdigkeit suggerieren.

3. Die Zunahme der Fluktuation von Wählerstimmen (volatility)

Die Klassifikation von Parteien (vgl. Kap. 5.1) kann immer nur einen statischen Querschnitt geben. Wandel wird erst in die Analyse einbezogen, wenn neue Parteien entstehen und alte Parteien untergehen und das Kräftegleichgewicht im Parteiensystem sich verändert. Die Analyse der Wählerbewegungen ist daher für die Parteienforschung ein Hilfsinstrument, um mögliche Wandlungen im Parteiensystem besser zu antizipieren.

Die Messung der Wählerbewegungen beschränkt sich auf die relevanten Parteien und mißt ihre Gewinne und Verluste von Wahl zu Wahl. Im Zweiparteiensystem ist der Kampf um Stimmen ein Nullsummenspiel: was eine Partei gewinnt, verliert die andere. Im Modell von Anthony Downs waren Wählerwanderungen solche zwischen den Blöcken. Der Wandel wurde als durch einen Wechsel von Teilen der Wählerschaft von einer Partei zur anderen bewirkt gedacht. Die Aktivitäten der Parteien und ihrer Eliten wurden als Auslöser unterstellt.

Im Mehrparteiensystem gibt es keine Nullsummenspiele. Über die Frage, wohin die verlorenen Stimmen einer Partei gingen, lassen sich daher nur Vermutungen anstellen. Empirisch gewonnene Sicherheit versuchte man durch zwei Verfahren zu erlangen:

- Durch *Befragungen von Wählern*. Die Ergebnisse sind jedoch durch die Neigung vieler Wähler gefährdet, einen Wandel ihrer Einstellung zu verdecken und ihre Wahlentscheidungen im nachhinein mit dem Wahlsieg und mit vorher angegebenen Parteiidentifikationen zu harmonisieren. Die Befragung von Individuen ist umstritten, weil die Beobachtungseinheit "Individuum" immer viel kleiner ist als die Einheiten, für die man aus dem Ergebnis, den zusammengezählten Antworten von Individuen, Schlüsse zieht. Bei Wechselwählern ist zudem bekannt, daß die Entscheidung vielfach nicht vom Individuum allein, sondern von ganzen Familien und Gruppen vollzogen wird.
- Ein zweiter Versuch, empirische Daten über Wählerbewegungen zu erhalten, liegt in der *Analyse ausgewählter Wahlbezirke* und im Vergleich mit den Ergebnissen bei der letzten Wahl. Problem dieses Ansatzes ist, daß er die Zahl und soziale Zusammensetzung der Wähler nicht konstant halten kann. Die Ergebnisse über Wählerbewegungen, die der Computer "Dracula" in der

Bundesrepublik noch in der Wahlnacht 1980 anbot, sind daher vielfach nur als "informed guess work" akzeptiert worden. Das größere Ausmaß von Wechselwählern bei mittleren Parteien spiegelt sich in solchen Studien gelegentlich nicht wider. Auch die Nichtwähler können die Ergebnisse von Wahl zu Wahl verzerren, wenn ihre Zahl in einzelnen Stimmbezirken stark variiert.

Die ältere Parteienforschung war so stark durchdrungen vom Kriterium der Zahl, daß die Fluktuation von relativ stabilen Parteiensystemen abgeleitet wurde. Die Fluktuation der Wählerstimmen schien mit dem *Alter des Parteiensystems* in Beziehung zu stehen: je älter ein Parteiensystem, um so geringer die Volatilität. Hinter dieser Hypothese stand die Vorstellung, daß ältere Systeme "reifer" sind und keine allzu großen Pendelausschläge produzieren. Die Bundesrepublik scheint die These zu bestätigen, aber das Auf und Ab in den USA – die das älteste kontinuierliche Parteiensystem der Welt praktizieren – und die Zunahme der Fluktuation in "reifen Demokratien" wie Norwegen und die Niederlande sprechen nicht für die Haltbarkeit der Altershypothese. Dänemark und die Niederlande falsifizieren sie.

Vergleicht man den Wandel der Volatilität in westlichen Demokratien in der Ära der Volksparteien (Tabelle 2.2), so fällt auf, daß das Kriterium der Zahl der Parteien eine untergeordnete Rolle für die Wählerfluktuation spielt. Ältere Annahmen, daß in Vielparteiensystemen mit hoher *Fragmentierung* mehr Wählerfluktuation zu finden sei, mußten modifiziert werden, wie sich an der Schweiz zeigte. Länder, die einen raschen Konzentrationsprozeß durchmachten wie die Bundesrepublik, rangierten nur anfangs hoch auf der Skala der Wählerbewegungen, weil die Eliminierung vieler Parteien eine hohe Volatilität erzwang. In Italien hingegen sind einige Parteien der Anfangsphase verschwunden (Uomo qualunque, Partito d'Azione), aber es tauchten funktionale Äquivalente unter neuem Namen auf und hielten das Gesamtbild vergleichsweise stabil. Auch in Frankreich fand eine Konzentration der Parteien statt. Hier hat jedoch der Regimewechsel zur Fünften Republik die Entwicklung mit anderen Ländern unvergleichbar gemacht. Der Regimewechsel führte anfangs zu starken Polarisierungen und zu unorthodoxem Wählerverhalten. Selbst die KPF mit ihrer straffen Organisation mußte 1958 zugeben, daß anderthalb Millionen kommunistischer Wähler für de Gaulles neue Verfassung gestimmt hatten, obwohl die Partei eine vehemente Anti-Kampagne geführt hatte (Johnson 1981: 140). Auch in Frankreich werden die Ergebnisse beeinträchtigt durch ständig neue Namen und Koalitionen, die mehr Fluktuation vortäuschen, als tatsächlich stattgefunden hat. In den siebziger Jahren haben sich jedoch die beiden Blöcke so weit konsolidiert, daß ein paar Hypothesen über die Wählerbewegungen möglich sind.

2.3 Die Zunahme der Fluktuation von Wählerstimmen

Vergliche man die Wählerfluktuation allein über den Zeitraum von dreißig Jahren, so käme man für die Gegenwart zu wenig sinnvollen Aussagen. Der abnehmende Realitätsgehalt einer Aussage beeinträchtigt damit – entgegen der in der Einleitung zitierten Gegenüberstellung von Downs – auch ihren Prognosegehalt. Die Volatilität muß daher zusätzlich für kürzere Zeiträume berechnet werden.

Tabelle 2.2: *Wählerfluktuation in Parteiensystemen 1950–1999 (Nettogewinne nach Ländern und Zeiträumen in Prozent)*

Land	1950–59	1960–69	1970–80	1981–90	1991–99
Belgien	8,2	8,7	4,8	8,4	9,3
Dänemark	5,0	8,4	17,0	10,0	11,3
Deutschland	14,1	7,1	4,2	6,1	6,4
Finnland	4,1	6,6	7,1	9,3	9,4
Frankreich	21,0	10,5	12,2	15,3	13,3
Griechenland	–	–	–	10,0	3,4
Großbritannien	3,3	5,1	6,8	7,4	5,8
Irland	10,1	6,9	3,6	9,0	6,6
Island	8,9	5,2	9,3	7,0	9,4
Italien	8,3	7,8	4,3	7,0	21,7
Luxemburg	7,4	10,2	13,6	11,3	5,3
Niederlande	6,7	9,4	11,0	10,2	16,9
Norwegen	5,1	5,2	18,8	9,7	14,4
Österreich	4,7	4,5	3,4	5,4	11,5
Portugal	–	–	–	18,8	9,4
Schweden	4,4	4,1	6,5	7,3	13,0
Schweiz	2,1	3,9	4,5	2,3	8,0
Spanien	–	–	–	20,7	9,4

Die größte Fluktuation in den siebziger Jahren wiesen Länder wie Dänemark, Norwegen und die Niederlande auf. Im Falle von Dänemark werden die "Steuerrevolte" und die Verdrossenheit über den Wohlfahrtsstaat als Erklärung angeführt, in Norwegen hingegen der EG-Beitrittsversuch. Es fehlt noch an länderübergreifenden Erklärungen. Während sich in Norwegen die Fluktuation normalisierte, blieb sie in Dänemark erhalten, obwohl die Fortschrittspartei Glistrups an Stärke abnahm. Die besonderen wirtschaftlichen Probleme Dänemarks erklären die Differenz zwischen zwei Ländern, in denen traditionell eine starke wechselseitige Beeinflussung des politischen Klimas herrschte (Borre 1980: 161).

Eine hohe Volatilität der Wählerstimmen ist nicht mit einer starken Verschiebung des Gleichgewichts im Parteiensystem gleichzusetzen. Systemverändernd kann allenfalls die Fluktuation von Wählerstimmen zwischen den Blöcken der bürgerlichen und der Arbeiterparteien sein. In Skandinavien machte der Wechsel zwischen den Blöcken nur ein Viertel der Volatilität aus, der Rest war Fluktuation innerhalb der Blöcke. Hohe Fluktuation muß daher nicht zu häufigem Regierungswechsel führen. In einigen Ländern ist die Fluktuation nicht mit Rechts-Links-Bewegungen, sondern durch das Aufkommen der ethnischen Bewegungen zu erklären (Belgien). In den siebziger Jahren ist in Belgien die Fluktuation wieder zurückgegangen. Aber daraus kann nicht auf ein Abnehmen der ethnischen Konflikte geschlossen werden. Das traditionelle System der etablierten Parteien hat sich in ethnische Subgruppen ausdifferenziert und damit den Anreiz für die neonationalistisch gesonnenen Wähler vermindert, sich den ethnischen Parteien, wie "Volksunie" und "Rassemblement Wallon" anzuschließen. Das Beispiel Belgien zeigt, wie vorsichtig man mit Schlüssen aus dem quantitativen Befund sein muß. Die abnehmende Wählerfluktuation beweist hier nur, daß der ethnische Konflikt sich von der Peripherie des Parteiensystems in sein Zentrum verlagert hat. Anfang der 80er Jahre nahm die Wählerfluktuation in einigen Ländern (Großbritannien, Dänemark und Island) wieder deutlich zu.

Die geringste Fluktuation fand sich in der Ära der Volksparteien in Ländern wie Schweden, Österreich und in der Schweiz. Die Kontinuität von Konkordanzdemokratie und *korporativen Aushandlungsstrategien* konnte diese Fälle erklären. Im Mittelfeld lagen Italien und Finnland, zwei Länder, die gemessen am Fragmentierungsgrad des Parteiensystems vorn liegen müßten. Die Distanz stark ideologisierter Blöcke, die Nichtkoalitionsfähigkeit von extremen Parteien, die regionale Hochburgenisolierung schränkten offenbar die Fluktuation in stark fragmentierten Vielparteiensystemen ein. Gerade in solchen Systemen bestehen nicht die spieltheoretischen Bedingungen eines rationalen Spieles, bei dem Wähler aus Koalitionsrücksichten rasch auch zu ihrer Zweit- und Drittpräferenz Zuflucht nehmen.

Der Übergang von den Volks- zu den Wählerparteien hat die Volatilität steigen lassen. Die politischen Unternehmer reüssierten zunehmend mit neuen Werbemethoden, medienwirksam inszeniert. Mit der Zunahme der Fragmentierung von Parteiensystemen durch Aufkommen neuer Parteien mußte rein rechnerisch die Wählerfluktuation steigen. Die Grünen haben in Belgien, Dänemark, Deutschland und den Niederlanden zur Erhöhung der Volatilität nicht wenig beigetragen. In Skandinavien waren es auch die neuen christlich-fundamentalistischen Parteien, und in Schweden die "Neue Demokratie" (NYD). In den Niederlanden traten die Zentrumsdemokraten und eine Pensionärspartei hinzu, in Portugal die "Demokratische Erneuerungspartei". Auch der Populismus (FPÖ in Österreich, SVP in der Schweiz, Fortschrittspartei und Volkspartei in Dänemark), brachten die angeblich eingefrorenen Parteiensysteme in Bewegung. Nur in den

2.3 Die Zunahme der Fluktuation von Wählerstimmen

neuen Demokratien des Ostens und in Frankreich, Großbritannien, Irland und Luxemburg hat die Volatilität nicht zugenommen.

Die neuen Demokratien stellten einen Sonderfall dar. Die Volatilität ist in einem nichtkonsolidierten Parteiensystem naturgemäß hoch. Das gilt vor allem für Länder wie Polen oder Rußland, in denen anfangs Listenverbindungen und Fusionen zu äußerster Unübersichtlichkeit führten. In solchen Fällen ist die Volatilität das künstliche Produkt einer instabilen Parteiorganisation. Vielleicht ist es noch zu früh, die letzten drei Wellen der Konsolidierung von Parteiensystemen zu vergleichen (Tabelle 2.3), weil der Prozeß in Osteuropa noch nicht abgeschlossen ist. Aber Trends sind schon sichtbar.

Tabelle 2.3: *Wählerfluktuation (Volatilität) nach den Gründungswahlen in neuen Demokratien*

	2. Wahl	3. Wahl	4. Wahl
2. Welle			
Österreich (1949, 1953, 1956)	11,7	3,6	5,6
Frankreich (1946, zweimal, 1951)	3,7	6,0	21,3
Deutschland (1953, 1957, 1961)	20,1	8,2	10,4
Italien 1948, 1953, 1958)	25,3	10,5	4,0
3. Welle			
Griechenland (1977, 1981, 1985)	19,1	24,1	5,0
Portugal (1979, 1983, 1987) (1980 ausgelassen, weil zu rasch folgend und wenig Veränderungen zeigend)	11,0	2,7	25,7
Spanien (1979, 1982, 1986)	10,8	42,5	11,9
4. Welle			
Tschechien (1992, 1996, 1998)	15,9	27,4	7,5
Slowakei (1992, 1994, 1998)	20,6	25,5	11,2
Polen (1993, 1997)	33,8	46,8	
Bulgarien (1991, 1994, 1997)	11,9	4,9	30,7
Rumänien (1992, 1996)	22,1	6,1	
Ungarn (1990, 1994, 1998)	23,7	22,7	31,5

Modell vgl. Cotta 1996: 71. Meine Zahlenrechnung weicht jedoch ab. Wegen unklarer Fusionen und Listenverbindungen sind die Zahlen in Polen und einigen anderen Ländern eher Schätzwerte.

Die *pre-founding elections* wie die polnische Wahl von 1989 müssen dabei ausgeklammert werden, weil die Ergebnisse noch nicht das Produkt eines freien Wählerwillens waren. Aber erste Zahlen zeigen, daß die Volatilität in Osteuropas Konsolidierungswahlen über dem Durchschnitt der Konsolidierungen der zweiten

Welle nach 1945 (Österreich, Frankreich, Deutschland, Italien) und der dritten Welle nach 1974 in Südeuropa (Griechenland, Portugal, Spanien) lagen. In der zweiten Demokratisierungswelle lag die 3. Wahl in der Volatilität häufig deutlich unter der 2. Wahl, um bei der 4. Wahl wieder leicht anzusteigen. In der dritten Welle kam es in zwei Fällen beim dritten Wahlgang zu stärkerer Volatilität als beim zweiten, weil sich das Parteiensystem umschichtete, wie in Frankreich 1951 mit dem Aufkommen der Gaullisten und später der Poujadisten. Bulgariens System mit drei relevanten Parteien zeigt die geringste Volatilität. Aber gerade dieser Fall demonstriert, daß die Abwesenheit von Massenfluktuation der Stimmen nicht für die Konsolidierung ausreicht, wenn die Koalitionsbildung noch nach vordemokratischen Intrigenmustern funktioniert.

Tschechien und Ungarn schnitten nach diesem Kriterium am günstigsten ab. Geringe Volatilität kann jedoch, wie in Rumänien, auch ein Anzeichen für eine hegemoniale Kontrolle des Prozesses durch eine Partei sein. Deutschland und Österreich zeigten eine rasche Konsolidierung des Parteiensystems. In der Bundesrepublik war dies keineswegs nur der Fünfprozentklausel zu verdanken, wie vor allem im Ausland gelegentlich unterstellt wurde. Interessanterweise ist die Fünfprozentklausel der einflußreichste Beitrag zur Institutionalisierung der Demokratie in Osteuropa – neben dem Verfassungsgericht gewesen. Der Beitrag hat im osteuropäischen Kontext zwar zur Reduktion der Zahl der Parteien beigetragen, vor allem in Polen 1993, hat aber die Volatilität weniger beeinflußt. Angesichts der Häufigkeit von alternierenden Koalitionen in Osteuropa seit dem Comeback der Exkommunisten dürfte die Volatilität gerade wegen der Bündelung der Parteienkräfte steigen, falls es nicht zu einer vorübergehenden Dauerherrschaft käme, was sich noch nicht abzeichnet.

Hohe Volatilität in neuen Demokratien ist ein normales Genesungszeichen des Systems, falls die Konsolidierungsphase nicht drei Wahlperioden überschreitet. In Osteuropa haben selbst die Systeme mit illiberalen Zügen von Rußland bis Rumänien eine erstaunliche Parteienkonzentration erreicht, nicht nur weil fast alle das deutsche System einer relativ hohen Prozentklausel eingesetzt haben.

Zunehmende Volatilität ist in den 90er Jahren unter die Krisenmerkmale eingereiht worden. Staatskrisen haben sich bisher in Westeuropa nur in den 50er Jahren in Frankreich (21%) und in Italien zu Beginn der 90er Jahre (über 40%) durch rasant angestiegene Wählerfluktuation angekündigt. Im längeren Zeitreihenvergleich ist eher bemerkenswert wie gering die Fluktuation blieb, vor allem im deutschsprachigen Bereich und in Großbritannien und Irland. Sieben bis acht Prozent Wählerfluktuation gelten als normal und geradezu erwünscht, weil sonst der Sinn von Wahlen in Frage gestellt würde. Diese Frage taucht vor allem auf, wo die Parlamentsauflösung zur Bewältigung einer Koalitionskrise eingesetzt

2.3 Die Zunahme der Fluktuation von Wählerstimmen

werden soll. Wo die Volatilität zu gering ist, erscheint die Parlamentsauflösung nicht als erfolgversprechendes Instrument der Krisenlösung (vgl. von Beyme 1999: 411ff).

Wo die Volatilität durch neue Parteien wuchs, bleibt bemerkenswert, wie rasch die Neuankömmlinge in das System der Koalitionsbildung einbezogen wurden, vor allem die Grünen (Belgien, Dänemark, Deutschland, Niederlande). Die populistischen Herausforderer waren mit einigen Ausnahmen (FPÖ in Österreich, die ethnozentrischen flämischen Gruppen in Belgien wenigstens als Tolerierungspotential) nicht Teil der Koalitionsarithmetik, aber dennoch haben sie durch die Volatilität, die sie verursachten, das Parteiensystem nicht nachhaltig erschüttert. Die Höhe der Volatilität erweist sich somit nicht als Indikator für Gesundheit oder Krankheit eines Parteiensystems, weil es darauf ankommt, wie die Institutionen und die Parteien auf der Parlamentsebene die gewachsene Wählerfluktuation in Regierungspolitik umsetzen. Zu Untergangsszenarien gibt die Wählerfluktuation noch keinen Anlaß, da die Reichweite der Volatilität begrenzt bleibt. Wo linke Arbeiter in nennenswertem Anteil zu den rechtsextremistischen Populisten überliefen, wie beim Front National in Frankreich, schien Gefahr im Verzug. Was unsere Daten jedoch in der Regel messen ist Wählerwanderung innerhalb der rechten und linken Blöcke. Ein krasses Beispiel für die Gefahren steriler Aufgeregtheit der Medien war der Skandal der schwarzen Kassen bei der CDU. Kommentare sahen die alte "Volkspartei" bereits zerfallen. Am ersten Testtag, den Wahlen in Schleswig-Holstein im Frühjahr 2000, wurde die CDU vom Wähler nur mit 2,2% minus abgestraft.

3. Entideologisierung der Parteien und die programmatische Annäherung der Parteienfamilien

Die Party-Change-Literatur hat im postbehavioralistischen Zeitalter einen Wandel vollzogen. Die exzessive Beobachtung der Wählerebene wurde wieder ergänzt durch die neoinstitutionalistische Hinwendung zu organisatorischen und institutionellen Fragen einerseits und der Aufmerksamkeit für weltanschauliche Motivationsreste andererseits. Damit verbunden war eine Aufgabe des rein soziologischen Ansatzes, der die Parteien gleichsam aus den sozialen Veränderungen der Wählerschaft ableitete. Es kam wieder zur Würdigung der politischen Faktoren. Soziale Cleavages wirken nicht automatisch. Im Parteiensystem schlagen sie sich nur nieder, wenn politische Unternehmer mobilisieren.

Die Gewichtsverschiebungen unter den ideologischen Parteifamilien traten ins Blickfeld. Die ideologischen Lager – organisatorisch durch indirekte Mitgliedschaften abgestützt – wurden nicht mehr wie Fixsterne am Parteienhimmel behandelt. Die ideologische Distanz zwischen den Parteifamilien hat sich laufend geändert und wurde entscheidend für die Konstituierung der Parteielten als politische Klasse, soweit sie das gemeinsame Interesse an staatlicher Subvention ihrer Organisation und hohen Privilegien für die Mandatsträger entwickelten. Gleichwohl blieb eine gewisse Distanz der Parteien . Schon die Organisation des parlamentarischen Systems um die Dichotomie Regierung/Opposition zwang die verbleibenden Differenzen zu dramatisieren und notfalls zu inszenieren, wenn sie nicht groß genug waren. Die Programmforschung hat sich daher vor allem auf die programmatische Aufweichung der Cleavages konzentriert.

1. Das Ende des Rechts-Links-Schemas

In der Parteientheorie von Stahl bis Duverger hat der Dualismus als das dominante Prinzip aller Klassifikationen der Parteiensysteme gedient. In systemtheoretischer Sicht ist die Neigung, die Komplexität der politischen Programme und Haltungen zu reduzieren, als zwanghafter Drang zur Dichotomisierung verstanden worden. Er wurde dadurch notwendig, daß die soziale Abstufung älterer Ständegesellschaften abstarb und der zeitliche Schematismus – der alles in "kon-

3.1 Das Ende des Rechts-Links-Schemas

servativ" und "progressiv" einzuordnen suchte – an die Stelle der räumlich-funktionalen Differenzierung trat. Das Rechts-Links-Schema führt vielfach zu dem Zwang, seine Ansichten auf einer Seite des Spektrums zu homogenisieren: Wer für Rassengleichheit ist, muß auch für Staatsintervention in allen Bereichen der Gesellschaft sein. Auch wenn Kommunisten im "realen Sozialismus" den Anschluß an die Modernisierung auf vielen Gebieten erst verspätet erreichen, neigen sie gleichwohl dazu, sich in allen Bereichen als "progressiv" einzustufen. Aber die Dichotomisierungszwänge holten sie ein: Beharrungskräfte wie die Stalinisten sind im täglichen Sprachgebrauch längst zu "den Konservativen" im Sozialismus geworden, obwohl in westlichen Umfragen die meisten Bürger geneigt waren, die UdSSR auf der extremen Linken und die USA auf der Rechten einer Rechts-Links-Skala einzuordnen.

Jean Laponce (1981: 129) hat gezeigt, daß die Rechts-Links-Dimension tiefe Wurzeln im kulturellen Erbe der meisten Völker besitzt. Seit dem Mythos von Mot und Baal wird die Gottheit meist rechts und ihre Herausforderer links dargestellt. Nur in China ist diese vorpolitische Symbolik nur schwach auf ein Rechts-Links-Schema ausgerichtet. Im politischen Raum wird links mit der Betonung der Horizontalen, mit Gleichheit, sozialem Wandel und Zukunftsorientierung identifiziert. Die Rechte wird eher vertikal wahrgenommen, als soziale und religiöse Hierarchien akzeptierend und auf Kontinuität und status quo ausgerichtet. Die internationalen Umfragen zeigen jedoch nationale Unterschiede. In Amerika ist "Gleichheit" nicht so stark ein linker Begriff wie in Europa. Überall sind Parteieliten mehr geneigt, das Rechts-Links-Kontinuum als Orientierungsrahmen zu akzeptieren als die Wähler. Wertewandel und neue soziale Bewegungen haben die Rechts-Links-Orientierung unsicherer werden lassen. Ethnische und ökologische Parteien sind nicht mehr so leicht auf einer Seite festzumachen wie die traditionellen Parteien. Wird "grün" das "rot" der Zukunft, wie manchmal voreilig unterstellt worden ist, um die Rechte als "obsolet" darzustellen (Bürklin 1982: 339)? In einer Langzeitperspektive ist der Sieg vermittels eines semantischen Tricks in der politischen Realität durch die neue Linke, die das Paradigma "Lebensweise" anstelle alter Verteilungs- und Machtstrukturen treten läßt, nicht so leicht nachzuvollziehen. Es spricht manches für Laponces (1981: 209) Pessimismus: "Die Linke gewinnt gegen die Rechte Schlacht um Schlacht, aber nicht den Krieg."

Jedenfalls ist es zu früh, aufgrund momentaner Erfolge der Grünen in der Bundesrepublik auf die Überholtheit des Rechts-Links-Gegensatzes zu schließen. Zumal in Krisenzeiten zeigt sich das Verteilungsparadigma als zählebig, und seine Konfliktmuster durchdringen zunehmend auch den Kampf um die neuen postmateriellen Werte.

3. Entideologisierung und die programmatische Annäherung der Parteien

Wie die Parteienforschung in vielen Zusammenhängen zeigen kann, von der Erforschung der ideologischen Abstände der Parteien bis zum Einfluß der Programmatik auf die von Parteien in der Regierung verfolgte Politik, ist die Rechts-Links-Dimension aber keineswegs nur ein Sprachspiel zur reibungslosen Abwicklung politischer Konflikte. Die Parteidifferenzen werden als relevant empfunden, und die Bereitschaft, sich in eine Links-Rechts-Skala einzuordnen, ist in den Ländern Europas als erstaunlich groß nachgewiesen worden: in den 70er Jahren variierte die Bereitschaft, sich als rechts und links einzuordnen noch von 73% (Belgien) bis 93% (Deutschland). In den 90er Jahren nahm diese Bereitschaft ab.

Aber als Orientierungsrahmen im ideologisch-politischen Raum ist die Rechts-Links-Skala zählebig (Budge 1976: 248). Quantitative Studien haben das häufig unterstellte *"dealignment"* von den Ideologien nicht bestätigt (Van Deth/Janssen 1994). Nur in der Schweiz ist nach anderen Untersuchungen die Selbsteinordnung in dieses Schema vergleichsweise gering.

Die meisten Europäer plazieren sich in der Mitte. Die Verteilung ergibt somit idealtypisch ein Dreieck, dessen Spitze etwa in der Mitte steht. Diesem Modell kommen die Bundesrepublik, Dänemark und Luxemburg am nächsten. Wo andere Konflikte die Rechts-Links-Dimension überlagern, nimmt die Verteilung eher die Form einer Krone mit unterschiedlich hohen Zacken an, in einigen Ländern mit einer gewissen Zuspitzung im rechten Feld (Belgien, Niederlande, Irland) und nur in wenigen mit einer leichten Konzentrierung im linken Feld (Frankreich, Italien). Die Selbsteinordnung der Wähler auf der Rechts-Links-Skala erwies sich als relativ unabhängig von der Herkunftsschicht der Befragten. Kirchgangshäufigkeit und gewerkschaftliche Bindungen waren für diese Selbstlozierung weit entscheidender. Es gibt einige Anzeichen dafür, daß das Rechts-Links-Schema auf der Ebene der politischen Eliten zwar verbal häufig in Frage gestellt wird, jedoch aufgrund größerer Sachkenntnis bei der Haltung zu einzelnen Politikfeldern, die als rechts oder links einzuordnen sind, stärker internalisiert ist als bei der Masse der Wähler (Holmberg 1974: 380).

Im außereuropäischen Kontext war das Rechts-Links-Schema weniger brauchbar. Gewerkschaftlich organisierte Rassisten, die sich als links empfanden, hatten nach amerikanischen Befunden örtlich Neigungen gezeigt, faschistoide Ku-Klux-Klan-Politik zu unterstützen.

Die "Image-Karte", auf der die Parteien für die meisten Wähler einen festen Ort haben, wird komplizierter durch neue Bewegungen und politische Fragen, die sie hochspielen, wie Energie- und Umweltpolitik, die – wie kein anderer Bereich auch ohne Befragungen einsichtig – die seltsamsten Allianzen in vielen Ländern möglich machten.

3.1 Das Ende des Rechts-Links-Schemas

Da echte Zweiparteiensysteme, die das dichotomische Denken uneingeschränkt bestätigen, selten sind, haben sich manche Betrachter damit geholfen, die Vielfalt der Bewegungen auf einen *"latenten Dualismus"* zu reduzieren. Duverger (1977: 262) interpretierte die sechs großen geistigen Familien der Vierten Republik als überlagerte Dualismen. Im Laufe der Entwicklung der Fünften Republik scheint diese Interpretation zutreffender zu sein, als sie es in den fünfziger Jahren schien. Der Präsidentialismus der Fünften Republik hat jedenfalls die Polarisierung vorangetrieben. Galli (1966) glaubte sogar in Italien in den sechziger Jahren ein unvollkommenes Zweiparteiensystem zu entdecken, ein Trend, der sich jedoch durch den "historischen Kompromiß" eher nicht fortgesetzt hat.

Lange schien das Zweiparteiensystem die Grundlage eines funktionierenden Parlamentarismus. Großbritannien galt als das Modell. Die Mystik des Zweiparteiensystems, die noch in der deutschen Wahlrechtsdebatte unter der großen Koalition vielfach an die Stelle empirischer Vorsicht trat, hat viel von ihrer Überzeugungskraft verloren. Nimmt man die abnehmenden Wählerzahlen und den Niedergang der Stimmanteile für die größten Parteien im System zusammen, so zeigt sich, daß die beiden Hegemonialparteien des Zweiparteiensystems vielfach nur etwa die Hälfte der Wahlberechtigten erfassen.

Neben dem Trend zur Polarisierung gibt es immer wieder den Gegentrend der Herausbildung eines *Zentrums,* der sich zunehmend in Parteinamen niederzuschlagen begann. Die Umbenennung der skandinavischen Agrarparteien in Zentrumsparteien (Schweden 1957, Norwegen 1959, Finnland 1965) trug dieser Tendenz Rechnung. Sogar sozialistische Splittergruppen scheuten die Bezeichnung "Zentrum" nicht (wie die dänischen Zentrumsdemokraten). Die Regierungsparteien, die die südeuropäischen Diktaturen beerbten, nannten sich ebenfalls bevorzugt "Zentrum", wie die Vereinigung des Demokratischen Zentrums in Griechenland (EDIK), das "Centro democrático e social" in Portugal, das seit 1978 an der Regierung beteiligt war, und die "Union Centro Democratico" (UCD), die in Spanien vorübergehend zum neuen Sammelbecken der Rechten wurde. Die Mitte variiert nicht nur nach den subjektiven Ansprüchen einzelner Parteien, die sie reklamieren, sondern auch nach den Problemen, um die von den Polen des Rechts-Links-Schemas her gestritten wird, vor allem in stark fragmentierten Parteiensystemen. In Italien zeigte sich bis 1994 die Mitte in politischen Fragen bei der DC, in ökonomischen Fragen bei den Sozialdemokraten und Republikanern, und in religiösen Fragen, bei den Neofaschisten und Monarchisten. Da die Liberalen als Unterstützung für die Rechte ausfielen, konnte das Zentrum der Mehrheit sogar am rechten Ende der DC liegen (Daalder 1984).

Was man für die 3. und 4. französische Republik den "ewigen Sumpf des Zentrismus" genannt hat, war keineswegs durch die Annäherung der Rechts-

Links-Blöcke zu erklären. Das galt auch für stark fragmentierte Parteiensysteme von Finnland bis Italien, in denen Parteien der Mitte durch die Polarisierung ein überproportionales Gewicht bei der Koalitionsbildung erhielten. In der Zeit der ideologisierten Massenparteien, aber auch noch in der Ära der Volksparteien war der Zentrismus eher die Frucht der Polarisierung zwischen rechts und links. Entweder durch das Aufkommen extremistischer Parteien oder durch den starken ideologischen Abstand der beiden wichtigsten Kräfte im System, solange der Pluralismus noch zentrifugal wirkte (vgl. Hazan 1995). Erst in der Epoche der konsolidierten Volksparteien und stärker noch in der Ära der professionellen Wählerparteien kam es zu einem neuen andersartigen Zentrismus. Alle relevanten Parteien begannen um eine "neue Mitte" in der Wählerschaft zu konkurrieren. Die Sozialstruktur der Dienstleistungsgesellschaft hatte breite Schichten mittelständischer Angestellter geschaffen. Ihre Parteiidentifikation war schwächer als bei den verbliebenen Anhängern der großen ehemaligen "Lagerparteien".

Immer wieder sind die Begriffe der veralteten "Hosenboden-Geographie" aus der Zeit des Frühparlamentarismus tot gesagt worden. Das Ende der Ideologien schien den Rechts-LinksGegensatz einzuebenen. Die Linke hat die Selbsteinordnung als "links" häufiger positiv besetzt als die Rechte den Begriff "rechts" (Bobbio 1994: 90). Aber auch in der Linken kam der Terminus "links" in Verruf, soweit er noch die "Einfachheit und Durchsichtigkeit von familienhaften Nichtverhältnissen" suggerierte (Nolte in: What's left? 1993: 90). Die zunehmende Komplexität der Gesellschaft mit der Ausdifferenzierung von Ökonomie und Politik mußte von der Linken ideologisch verarbeitet werden. Aber auch die Rechte hat Wandlungen erlebt und aufgehört, in den Termini einer "organismusartigen Totalität" zu denken. Trotz dieser Lernprozesse ist die Rechts-Links-Orientierung der Bürger als grobes Orientierungsschema für die parteigeographische Landkarte erhalten geblieben. Aber fortlebende Cleavage-Theorien haben das Denken in einer simplen Dichotomie von "Arbeit" und "Kapital" längst überwunden.

Die alte Dichotomie wurde ausdifferenziert, vor allem in den USA, wo es nie eine mächtige sozialistische Bewegung gegeben hatte. Die Parteienforscher haben die Parteiideologien in Amerika nach vier Problemkreisen quantifiziert: öffentliche/private Wirtschaft, Plan/Markt, Ausmaß des Sozialstaats und Umverteilung von Reichtum (Harmel/Janda 1982: 29). Nur der dritte Faktor "Ausmaß der gewünschten Sozialstaatlichkeit" ist in der Ära der Wählerparteien noch relevant geblieben. Die Basis rein materieller Ziele für eine Klassifikation erwies sich als zu eng. Postmaterielle Werte wurden entdeckt und die Typologien wurden zweidimensional. Mit diesem Wandel der Analyseinstrumente wurde vielfach vorschnell unterstellt, daß der Umweltcleavage unabhängig von der Rechts-Links-Dimension sei (Finger/Hug 1992). Aber nicht einmal für die Schweiz traf

3.1 Das Ende des Rechts-Links-Schemas

diese Annahme zu, solange die Grünen ihre Rechts-Links-Differenzen dazu benutzten, den Aufbau einer einheitlichen Grünen Partei zu verhindern. Selbst in Deutschland kam eine solche Partei erst zustande, nachdem verschiedene rechte Flügel aus der Partei ausgegrenzt worden waren.

Während in konsolidierten Demokratien der Rechts-Links-Gegensatz noch immer große Bedeutung hat, gestaltete sich die Orientierung der Wähler auf einer solchen Achse in postkommunistischen Systemen weit schwieriger. Schon in der Zeit des realen Sozialismus wurden den Kommunisten an der Macht von der nicht manipulierten Linken der Ehrentitel "links" abgesprochen. Günstigstenfalls lautete das spöttische Urteil: "Sie sind nicht links – sie sind nicht rechts, sie sind im Osten" (Jules Monnerot). Am Ende der kommunistischen Regime waren die Post-Kommunisten mit ihrer Nostalgie zum alten Regime die eigentlichen Konservativen, soweit sie sich nicht sozialdemokratisierten. Zugleich versuchten sie jedoch in die linke Position der demokratischen Parteienlandschaft hineinzuwachsen. Der Klassenkonflikt als bipolares Schema, von dem alle Kommunisten ausgegangen waren, ließ sich nicht ohne weiteres auf den Wettbewerb der demokratischen Forumsparteien vs. Kommunisten übertragen. Durch Manager-Privatisierungen war vielfach eher die postkommunistische Nomenklatur zum Produktionsmittelbesitzer geworden – nicht die Exponenten der friedlichen Kerzenrevolutionen. Der alte Dualismus lautete in dieser Situation eher "Populismus gegen Marktliberalismus". Er weitete sich jedoch vielfach zu einer tripolaren Struktur aus. Die Marktliberalen waren kosmopolitisch und libertär, aber in der Ökonomie nicht immer westlich-demokratisch. Daher wurden von Kitschelt (1995: 466) "rechte" und "linke" Libertäre unterschieden, die den kulturellen Traditionalisten gegenüber standen.

Je stärker die Parteiensysteme in der Konsolidierungsphase sich verfestigten, um so mehr ordneten sie sich mit ihren kulturellen, ethnischen und religiös-säkularen Spaltungen wieder in das westliche Rechts-Links-Schema ein. Auch Westeuropa hatte solche Entwicklungen hinter sich. "Christlich-sozial" stand Ende des 20. Jahrhundert für "konservativ". Als diese Gruppen entstanden und mächtige Theoretiker hervorbrachten wie Lamennais, Ketteler oder Viktor Aimée Huber, waren sie nur im religiösen Bereich konservierend und in allen sonstigen Gesellschaftsfragen ziemlich progressiv. Systeme, die ursprünglich ähnlich schienen, wie die Parteienlandschaft in Tschechien und in der Slowakei haben sich gerade hinsichtlich der Rechts-Links-Dimension auseinander entwickelt. Die Tschechen haben sich in dieses Schema eingeordnet. Die Slowakischen Parteien kreisten eher um Pole wie Nationalismus und Demokratie (Krause 2000). Dieser Unterschied könnte durchaus den größeren Konsolidierungsgrad Tschechiens erklären helfen.

2. Gewichtsverschiebungen zwischen den Parteifamilien

Die Ideologien und Programme der Parteien sind aus historischen sozialen Konflikten entstanden. Gelegentlich haben diese Konflikte ihre alte Funktion verloren, wie der Cleavage Stadt/Land oder religiös/laizistisch, und doch bestehen die Parteien fort, die einst unter einem Weltanschauungsetikett antraten. Nur die Agrarparteien haben vielfach zur Öffnung ihrer Parteien auch das Etikett umbenannt, z.B. Venstre (Links)Parteien. Christlich-demokratische und christlich-soziale Parteien haben aber in der Regel auf das große "C" im Parteinamen nicht verzichtet, so oft ihnen das auch von innen und außen nahegelegt worden ist.

Die Klassifikation der historischen Konfliktlinien hat als erster Stein Rokkan (1970) in der Parteienforschung ins Zentrum gerückt. Ohne seinen Schematismus des Parsonsschen AGIL-Schemas und den Drang, alle Parteienspaltungen auf vier dominante Konfliktlinien (ethnische, religiöse, Stadt-Land-, Arbeiter contra bürgerliche Gesellschafts-Konflikte) zurückzuführen, zu übernehmen, lassen sich einige für die meisten westlichen Demokratien brauchbare Einteilungen der Genesis von Parteiensystemen finden, die zugleich brauchbar als Typologie der "ideologischen Familien" von Parteien sind.

Schema der Ausdifferenzierung von Parteien

1. *Liberalismus* gegen das alte Regime – 2. *Konservative*
   Frankreich: Liberale, Doctrinairs vs. Ultra-Royalisten (1814–1830)
   Spanien: (1808–1812) Liberale vs. "conservadores"
   Deutschland: Liberale vs. Anhänger des monarchischen Prinzips (1815–1848)

3. *Arbeiterparteien* gegen das bürgerliche System (seit ca. 1848)
   Linkssozialistische Parteien (seit 1916)

4. *Agrarparteien* gegen das industrielle System
   Skandinavien, Osteuropa

5. *Regionale Parteien* gegen das zentralistische System
   Großbritannien (Iren)
   Deutschland (Bayernpartei, Welfenpartei, Elsässer, Polen)
   Österreich

6. *Christliche* Parteien gegen das laizistische System
   Belgien (seit 1864)
   Deutschland (Zentrum seit 1871)
   Italien (seit 1919 Popolari)

3.2 Gewichtsverschiebungen zwischen den Parteifamilien 71

7. *Kommunistische Parteien* gegen den "Sozialdemokratismus" (seit 1916/17)
   Antirevisionistische Parteien gegen den "realen Sozialismus"

8. *Faschistische Parteien* gegen demokratische Systeme
   Italien (seit 1919)
   Deutschland (seit 1923)
   Neofaschisten: Italien (MSI); Deutschland (DRP-SRP-NPD)

9. *Rechtspopulismus* gegen das bürokratisch-wohlfahrtsstaatliche System
   Frankreich (Poujadismus)
   Dänemark (Fortschrittspartei, Volkspartei, DVP)
   Niederlande (Bauernpartei)
   Deutschland (Republikaner)
   Österreich (FPÖ)
   Italien (Lega Nord)

10. *Ökologische Bewegung* gegen die Wachstumsgesellschaft

Dieses von Entwicklungstheorien mit ihrer Klassifikation der großen Konflikte gewonnene Schema ließe ein Zehnparteiensystem für alle Länder vermuten, wenn sich überall, wo diese Konflikte auftraten, entsprechende Parteien entwickelt und über die Jahrzehnte hinweg gehalten hätten. Tatsächlich gibt es in keinem Land ein Parteiensystem, das alle zehn Gruppen umfaßt, es sei denn, man würde faschistische und populistische Minigruppen im Lande mitzählen. Aber auch dann käme allenfalls Finnland dem Wirrwarr eines Zehnparteiensystems am nächsten. Im zweitfragmentierten Parteiensystem Europas, nämlich in Italien, fehlen die Agrarparteien auf der Ebene relevanter Organisationen.

Die politischen Systeme reduzieren die Komplexität aufkommender Konflikte unterschiedlich effizient. In vielen Ländern kamen überhaupt keine neuen Parteien auf, die sich durchsetzen konnten. Vor allem die USA mit ihren wenig organisierten Parteien, deren Programmatik schwach entwickelt war, erwiesen sich als ungeheuer absorptionsfähig. Die amerikanische Geschichte ist ein Friedhof von dritten Parteien. Nur wenige, wie die Populisten, haben vorübergehend als "flash parties" Erfolg gehabt.

In Europa schien sich die Lipset-Rokkan-These vom Einfrieren der Parteiensysteme zu bestätigen. Ende der sechziger Jahre waren die Gaullisten die einzige neue Gruppe von einigem Gewicht. Selbst sie erschienen aber wie ein verspätetes Nachholen der Möglichkeiten, die 1945 versäumt worden waren. Auch waren die Gaullisten als stark personenbezogene Gruppe eher atypisch für die Parteiensysteme Europas. Nur Parteien extremistischen Charakters brachten vorübergehend

Bewegung in die europäischen Parteiensysteme. Linksextremistische Parteien blieben weitgehend Studentenparteien, die weniger als 1–2% der Stimmen erhielten. Erfolgreicher waren einige rechtsextremistische Parteien (MSI in Italien) oder populistische Parteien des Protestes von rechts (Poujadismus, Glistrups Fortschrittspartei).

Das Zehnparteienschema erklärt, aufgrund welcher sozialen Konflikte bestimmte Parteien entstanden. Schwieriger ist je doch die Gegenprobe. Selten wird die Frage gestellt, warum trotz der Existenz einiger dieser Konflikte des Zehnparteienschemas keine entsprechende Partei entstand. Die älteste Frage dieser Art ist, warum es keine sozialistische Partei von Relevanz in den USA gegeben hat. Warum entstand in Deutschland keine neue USPD, obwohl hier die außerparlamentarische Opposition vorübergehend stark und organisationsfähig erschien? Warum entstehen in Gebieten von fast assimilierten Völkern wie der Basken und Schotten regionale Parteien von Bedeutung, während in Gebieten, wo viele objektive Indikatoren für die Existenz einer ethnischen Sondereinheit sprechen (wie im Elsaß), sich keine regionale Partei entwickelt?

Institutionelle Hilfserklärungen wie das Wahlrecht helfen bei der Suche nach einer Antwort auf diese Fragen kaum. Proporzsysteme erleichtern die Parteienzersplitterung, aber in Großbritannien entstanden die ethnischen Parteien trotz des Hindernisses der relativen Mehrheitswahl. Der Föderalismus ist eine – aber keine zureichende – Bedingung. Die Beteiligung an Regionalwahlen kann kleinen neuen Parteien die Entstehung erleichtern (BRD, Indien, Kanada). Ebensoviele föderalistische Systeme haben jedoch keine Parteienproliferation erlebt (USA, Australien, Österreich). Neue Parteien haben es am schwersten dort, wo:

1. *die Parteiidentifikation* mit den bestehenden Parteien relativ hoch bleibt
2. *traumatische Erfahrungen* starke Abwehrkräfte gegen die Parteienzersplitterung mobilisieren, an der man ein früheres demokratisches System untergehen sah (BRD, Spanien),
3. die *organisatorische Verbundenheit von Parteien und Interessengruppen* hoch ist, so daß die bestehenden Parteien schon im Vorfeld abgeschirmt werden (Schweden, Österreich, BRD, Schweiz). Dieser Faktor versagte gelegentlich bei stark versäulten Systemen wie Holland.

Der Mißerfolg neuer Parteien wird schließlich bedingt durch Faktoren, die in den Neugründungen selbst liegen:

1. *Zu weite oder zu enge Integrationsvorstellungen.* Erstere traten häufig in einer Zeit auf, da die Parteien noch kaum über die Klassenlinien hinausgreifen konnten (mit Ausnahme der christlichen Parteien). Ein klassisches Beispiel für illusionäre

3.2 Gewichtsverschiebungen zwischen den Parteifamilien

Zielgruppenvorstellungen war Friedrich Naumanns Nationalsozialer Verein (1896–1903). Ein "proletarisch-bürgerlicher Gesamtliberalismus", der auch noch einen hypertrophen Nationalismus mit einschloß, fand schließlich weder beim Bürgertum noch bei der Arbeiterschaft Anklang. Aber auch eine zu enge Integrationsvorstellung behindert viele der neomarxistischen Parteien mit ihrem Proletarierkult, meist von bürgerlichen Intellektuellen zelebriert, die in ihrem Dogmatismus Sektiererei und endlose Spaltungen vorprogrammieren.

2. Fehlen mobilisierender *Führungspersönlichkeiten*. Gelegentlich gehen diese auch nach einer Anfangsphase zurück ins alte Lager wie Rocard vom PSU in den PS und George Wallace in die Demokratische Partei.

3. Fehlen einer *organisatorischen Infrastruktur*. In liberalen Parteien der Mitte, bei denen es häufig zu Spaltungen kam, war das Organisationspotential generell am geringsten. Wo sich Gruppen abspalteten, wie der Ministerflügel der FDP in der Koalitionskrise mit der CDU 1956/57, war die Neugründung (die FVP) mangels organisatorischer Mitgift ein totgeborenes Kind. Bei linkssozialistischen Abspaltungen von sozialistischen Parteien (USPD/Deutschland, PSU/Frankreich) oder von kommunistischen Parteien (SF in Dänemark 1959) gingen vielfach kampferprobte Funktionäre mit, was den Erfolg dieser Parteien partiell erklärt, insbesondere bei der Sozialistischen Volkspartei unter Aksel Larsen. Fanatische Neugründer auf der Linken haben geglaubt, organisatorische Defizite durch Rund-um-die-Uhr-Mobilisierung ihrer wenigen Mitglieder kompensieren zu können. "Organisation" – der Fetisch aller linken Sekten – ist jedoch ebenfalls keine zureichende Bedingung. Die Gaullisten hatten kaum Organisation (vgl. Kap. 3.2), und doch gelang es ihnen, die Herrschaftsstrukturen rasch zu durchdringen und Geld ad hoc zu mobilisieren. Der PSU in Frankreich hatte gute Verbindungen zur Gewerkschaft CFDT, und doch war ihm kein Dauererfolg beschieden. Die Übermobilisierung kleiner Aktivistengruppen hat sich gerade bei den linken Studentenparteien immer nur eine Studentengeneration lang durchhalten lassen. Schon die zweite Generation ließ sich in dieser Form nicht mehr sozialisieren. Die Faktoren, welche neue Parteien bei vorhandenen Konflikten behindern oder begünstigen, lassen sich aufzählen. Sie lassen sich jedoch nicht für alle westlichen Demokratien verallgemeinern.

Der Begriff "Parteifamilien" suggeriert fälschlich eine friedliche Genesis. Aber der familiär anheimelnde Klang des Wortes verdeckt die Tatsache, daß die Parteifamilien aus heftigen sozialen Konflikten hervorgingen. Stein Rokkans (1970: 122ff) Cleavage-Typologie wurde maßgeblich für die späteren Klassifikationen (Seiler 1980, von Beyme 1984). Rokkan sah die Cleavages als Frucht dreier

Revolutionen im Prozeß der Nationsbildung an: der Reformation als Revolution des Glaubens, der demokratischen Revolution seit 1789 als politische Revolution und der "industriellen Revolution". Vier Cleavages entstanden in diesem Schema: Zentrum/Peripherie, Staat/Kirche, Land/Industrie und der Konflikt zwischen Arbeit und Kapital. Nur die vierte Spaltungslinie fand sich in allen Ländern. Die drei anderen Konflikte waren stark an nationale Traditionen gebunden. Peripherie-Parteien entstanden in vielen Ländern, religiöse und agrarische Parteien jedoch nur in wenigen Ländern, letztere konzentrierten sich auf Skandinavien und Osteuropa. Religiöse Parteien entstanden sowohl in Ländern mit unterschiedlichen großen Konfessionen von der Schweiz bis in die Niederlande, als auch aus dem Gegensatz laizistische Gesellschaft/fundamentalistisches Christentum, vor allem in Skandinavien. Nur wenige Länder – durch ein polarisierendes Wahlrecht begünstigt – konnten wie Großbritannien vorübergehend alle Konflikte in einen Dualismus alternierender Großparteien integrieren. Die Erklärung dieses Phänomens mit einem "Duverger-Gesetz", basierend auf dem relativen Mehrheitswahlrecht, war jedoch zu einfach. Bei Rokkan wurden die kontinentalen Systeme mit Proporzwahlrecht wesentlich differenzierter behandelt. Seine Erklärung der Fragmentierung in vielen Cleavages beruhte auf dem unglücklichen Zusammentreffen einer Einführung des Verhältniswahlrechts zu einem Zeitpunkt als die älteren sozialen Konflikte noch nicht "abgearbeitet" und integriert waren. Die *Cleavage-These* ging davon aus, daß überall ideologische Angebote zur Entstehung von Parteien vorhanden sind. Sie wurde später durch die *"Unternehmer-These"* ergänzt, die vor allem bei der Erforschung neuer sozialer Bewegungen eine prominente Rolle erlangte (vgl. Kap. 1.2). Nur wo Unternehmer und Ressourcen in einer Konfliktsituation zur Verfügung standen, konnte eine Cleavage sich in eine Parteispaltung umsetzen.

Die Unternehmer waren freilich auf ein ideologisches Angebot angewiesen, um einen Konflikt bis zur Mobilisierung von Massen zuspitzen zu können. Diese Angebote in der Theorie waren aber keineswegs gleichmäßig verteilt, was nur aus den geistesgeschichtlichen Traditionen der jeweiligen Länder individuell erklärt werden konnte:

- Der *Anarchismus* war stark in den peripheren Gebieten Europas, wie Rußland, Spanien oder Süditalien.
- Die *christlich-soziale Idee* entstand in Ländern, die religiös homogen waren (wie Belgien) aus der Gegnerschaft zum Laizismus des liberalen Staates. Das gilt auch für das Königreich Italien. Der christlich-soziale Gedanke entstand aber ebenso häufig in gemischt konfessionellen Ländern wie Deutschland, Schweiz oder Niederlande.

3.2 Gewichtsverschiebungen zwischen den Parteifamilien

- Der *Radikalismus* als links-liberale Variante des Liberalismus war in den romanischen Ländern mit Traditionen bürgerlich-revolutionärer Bewegungen stärker als in Nordeuropa.

Soziale Bedingungen und das Ausmaß der Resistenz von etablierten Herrschaftsgruppen traten als intervenierende Variablen hinzu, die erklärten, warum ein ideologisches Angebot, das von "politischen Unternehmern" aufgenommen worden war, sich in Parteistrukturen umsetzte oder auch nicht.

Parteien wurden von Burke bis Max Weber durch die Pfeiler "Ideologie" und "Organisation" definiert. Einige Klassifikationen setzten bei der Organisation an. Die meisten hingegen rückten die Weltanschauung ins Zentrum. Die Zahl der weltanschaulichen Parteifamilien schwankte . Bei Van Deth und Janssen (1994: 95) waren es sieben, bei Seiler acht und bei diesem Autor (1984) zehn. Die Behandlung der Programme hat die Parteifamilien anfangs zu monolithisch behandelt. Erst später wurden die Konkurrenzverhältnisse im politischen Wettbewerbsraum bei der Analyse der weltanschaulichen Programmatik einbezogen.

Die Typologien der Parteifamilien oder *"familles spirituelles"* haben drei Kriterien zugrunde gelegt:

- Genesis aus sozialen Konflikten,
- die Zugehörigkeit der Parteien zu transnationalen Parteiföderationen,
- und die Policy-Orientierung der Parteien.

Das dritte Kriterium erfordert den größten empirischen Aufwand an Quantifizierung, das zweite Kriterium ist am leichtesten zu benutzen. Der zweite Ansatz hat den Vorteil, daß die Parteien ihre Zugehörigkeit selbst definiert haben und dabei auf die Anerkennung von föderierten "Schwesterparteien" gestoßen sind. Während die weltweiten Föderationen bei dieser Anerkennung oft großzügig umgehen konnten, weil die Mitgliedschaft nicht machtrelevant wurde, hat die Aufnahme einer Partei in die Fraktionen des Europäischen Parlaments politische Bedeutung, weil hier die Fraktionsstärke sich auch in politischen Einfluß umsetzt (Hix/Lord 1997). Dennoch ist auch dieses simple Kriterium nicht so klar wie es scheint. Parteien wie die ÖVP haben sich je nach Ebene mal als "christdemokratisch", mal als "konservativ" eingeordnet. Die Namen wirken oft irreführend. Hinter der "Portugiesischen Sozialdemokratischen Partei" verbirgt sich eine stark konservative Gruppierung. Gelegentlich haben die Parteien auch das Lager gewechselt, wie die "Lega Nord" in Italien, die nach einer regionalistischen Regenbogenkoalition ab 1994 bei den Euroliberalen Unterschlupf fand. Eine Minipartei wie die dänischen Zentrumsdemokraten haben nacheinander bei den Konservativen und den Sozialdemokraten hospitiert (Jacobs 1989: 531, Mair/Mudde 1998: 217). 1999 haben die 1994 gesondert auftretenden Regionalisten der Europäischen Freien Allianz mit den Grünen fusioniert. Die transnationale Kooperation der Parteifamilien ist jedoch unterschiedlich intensiv. Aber selbst die Grünen haben – anfangs noch ohne Fraktion – im Europäischen Parlament und ohne die organisatorische Hilfe einer "Grünen Internationale" transnationale Kooperationsstrukturen aufgebaut (Dietz 1997, 2000). Neue Gruppierungen haben es schwer, sich als organisierte Parteifamilie zu konstituieren, weil die ideologischen Divergenzen der Parteien in den Nationalstaaten groß sind. Das war aber selbst bei der einst bestorganisierten Gruppierung in der Sozialistischen Internationale nicht anders, weil die anarchistischen und syndikalistischen Flügel der Arbeiterparteien romanischer Länder und die Labourtradition Großbritanniens in eine etatistisch gesonnene Sozialdemokratie, von den deutschsprachigen Ländern dominiert, nur schwer eingeordnet werden konnten. Trotz dieser Integrationsschwierigkeiten haben sich auf die Dauer Koordinationsinstitutionen herausgebildet, deren Gewicht durch die Globalisierung und Europäisierung noch verstärkt wurde.

Tabelle 3.1: *Die Fraktionen im Europäischen Parlament in den neunziger Jahren*

Partei	1999	1994
Europäische Volkspartei/Europäische Demokraten (EVP) – christdem./konserv.	233	181
Sozialdemokratische Partei Europas (SPE) – sozialdem.	180	215
Liberale und Demokratische Partei Europas (LDPE) – liberal	50	44
Die Grünen (GRÜNE) – grün	48	28
Europäische Freie Allianz (EFA) – regionalist.		*19
Vereinigte Europäische Linke / Nordische Grüne Linke (VEL) – sozialist./kommunist.	42	34
Union für das Europa der Nationen (UEN) – nationalist./konserv.	30	*54
Europa der Demokratien und Unterschiede (EDU) – anti-europäisch	16	*20
Fraktionslose	27	31

Anmerkungen: * Europäische Radikale Allianz // Union für Europa // Unabhängige für ein Europa der Nationen

Das geschlossenste Bild unter den Fraktionen des Europäischen Parlaments bieten die Sozialdemokraten. Nur in dieser Fraktion sind die Stärkeverhältnisse der nationalen Parteien annähernd äquivalent und variieren von ca. 18% (Finnland) bis fast 33% (PASOK), welche die Parteien bei Europawahlen erhielten. Die

3.2 Gewichtsverschiebungen zwischen den Parteifamilien

Christdemokraten sind als Europäische Volkspartei organisiert. Diese Fraktion weist etwas weniger Homogenität auf, da einige konservative Gruppen, wie die Schwedens, die Forza Italia Berlusconis und die fehlbenannte Sozialdemokratische Partei Portugals, und die ursprünglich als liberal geltende französische UDF vertreten sind. In Italien gab es nach dem Zusammenbruch des alten Parteiensystems acht Gruppen, die um Aufnahme in die Fraktion in Straßburg nachsuchten – von den christdemokratischen Resten (PPI: 4.3%) bis zu einer Pensionärspartei (0.7%). Eine homogenisierende Rückwirkung auf das nationale Parteiensystem in Italien ist von diesem Zusammenschluß aber wohl nicht ausgegangen. Die Fraktion "Unabhängige für ein Europa der Nationen" (UEN) wird von den Gaullisten (RPR) und der irischen Fianna Fáil kombiniert. Die umbenannten Neofaschisten Italiens (Alleanza Nazionale, AN) würde man in dieser Fraktion kaum vermuten. Daneben leistet sich das Europäische Parlament eine Fraktion "Europa der Demokraten und Unterschiede" (EDU), die bisher wenig Kontinuität besaß und "auf Bewährung" repräsentiert erscheinen. Die strammen Rechtsextremisten vom "Flämischen Block" und dem französischen "Front National" bis zur FPÖ Österreichs sind vorerst zur "Fraktionslosigkeit" verurteilt.

Da in den angelsächsischen Ländern der kontinentale ideologische Eifer zur Schaffung immer neuer Parteiprogramme fremd war, konzentrierte sich die Forschung hier von jeher auf Wahlkampfplattformen und *party manifestos*. Diesem Forschungszweig wurde die Arbeit erleichtert durch den Umstand, daß die Dokumente stärker policy-bezogen waren und sich dem quantitativen Vergleich leichter erschlossen als die blumigen Grundwertediskussionen mittelfristiger Parteiprogramme. Der Policy-Ansatz konnte noch gestärkt werden, wenn die Politikpositionen der Parteien im Urteil von Experten (Laver/Hunt 1992, Ware 1996: 27ff) getestet wurden. Eine weitere Steigerung war die Einbeziehung des legislativen Verhaltens der Parteien, bei der Selbstdarstellung und reales Verhalten verglichen werden konnten. Nachteil des Ansatzes war, daß die Policy-Aussagen der Wahlkampfplattformen schwer vergleichbar waren, weil bestimmte Begriffe (wie Wohlfahrtsstaat, Gemeinwohl etc.) in unterschiedlichen Kulturen nicht das gleiche bedeuten. Die quantifizierten Daten eigneten sich damit eher zum Vergleich kultureller Ländergruppen (families of nations) als zum Vergleich von ideologischen Parteifamilien (party families).

Der Vorteil der Analyse von Wahlkampfplattformen liegt im Vergleich über längere Zeiträume mit dem Fokus der von den Parteien selbst gewählten Policy-Schwerpunkte. Ältere Ideologievergleiche hingegen neigten dazu, ursprüngliche Positionen in die Gegenwart zu verlängern, die längst durch Einstellungs- und Interpretationswandel zu rein symbolischer Politik verkommen waren. Dieser quantifizierende Forschungszweig, der wichtige Werke schuf (Robertson 1976, Budge u.a. 1987, Budge/Keman 1990, Laver/Budge 1992, Klingemann u.a.

1994), erkaufte jedoch das Bild der mittelfristigen Stabilität, das im ständigen Wandel der Parteimanifeste entdeckt wurde, durch eine Unterbelichtung des Wandels in einzelnen Parteien. Downs Wettbewerbsthese hat bei diesen Studien Pate gestanden. Sie betonte die Konkurrenzsituation und die Programmpunktinszenierung, die sie zur Folge hatte, und vernachlässigte die dogmatischen Kerne von Programmpunkten, die aus der Geschichte einer Partei überkommen waren, und von denen man sich noch nicht gern trennte.

Der Wandel zu den Wählerparteien hat alte ideologische Etiketten überholt, vor allem in der Linken. "Eurokommunismus" war nur ein Verlegenheitsterminus, der Intermezzo in der Geschichte des Parteienwandels blieb. "Postkommunistisch" wird vermutlich das nächste Etikett sein, das bald überholt wird. Auf der Rechten sprach man nach 1945 meist von "neofaschistischen" Parteien. Es gab sie bis Ende der 50er Jahre, aber in der Ära der Volksparteien kam ein neuer Typ auf, der heute meist als rechtspopulistisch von den faschistischen Gruppen gesondert wird (von Beyme 1984, 1988, Betz 1994). Sozialistische und sozialdemokratische Parteien sind in der Zeit der Volksparteien vielfach gesondert worden. Der PSI in Italien hat sich anfangs radikaler gebärdet als die kommunistische Partei. Die Partei ist untergegangen, aber wo sich Pendants hielten, werden sie heute ohne Schwierigkeiten unter "Sozialdemokratie" verbucht. Die geheime Sehnsucht nach der linkeren USPD gegen die gezähmte SPD hat sich – mit Ausnahme von Dänemark – auf kleinere Parteiflügel und Faktionen reduziert. Selbst Postkommunisten wurden dort voll integriert, wie die italienische PDS als Nachfolgeorganisation der kommunistischen Partei Italiens (PCI). Solche Verschiebungen der Nomenklatur der Parteifamilien haben das Bild der zu untersuchenden Gruppen vereinfacht.

Der *"party-manifesto-approach"* war mit dem Vorteil verbunden, das Gewimmel der Parteien zu vereinfachen. Er hat sich gelegentlich auf grundlegende Policies beschränkt, wie die Wirtschafts- und Sozialpolitik (Hetz 1998). Die Differenzierung, die sich aus der Genesis von Christdemokraten und Konservativen erklärte, verlor bei diesem Ansatz ihren Sinn – es sei denn, sie konkurrierten miteinander, wie in einigen skandinavischen Ländern. In einigen Ländern wuchs die ursprünglich christlich-soziale Partei in die Rolle der Konservativen hinein. Christliche Programmbestände unterscheiden sie kaum von der Weltanschauung vieler konservativer Parteien. Einige Klassifikationen (Seiler 1980) haben schon früh die "bürgerlichen Parteien" zusammengefaßt. Es blieb jedoch das Problem, daß die Liberalen in Wirtschaftsfragen sich vielfach als "links" definierten nach dem Bonmot Herriots über die französischen Radikalen: "Herz links, Brieftasche rechts". Der programm-orientierte Ansatz hat einen weiteren Vorteil: Er mißt zunehmend nicht nur die programmatischen Absichtserklärungen, sondern auch den Einfluß der Programme auf die Politik der Parteien an der Macht.

3.2 Gewichtsverschiebungen zwischen den Parteifamilien

Über die deskriptive Behandlung der Parteifamilien hinaus hat die erklärende Parteienforschung nach kausalen Gründen für die Gewichtsverschiebungen zu suchen, die zwischen den Parteifamilien eingetreten ist. Die einfachste Erklärung ist die Deutung der Verschiebungen aus dem Wandel der Sozialstruktur der Wähler. Sie erweist sich jedoch vielfach als zu einfach, wenn erklärt werden muß, warum einige Agrarparteien oder Parteien sich gut gehalten haben – trotz der Abnahme der Landwirte und der Arbeiter. Die Erklärung wurde vielfach in ihrem Einfluß auf die Regierungspolitik und die Staatstätigkeit gefunden – auch wenn dieser Zusammenhang eher zu schwachen Korrelationen führte (Hetz 1998: 94).

Von den oben erwähnten zehn Parteifamilien spielen die faschistischen Parteien keine Rolle mehr. Die Verschiebungen müssen daher anhand von neun Parteifamilien untersucht werden.

(1) Die älteste Parteienfamilie – die *Liberalen* – spielten im 19. Jahrhundert neben den Konservativen eine führende Rolle. Erst nach dem ersten Weltkrieg kam es zum Niedergang, als das Wahlrecht allgemein wurde und die Sozialisten und Sozialdemokraten den linken Pol als Führungskraft besetzten und die Liberalen in die bürgerliche Mitte drängten. In Großbritannien und Frankreich kam es erst in den 30er Jahren zum Einbruch. Relativ gut hielt sich die "Venstre-Partei" in Dänemark. Die Bezeichnung "venstre" (links) deutete noch auf einen historischen Standort hin, der bereits ausgehöhlt war. Am stabilsten blieb die Freisinnige Partei der Schweiz, die lange als die staatstragende Partei schlechthin gegolten hatte.

Nach dem zweiten Weltkrieg kam es zu einem Wiederaufstieg der Liberalen in den Benelux-Ländern und in Skandinavien. Nur in Schweden war der Rückgang eklatant (1998: 3.7%). In Frankreich hielt sich die UDF am besten, wenn sie keine Wahlbündnisse mit den Gaullisten einging. In Großbritannien kam es durch eine Allianz mit den von der Labourparty abgespaltenen Sozialdemokraten zu einem Wiederaufstieg. Auch ohne diese Allianz kamen die Liberalen 1992 auf 17,8% und 1997 auf 16,8%. In Deutschland hat die FDP es nur selten (1949, 1980, 199o) über 10% gebracht. Durch die Konkurrenz der Grünen um frühere linksliberale Stimmen kam es in den 90er Jahren zum Niedergang, der die FDP sogar in den meisten Ländern an der Fünfprozenthürde scheitern ließ. In Italien blieben die konservativ gesonnenen Liberalen (PLI) und die Republikaner getrennte Parteien, die zwischen zwei und vier Prozent pendelten. Sie durch Einführung eines Mehrheitswahlrechts ganz verschwinden zu lassen, rief selbst bei Linken wie Norberto Bobbio Bedenken hervor, weil beide Gruppierungen einst schon das "Risorgimento" getragen hatten. Sie verschwanden im großen Realignment zwischen 1992 und 1994. In Österreich erlebte die FPÖ erst einen gewaltigen Aufschwung, als sie nach rechts rückte (1990: 16.6%, 1994: 22.5%, Dez. 1995: 21.9%, 1999: 26.9%) und aus dem liberalen Lager ausgeschieden war. Als die populistische SVP Mitte der 90er Jahre aus dem Dunstkreis einer maximal 12-Prozent-Partei heraustrat, hielten sich die Liberalen besser als die drei anderen etablierten Proporzregierungsparteien.

In den neuen Demokratien Süd- und Osteuropas spielten die Liberalen keine wichtige Rolle im System. In Osteuropa fehlten die Mittelschichten, die eine liberale Kraft tragen konnten. Wo die Privatwirtschaft schon im Spätsozialismus im Vormarsch war, ist nicht zufällig die stärkste liberale Kraft entstanden – in Ungarn.

(2) *Konservative Parteien* entstanden nach der französischen Revolution als Gegengewicht gegen den antiaristokratischen, bürgerlichen und laizistischen Liberalismus. Dominant wurden sie nur dort, wo sie einer liberalen und später einer sozialistischen Partei gegenüber standen. In Ländern, in denen christdemokratische Parteien die Rolle der Konservativen übernahmen, ohne liberale zentristische Flügel gänzlich zu verprellen, spielten sie keine Rolle mehr, wie in Deutschland und Italien. Unter den Bedingungen eines eingeschränkten Wahlrechts waren die Konservativen in Großbritannien, Norwegen und Schweden im 19. Jahrhundert stark. In Skandinavien war das bürgerliche Lager in Konservative, Liberale und vielfach eine dritte Partei gespalten, meist die Agrarparteien, die anfangs radikal auftraten und erst später konservativere Wählerschichten anzogen. In Kanada haben die Konservativen durch den Zusatz "progressiv" die Quadratur des Zirkels erfunden und mit den Liberalen an der Macht alterniert. Erst starke Drittparteien und regionale Gruppierungen höhlten die Vormacht der Konservativen aus. In Neuseeland nannten sich die Konservativen "National Party" und konkurrierten nach britischem Muster mit einer Labourparty. Erst die Wahlrechtsreform von 1993 hat durch eine Verhältniswahl, die dem deutschen System ähnelte, beide Lager dezimiert (1987 stand es 48:44% zugunsten von Labour, 1996 nur noch 33.8:28.2% zugunsten der National Party). Konservative Parteien erlebten Einbußen, wo die rechte Mitte ausfranste und Populisten und Statusgruppen von der "Autofahrerpartei" in der Schweiz bis zu den immer häufiger auftretenden Pensionärsparteien (Niederlande 1994: 4.5%, Norwegen 1993: 1.1%) das rechte Lager schwächten.

(3) Erstaunlich war die Stabilität der *Agrarparteien* in der industrialisierten Gesellschaft. Sie gelang nur dort, wo neue Programmpunkte, wie die Ökologie, mit Geschick aufgenommen wurden.

3.2 Gewichtsverschiebungen zwischen den Parteifamilien

(4) Die *Regionalparteien* sind von liberalen wie marxistischen Modernisierungstheoretikern allzu früh auf den "Aussterbeetat" gesetzt worden. Die Reethnisierung und Regionalisierung führte in vielen Ländern zu ihrer Renaissance. In Belgien zerfiel sogar das ganze Parteiensystem in getrennt arbeitende ethnische Zweige der gleichen Parteifamilie. In Deutschland war durch die Homogenisierung eines geschrumpften Staatsgebiets kein Regionalismus übrig geblieben, wie er einst im Kaiserreich von den Polen und den Dänen bis zu den Elsässern die Politik kompliziert gemacht hatte. Die CSU hielt sich, weil sie das rostende Schwert der Trennung von der CDU nur selten als Drohung benutzte, aber niemals von der Wand holte. Selbst in Deutschland erlebte die einzig nennenswerte ethnisch nicht-deutsche Gruppe im Südschleswigschen Wählerband einen Wiederaufschwung (Schleswig-Holstein 2000: 4.1%). Spanien hatte in Westeuropa das am stärksten regionalisierte Parteiensystem. Bei den Regionalwahlen erreichte die CiU in Katalonien 40.8%, der PNV im Baskenland 16.3% neben zwei weiteren Baskenparteien und in Galicia (BNG) 24.7%. Selbst auf der zentralen Ebene spielten sie gelegentlich (1993–2000) die Rolle des Zünglein an der Waage, wie auch die türkische Gruppe in Bulgarien.

Die Prozesse der Europäisierung und der Regionalisierung scheinen einander zu konterkarieren, und doch wirken sie zusammen wie kommunizierende Röhren. Unter dem Schlagwort "Europa der Regionen" haben die Regionalparteien an den Nationalstaaten vorbei Repräsentation in zentralen Institutionen der EU erlangt und einen vielfach effektiven territorialen Lobbyismus betrieben. Administrative Politikverflechtungen im Zusammenspiel mit den Regionalparteien dienen als Hebel, um einerseits die EU für die Regionen zu nutzen, andererseits aber europäisches Bewußtsein auch in marginalen Regionen zu verankern.

(5) Die *christdemokratischen Parteien* entstanden im 19. Jahrhundert in gemischt konfessionellen Ländern, wie Deutschland, die Niederlande oder die Schweiz als Gegengewicht gegen den protestantischen Liberalismus. In weitgehend homogen katholischen Ländern wie Belgien und Luxemburg wirkten sie als Gegenkraft zu der Entwicklung des laizistischen Staates. Nach dem zweiten Weltkrieg erstarkten sie in weiteren Ländern, wie in Frankreich (MRP in der 4. Republik). In Italien wurde die Democrazia Cristiana bis 1992 zu einer fast hegemonialen Partei. Entgegen manchen Prognosen entstand keine Christdemokratie im Demokratisierungsprozeß Spaniens. Der Episkopat hatte die Bildung einer solchen Partei nicht gefördert. Das Verhältnis Kirche und Christdemokraten war seit Lamennais' Radikalismus nie ungetrübt gewesen. In Italien hatten die Poplari erst 1919 einen Durchbruch, als der Vatikan seine Boykottstrategie gegenüber dem laizistischen Königreich aufgegeben hatte. Die Gruppe unter Sturzo erhielt auf Anhieb 20%. Aber der Erfolg erwies sich als zu spät für einen Dammbau gegen den aufkom-

menden Faschismus. Nach dem Untergang der alten DC trat ein Teil der versprengten Reste der Christdemokraten wieder unter dem historischen Namen an.

Nach dem zweiten Weltkrieg waren die christdemokratischen Parteien neben den Sozialdemokraten vielfach die tragenden Kräfte des Wiederaufbaus. Später wurden sie zu einer treibenden Kraft für die europäische Integration. Wo konfessionelle Spaltungen sich in protestantischen und katholischen Parteien niederschlugen, wie in den Niederlanden, kam eine einheitliche christdemokratische Partei erst spät zustande. Die CDA, die sich aus KVP, ARP und CHU bildete, bekam 1977 mit 31.9% etwa die Stimmenzahl, welche die drei getrennten Parteien bis dahin erreichten – keine Selbstverständlichkeit in der Geschichte der Parteifusionen. In den 90er Jahren kam es zum Niedergang von 36% (1986) auf ca. 18% (1998), durch eine weitere Fragmentierung der Parteien im bürgerlichen Lager. Diese Zersplitterung hatte allenfalls in Italien und Dänemark ein Pendant. Neu war die Durchsetzung von fundamentalistischen protestantischen Parteien in Norwegen und Schweden, in geringerem Maß in Dänemark und Finnland. Mit dem Wiederaufstieg der Sozialdemokraten in den 90er Jahren verband sich eine Krise der Chrsitdemokraten in einigen Ländern. Aber nur in Italien wurde die Krise zur Existenzbedrohung. In Deutschland hat die Aufdeckung des "Systems Kohl" der CDU schwere Rückschläge bereitet, aber die Existenz der Partei war nicht gefährdet, so oft die Medien ihr auch das Menetekel der italienischen Christdemokraten an die Wand malten. Abnehmende Kirchenbindung ist für den Niedergang verantwortlich gemacht worden. Doch überall, wo die Christdemokraten keine nennenswerte Konkurrenz durch konservative oder populistische Parteien hatten, konnte dieser Verlust durch mittelständische Parteiidentifikation kompensiert werden. Das "Ende der Christdemokraten" auszurufen, weil sie – bis auf Luxemburg – überall Einbußen hinnehmen mußten und selbst in der Schweiz ein Viertel ihrer Wähler in den 90er Jahren verloren, ist verfrüht. In einigen Ländern haben singuläre Ereignisse diesen Niedergang unterstützt, wie die Ethnisierung des Parteiensystems in Belgien, wo zwei flämische populistische Parteien mit den Christdemokraten konkurrieren.

(6) In den 80er Jahren schien die *sozialdemokratische Parteifamilie* im Niedergang. Durch den Aufstieg der ökologischen Parteien erhielten sie mehr Konkurrenz, als sie durch Aufsaugung vieler kommunistischer Wähler wettmachen konnten. Durch die Entindustrialisierung in der Dienstleistungsgesellschaft schrumpfte die traditionelle Arbeiterklientel. Der Klassenkonflikt verlor an Schärfe. Die Unterschiede zwischen Arbeitern und Angestellten wurden verwischt. Aber gerade dies bot Chancen für den Wiederaufstieg. Sozialdemokratische Parteien wurden überwiegend Parteien der Angestellten.

3.2 Gewichtsverschiebungen zwischen den Parteifamilien

Ralf Dahrendorf hatte in liberalem Überschwang publizistisch das Ende des sozialdemokratischen Zeitalters ausgerufen. Der Triumphzug neoliberalen Gedankenguts schien ihm recht zu geben. Die Forschung widersprach Dahrendorfs These in den 90er Jahren mit harten Fakten (Merkel 1993, Kitschelt 1994). Zwei Jahrzehnte nach dieser "self-fulfilling prophecy" schlug sie in eine "self-destroying prophecy" um. In der EU wurden um 2000 wieder elf Staaten von Sozialdemokraten regiert oder mitregiert. Nur Spanien, Österreich, Luxemburg und Irland hatten konservative Regierungen. Der Triumph des Neoliberalismus wurde zum Bumerang, weil der Abbau des Sozialstaats Statusängste bei vielen Bürgern erweckte. Wo die konservativen Einschnitte besonders drastisch gewesen waren, wie in Großbritannien, konnte eine programmatisch und organisatorisch erneuerte Labour Party den verlorenen Boden zurück gewinnen.

Die Rechts-Links-Achse hatte sich verschoben. Gegen Globalisierung und Deregulierung verschrieb sich nur eine Minderheit den Populisten, die Mehrheit wählte eher wieder sozialdemokratisch. Eine konservative Funktion, die Bewahrung des Sozialstaats, schien nach links abgewandert zu sein.

In diesem Prozeß gab es regionale Differenzen. In Skandinavien ging die hegemoniale Stellung der Sozialdemokraten verloren, aber sie blieben stärkste Kraft im System. Sie hatten weiterhin überproportionalen Einfluß, weil das bürgerliche Lager parteilich zersplittert war. Nur in Dänemark entwickelte sich eine linkssozialistische Konkurrenz zur Sozialdemokratie. Aber diese hielt sich bei einem Drittel der Stimmen. In den Benelux-Ländern und in der Schweiz gab es leichte Verluste für die Sozialdemokraten. In Italien hat die Krise des Parteiensystems 1992-94 den sozialistischen PSI praktisch dahingerafft. Italien wurde der wichtigste Fall, in dem eine erneuerte kommunistische Partei den Platz der Sozialisten übernehmen konnte. In Frankreich konnte der PS die Größe der Erfolge der frühen Ära Mitterand in den 90er Jahren nicht halten, war aber trotz des gaullistischen Präsidenten Chirac vielfach noch Regierungspartei.

In den neuen südeuropäischen Demokratien der 70er Jahre haben die griechische PASOK und die sozialistische Partei in Portugal lange eine führende Rolle behalten. Der spanische PSOE wurde 1996 von der Macht verdrängt, und erlitt erst in den Wahlen im Jahr 2000 empfindliche Verluste, die der konservativen Regierung zur absoluten Mehrheit verhalfen. Die neuen Demokratien Osteuropas haben nur in Tschechien Sozialdemokraten an die Macht gebracht. In den meisten Systemen von Polen bis Ungarn haben sich die Postkommunisten zu Sozialdemokraten gemausert. Nur in einigen Balkanländern und in der GUS sind sie überwiegend kommunistisch geblieben.

(7) Für die *Kommunisten* war der Niedergang schon vor dem Ende des realen Staatssozialismus unaufhaltsam. Der eurokommunistische Frühling der 70er

Jahre führte entweder zu einer sozialdemokratischen Partei (PDS in Italien) oder in die politische Marginalität. Einen Mittelweg konnten nur die Parteien Frankreichs, Spaniens und Finnlands finden, mit einem Stimmengewicht von ca. 10%. In Deutschland nahm die ostdeutsche PDS den Platz der älteren DKP ein, ohne daß es ihr gelang, sehr viel mehr Stimmen als diese im Westen zu erobern. Sie blieb ostdeutsche Regionalpartei, die ein Viertel der Bevölkerung der neuen Bundesländer erreichte.

Der linke Raum wurde durch den Aufstieg der Grünen umstrukturiert. Kleine, wenig anpassungsfähige kommunistische Parteien konnten – wie in Belgien – ein Vakuum hinterlassen, in das die Grünen einzogen. Wo eine Partei sich rechtzeitig ökologisch öffnete und als Linkspartei profilierte, noch ehe die Grünen relevant geworden sind, konnte sie sich als Linkspartei wie die VPK in Schweden profilieren (Moreau u.a. 1998: 605). Wo eine große ex-kommunistische Partei sich völlig sozialdemokratisierte, wie der italienische PDS – und mit den Grünen in einer Mitte-Links-Koalition des Olivenbaums (ulivo) an die Macht kam, konnte der linke Freiraum von einer Abspaltung besetzt werden, wie der "Rifondazione Comunista". Aber auch diese Gruppe hat mit der linken Koalition bereits Duldungspolitik praktiziert. In den romanischen Ländern – mit Ausnahme Spaniens – unterblieb die ökologische Öffnung der Partei. Die Öffnungsfähigkeit hing auch von der sozialen Zusammensetzung der Partei ab. Wo Industriearbeiter, wie in Frankreich, Italien, Spanien oder Finnland, nennenswerte Teile der Mitgliedschaft stellten, war die Öffnung zur neuen Linken hin schwieriger als in Parteien, die immer schon mittelständische Intelligenz angezogen hatten, wie der PCI in Italien.

(8) *Rechtsextremistische Gruppen* wurden schon in der Ära der Volksparteien als die "ganz normale Pathologie" des sozialen Wandels erklärt (Scheuch, Klingemann). Damit war die Prognose verbunden, daß ihre Kraft abnähme, wenn dieser Wandel vollendet ist. Diese Prognose traf nicht ein. Der Rechtsextremismus wandelte sich. Parteien, die sich als "radikal" aber nicht "extremistisch" erklärten, gewannen an Zulauf. Sie waren nur noch partielle Antisystem-Parteien. Obwohl keine dieser Parteien als "faschistisch" verdächtigt wurde, ist ihr Aufstieg mit Sorge verfolgt worden. Der Eintritt der FPÖ in eine Koalition in Österreich im Jahr 2000 hat übertriebene Sorgen ausgelöst. Der Poujadismus der vierten französischen Republik ist rasch verpufft. Die Republikaner in Deutschland haben nur einige regionale Strohfeuer entfachen können. Glistrups Fortschrittspartei, die das dänische Parteiensystem 1973 erschütterte, ist zur Splitterpartei geworden. Die "Volkspartei" hat ihr inzwischen das Wasser abgegraben.

Anfangs wurden die Rechtspopulisten vielfach als "single issue party" und mit der Aversion gegen die aufkommende multikulturelle Gesellschaft erklärt.

3.2 Gewichtsverschiebungen zwischen den Parteifamilien

Später wurde das Kartell der Großorganisationen im Korporatismus für diese Bewegung verantwortlich gemacht. In Österreich wurde die große Koalition, in der Schweiz die Proporzregierung des Fünfparteienkartells zu einer Ursache für die rechten Protestbewegungen. Mit der Verschiebung der Konfliktachse von den Polen Arbeit und Kapital hin zur Alternative Libertäre vs. Neue Autoritäre, konnten die Verschiebungen zugunsten dieser Parteienfamilie besser gedeutet werden. Die Rechtspopulisten hatten die Marktwirtschaft akzeptiert und waren nach Umfragen gelegentlich nicht einmal autoritärer als durchschnittliche Konservative (Kitschelt 1997: 2, 11). Unter dem Sammelbegriff Rechtspopulismus wurden höchst verschiedene Bewegungen zusammengefaßt, wie Neofaschisten, wohlfahrtschauvinistische, rechts-autoritäre und anti-etatistische Populisten. Sie breiteten sich vor allem in Dänemark, Norwegen, Deutschland und Frankreich aus. Die gewandelten Neofaschisten Italiens brachten das Kunststück fertig, nicht mehr als extremistisch von außen wahrgenommen zu werden.

Die Zuwanderung ist ein Kristallisationspunkt für solche Bewegungen, aber der Anteil der Ausländer an der Bevölkerung steht in keinem Verhältnis zu der Anfälligkeit für Rechtsextremismus. Das zeigte sich vor allem in Ostdeutschland. Beschränkungen des Zuzugs haben gelegentlich die Rechtspopulisten wieder abnehmen lassen. In Frankreich und Österreich trat der gleiche Effekt nicht ein (Betz/Immerfall 1998: 258).

In einigen Ländern wurde der Aufstieg der Rechtspopulisten als Antwort auf die Herausforderung von Grünen, alternativen Linkssozialisten und Linkslibertären gesehen. Darüber hinaus wurden der Niedergang der Ideologie – und das Bedürfnis, sie künstlich zu kompensieren – die Erosion des Kommunismus, der Freund und Feind gleichermaßen nivellierte, und die Bedrohungsgefühle der Menschen durch neue Technologien für diese Entwicklung verantwortlich gemacht (Betz 1994: 2). Steigende Arbeitslosigkeit war eine weitere Ursache. Obwohl Neopopulisten – im Gegensatz zu früheren Neofaschisten – wenig Vorurteile gegen den Kapitalismus schlechthin hatten, mobilisierte die Europäisierung und die Globalisierung die Statusängste, die früher nur auf nationaler Ebene erzeugt wurden. Aber selbst die Gegnerschaft gegen die Europäische Union blieb keine Konstante der populistischen Ideologie. FPÖ-Chef Haider mußte im Februar 2000 eine Erklärung für den Präsidenten unterschreiben, in der seine antieuropäischen Ausfälle neutralisiert wurden. Manches spricht dafür, daß Populisten, die ihre Organisation auf Dauer stellen, die EU nicht boykottieren, sondern benutzen, um sie zur "ökonomischen und kulturellen Festung Europa" auszubauen (Betz 1994: 189). Ebensoviel spricht für die Vermutung, daß die rhetorischen Ächtungsübungen in der EU gegen die Regierung Schüssel in Österreich (ÖVP/FPÖ) in ihrer Selbstgerechtigkeit nicht dauerhaft sein kann. Dänemark tat sich hervor, obwohl Rasmussens sozialdemokratische Minderheitsregierung vielfach auf Duldung der Dänischen Volkspartei (1998: 7.4% auf Anhieb) – ein Pendant der FPÖ in ihrem Chauvinismus – angewiesen war. Wo Minderheitenregierungen üblich sind, kann man nicht besonders wählerisch sein, woher die Stimmen bei jeweils wichtigen Entscheidungen kommen. Da wird auch nicht häufig namentliche Abstimmung verlangt, sondern der Mantel der Liebe geheimer Abstimmung über das Ergebnis gebreitet, der einer Regierung das Leben rettete. In der EU tauchte mit Österreich ein neues Problem auf. Die Sanktionen gegen die Alpenrepublik waren weder vertraglich abgedeckt noch verhältnismäßig, da noch nicht negative Taten der Haider-Partei sanktioniert werden mußten. Die Europäische Union muß mit Ausgrenzungen äußerst vorsichtig sein, weil die Europäisierung zu den Hauptsachen zählt, die auch künftig Statusängste produzieren und immer neue Wellen rechter Protestparteien erzeugen wird.

Die Verschiebung der kulturellen Achse, die sich zunehmend von der Rechts-Links-Achse der Interessen Kapital/Arbeit abkoppelte , hatte zur Folge, daß die meisten Angestellten und die Angehörigen der Mittelklasse nicht mehr für den Rechtsextremismus so anfällig waren wie zwischen den Weltkriegen (Kitschelt 1994: 277). Die Marktgesellschaft – einst von den Faschisten für die Pauperisierung der Massen verantwortlich gemacht – war von den Rechtspopulisten meist akzeptiert worden. Einige Autoren (Ignazi 1996, Minkenberg/Inglehart 1989) erklärten den Aufstieg der Rechten als Reaktion auf den Wertewandel. Damit wurde freilich die kulturelle Achse in ihrer Bedeutung überschätzt, und die Bedeutung des traditionellen Konflikts um materielle Lebenschancen wurde unterschätzt. In Österreich und in der Schweiz kann der bedeutsame Rechtspopulismus kaum Antwort auf eine eher unbedeutende grüne Herausforderung sein (vgl. Helms 1997: 46). Gelegentlich wurde der Rechtspopulismus auch rein mechanisch aus den Kräfteverhältnissen in den linken und rechten Blöcken erklärt: Wo die Linke fragmentiert ist, kann es auch die Rechte sich leisten, sich organisatorisch auseinander zu dividieren. In Deutschland wurde die Limitierung der Gefahr des Rechtsextremismus ex negativo erklärt: Liberale Systeme dulden Rechtsextremismus, ohne mit dem Parteiverbot zu drohen. Ein restriktives System, wie Deutschland, kontrolliert den Rechtsextremismus nicht nur mit dem drohenden Parteiverbot, sondern schreckt vor allem Wähler ab, die Nachteile für ihre Karriere befürchten, wenn sie sich offen für die Rechtsextremisten deklarieren. Das würde dann erklären, warum Rechtsextremismus sich eher anomisch und in kleinen Banden gewalttätig äußert – bei jungen Leuten, die keine Karrierechancen für sich sehen.

In Osteuropa schien der Testfall für die Bedingungen der Entstehung von Rechtsextremismus gegeben zu sein (von Beyme 1996; Mudde 2000). In stärker modernisierten Ländern wie Polen, Tschechien, Slowenien oder Ungarn entstanden einzelne populistische Parteien wie im Westen, blieben aber marginal. In den

3.2 Gewichtsverschiebungen zwischen den Parteifamilien

orthodoxen Ländern konnten gelegentliche Kontakte von Äirinovskij mit Gerhard Frey oder Le Pen nicht darüber hinweg täuschen, daß alle Parteien so nationalistisch waren, daß für eine besondere chauvinistische Partei kaum Raum blieb. In Serbien war sogar die demokratische Opposition reichlich nationalistisch. Slavophile Töne gaben der Ideologie von Parteien zwischen Moskau und Belgrad ein ganz eigenes Gepräge. Selbst die Postkommunisten übernahmen die chauvinistische Propaganda zum Teil. Als die Duma im April 2000 das atomare Abrüstungsabkommen ratifizierte, sprach Kommunistenführer Zjuganov von "Vaterlandsverrat". Aber es gibt in Osteuropa auch Entwicklungen, die optimistisch stimmen. Die Parteien der ethnischen Minderheiten von der Slowakei bis Bulgarien sind bemerkenswert wenig rechtsextremistisch geblieben. Selbst Rußland hat Teil an dieser Mäßigung. Noch ist kein russischer Garibaldi auf der Krim gelandet, um dem Duma-Beschluß Nachdruck zu verleihen, daß die Krim russisch sei.

Der Rechtsextremismus ist das letzte Tabu, das der Öffentlichkeit in konsolidierten Demokratien geblieben ist. Le Pens "Front National" wurde beargwöhnt. Aber die französische Demokratie hielt in Europa niemand für gefährdet, auch wenn Le Pen bis zu 15% der Stimmen erhielt. Alle rechtspopulistischen Parteien erwiesen sich als weniger gefährlich als sie erschienen, da sie vom Spaltpilz befallen sind. Wo charismatische Führung noch gefragt war, tauchten vielfach mehrere Führer auf. Anfang 1999 spaltete sich der FN in Gruppen um Le Pen und Mégret. Die kleinere Gruppe schaffte bei den Europa-Wahlen im Juni 1999 die Fünfprozenthürde nicht. Beide Gruppen hinterließen Berge von Schulden. Die Mitglieder liefen ihnen davon. Der Dogmatismus in der Führungsspitze führte auch bei den deutschen Republikanern dazu, daß Schönhuber entmachtet wurde. Selbst Jörg Haider hat bereits bei den turbulenten Anfängen der ÖVP-FPÖ-Koalition auf die Vizekanzlerschaft und den Parteivorsitz verzichten müssen. Eine rechtspopulistische oder gar eine neofaschistische Gefahr für die Demokratie ist in Westeuropa nicht in Sicht.

(9) Die Entstehung der *Grünen* in den 80er Jahren hat das größte Umdenken der Parteientheorie seit dem zweiten Weltkrieg hervorgebracht. Die Rokkan-Lipset-These von den "eingefrorenen Parteiensystemen", die schon 1973 in Dänemark durch die populistische Fortschrittspartei erschüttert worden war, mußte aufgegeben werden. Das eherne Gesetz der Chancenlosigkeit kleiner Parteien wurde zunehmend falsifiziert. Die Grünen wurden zum stabilen Faktor im System. Dieser Aufstieg wurde entweder durch das Wachstum postmaterialistischer Gesinnung unter den Wählern erklärt (Inglehart), oder durch strukturelle Gegebenheiten der politischen Systeme wie Föderalismus, Rechtssystem, Existenz von Referenden, Wahlsystem (D. Nelkin). Korrelationsanalytiker ließen es sich nicht nehmen, flächendeckend alle nur annähernd plausiblen Faktoren zu korrelieren

wie den Typus des Parteiensystems, die Bevölkerungsdichte, die Erwerbsstruktur, die Inflationsbewegung. Sechs Länder mit sehr erfolgreichen Grünen Parteien (Benelux-Länder und die drei deutschsprachigen Gebiete) zeigten, daß die Inflationsrate, das Wahlrecht, der Föderalismus und die Bevölkerungsdichte im Zusammenhang mit dem Wachstum der Grünen zu stehen schienen (Müller-Rommel 1993: 195).

Wachstumsoptimismus breitete sich nicht nur bei den Grünen selbst aus, sondern auch bei den Forschern, die sie mit Empathie verfolgten. Bei Inglehart hat der Glaube an das Wachstum des Postmaterialismus zu Illusionen geführt, wie sie einst die SPD in ihrer Wachstumsphase hatte: von Wahl zu Wahl zwei bis drei Prozent Zunahme und eines Tages eine Mehrheit! Solche Hoffnungen erhielten bald einen Dämpfer. In Frankreich kam es zu starken Einbrüchen. In Belgien profitierten die Grünen von dem Vakuum, das die verschwundene kommunistische Partei hinterlassen hatte. Nur in Belgien, Frankreich und Luxemburg kamen die Grünen in die zweistelligen Zahlen. Im Durchschnitt stagnierten sie zwischen 5 und 7 Prozent (Niederlande, Finnland, Deutschland, Schweden, Österreich). Noch schwächer blieben sie in Dänemark (2,3%) und in Norwegen (unter 1%), weil in diesen Ländern etablierte Parteien das Ökologie-Thema bereits erfolgreich vermarktet hatten (ehemalige Agrarparteien, christliche Fundamentalisten, rechte Populisten).

Erstaunlicher Weise wurde Deutschland – bis 1980 als das langweiligste politische System Europas verschrien – zum Mekka der grün-alternativen Bewegung. Aber nichts erwies sich als so gefährlich wie der rasche Erfolg. Die Grünen an der Macht in der Bundesregierung, die plötzlich Out of area-Einsätze der NATO mittragen müssen und bei den Verhandlungen um die Laufzeit von Atomkraftwerken nur minimale Geländegewinne erzielten, wurden in eine schwere Identitätskrise gestoßen. Sie profitierten nicht einmal wie die SPD vom Stimmungstief der CDU nach ihren Finanzskandalen.

3. Ideologische Distanz und ideologische Konvergenz der Parteien im System

Die empirische Parteienforschung hat sich in der Regel für die Ideologie einzelner Parteien und Parteifamilien nur subsidiär oder nur in Form von Fallstudien interessiert. Die ideologischen Differenzen in ganzen Parteiensystemen haben sie jedoch zunehmend fasziniert, und es wurde in den siebziger Jahren immer häufiger versucht, die ideologische Distanz im Parteiensystem zu messen.

Den Rahmen für solche Quantifizierungsversuche bildet die Rechts-Links-Skala (vgl. Kap. 2.2), die in der Erforschung der Parteiensysteme eine wichtige

3.3 Ideologische Distanz und ideologische Konvergenz der Parteien

Orientierungshilfe leistet. In den zentralen Punkten der Parteiideologie lassen sich die Positionen quer durch die meisten Parteien (in Europa) einigermaßen präzise bezeichnen (Verstaatlichung und Stärkung des Staatssektors wird mit Recht als linke Forderung angesehen, typische Law- und Order-Programm-punkte finden sich häufig bei rechten Parteien). Aber bei anderen Fragen, die weit stärker auf tägliches politisches Handeln gerichtet sind wie Sozialpolitik, Energiepolitik oder Umweltschutz, lassen sich die Forderungen nur mit einiger Willkür in ein Rechts-Links-Schema pressen.

Versucht man es gleichwohl, zeigen sich programmatische Verschiebungen bei Parteien der gleichen ideologischen Familie im internationalen Vergleich. Die Parteiensysteme Norwegens und Schwedens sind in Genesis und Weiterentwicklung vielfach als verwandt angesehen worden. Doch selbst bei anscheinend so nahe verwandten Parteien zeigten sich in den siebziger Jahren Verschiebungen. Die Sozialdemokratie Schwedens galt als die Partei, die am stärksten auf Atomenergie setzte. In Norwegen war das Bild in der Arbeiterpartei differenzierter. In Schweden gelang es einer bürgerlichen Partei der Mitte, dem Zentrum, sich als Umwelt- und Anti-Atomkraft-Partei zu profilieren, während in Norwegen dieses Banner von einer neuen linken Protestpartei, der Sozialistischen Linkspartei (SV), am erfolgreichsten ergriffen wurde. Konservative Parteien erschienen als Exponenten eines wachstumsorientierten Forcierens aller Energiearten und einer Pro-EG-Einstellung. Wo christlich-fundamentalistische und andere Anschauungselemente eine Rolle spielen, können sie jedoch auch gelegentlich zu einer wertkonservativen Ablehnung der Atomenergiepolitik und zu einer reservierteren Haltung gegenüber der EG führen (wie in Norwegen). "Das skandinavische Parteiensystem" wurde nur noch mit Bedenken im Singular zitiert (Berglund/Lindström 1979).

Auch ein *europäisches Parteiensystem* existiert vorerst nur auf der Ebene der Fraktionen im Europaparlament. Die Wähler haben nach wie vor eine Perzeption der ideologischen Differenzen der einzelnen Parteien in den europäischen Fraktionen, wie man bei der Einordnung in eine Rechts-Links-Skala vor allem für Sozialisten und Christdemokraten zeigen konnte. Bei den Liberalen schließlich gab es die größten Differenzen über den Ort, an dem sie ideologisch angesiedelt werden. Sozialdemokratische Parteien standen nach überwiegender Ansicht immer noch links von der Mitte, Christdemokraten im Mitte-Rechts-Spektrum. Nicht alle Liberalen aber standen in der Mitte. Die Liberalen Belgiens und Italiens etwa wurden meist rechts von den Christdemokraten eingeordnet, nicht nur in jenen Wirtschaftsfragen, in denen viele Liberale auch in anderen Ländern rechts von den Christdemokraten zu stehen scheinen.

Diese Momentaufnahme der Einordnung der Parteien der beiden stärksten Fraktionen im Europäischen Parlament wird vermutlich keine dauerhafte Gültigkeit haben. Es findet eine Angleichung der Parteien in ihrer Zielausrichtung durch die Kooperation auf europäischer Ebene statt, die in ihrer Wirkungsweise noch nicht quantifizierbar ist. In der Wissenschaft ist dieser ideologische Annäherungsprozeß noch umstritten. Die Hoffnung auf die integrative Kraft der europäischen Institutionen wird von den Skeptikern gegenüber der Europäischen Gemeinschaft kritisiert. Parteien als Sozialisationsagenturen bleiben in der Tat weitgehend an das nationale Herrschaftssystem gebunden und setzen der integrativen Kraft der Parteien Grenzen. Gleichwohl vollzieht sich auf der Ebene der Parteieliten eine Angleichung der Programmatik, die nicht zu leugnen ist. Auch ohne übertriebenen Optimismus gegenüber der europäischen Integrationskraft der Parteien ist der Prozeß stark genug, um die Klassifikation der "familles spirituelles" heute weniger problematisch erscheinen zu lassen als vor dem Zweiten Weltkrieg. Die verbleibenden Differenzen lassen sich heute meist unter Einheiten subsumieren, die größer als einzelne Nationalstaaten sind: Eurosozialisten und Sozialdemokraten, Linksliberale und Nationalliberale, Christdemokraten und Konservative sind bei allen Differenzen durch die Europäische Union in einen engeren Kommunikationszusammenhang gestellt worden, als man ihn aufgrund der früheren Diffusion von Ideologien je herstellen konnte.

Im ganzen ist bei quantifizierenden Vergleichen von Programmpunkten der Parteien die Rechts-Links-Skala brauchbar, soweit nicht sehr große Teile der Bevölkerung wegen der Dominanz anderer Konflikte – wie der nationalen und religiösen in Irland – dem Rechts-Links-Denken fremd gegenüberstehen . Quantifizierende Vergleiche bleiben aber insofern schematisch, als sie sich meist auf die Unterscheidung Arbeiterparteien/ Nichtarbeiterparteien beschränken müssen. Ein weiteres Problem ist die Tatsache, daß die ideologischen Standorte der Parteien, für die der wissenschaftliche Betrachter von außen durchaus einen gemeinsamen Nenner finden kann, bisher von den Bürgern nicht auf europäischer Ebene wahrgenommen werden. Sie sind vielmehr bedingt durch die Unterschiede der Positionen von Parteien im jeweiligen nationalen Parteiensystem, selbst wenn Vergleiche gewisse Regelmäßigkeiten aufzeigten, wie die Neigung der Wähler, die politische Komplexität in 14 autonome Problembereiche zu vereinfachen, und ihre Abneigung gegen Vorschläge radikalen Wandels, außer wenn er rasche und fühlbare Umverteilungsvorteile für die Mehrheit mit sich bringt (Budge/Farlie 1983). Auch mögliche Einflüsse von Typen der Parteiensysteme auf die Wahrnehmung des ideologischen Standorts durch die Bürger verschiedener Staaten müssen in die Analyse miteinbezogen werden:

1. In *Zweiparteiensystemen* erscheint der programmatische Vergleich am einfachsten. Er wird jedoch dadurch erschwert, daß die Parteien in den wenigen angelsächsischen Ländern mit einem Quasizweiparteiensystem überwiegend die

3.3 Ideologische Distanz und ideologische Konvergenz der Parteien

Tendenz entwickelten, keine umfassenden Programme fortzuschreiben, sondern nur Wahlplattformen herauszugeben, die stark pragmatisch-aktuell ausgerichtet sind. In England gilt Robert Peels Manifest an die Wähler des Tamworth-Wahlkreises als das erste Wahlmanifest dieser Art, das gesamtstaatliche programmatische Bedeutung für eine Partei gewann (Craig 1975: XII). In Ländern, wo Wahlplattformen dominieren wie vor allem in den USA, ist es daher schwieriger, eine konsistente Programmatik herauszuarbeiten.

Die ideologische Konsistenz ist zudem abhängig von der Bereitschaft der Bürger eines Landes, in Rechts-Links-Kategorien zu denken, die eine wichtige Stütze für die Wahrnehmung von Programmunterschieden der Parteien sind. Im allgemeinen gelten "Linke" als konsistenter in ihren Programmanschauungen als "Rechte". In pragmatischen Systemen ohne fundamentale ideologische Differenzen müssen Wähler stärker als in ideologisch versäulten Systemen ihre Zuwendung zu Parteien über affektive Komponenten und ein paar vage Ideen über die wichtigsten Unterschiede des Inhalts der Politik, die die Parteien vertreten, steuern. Aber auch sonst hängt die Perzeption ideologischer Differenzen vom Bildungsgrad der Befragten ab. Parteiamtsträger haben sicher die bestinformierte Meinung über die wichtigsten programmatischen Ziele der Partei.

In einigen Programmpunkten – vor allem den wirtschaftlichen – lagen die Parteien nach einigen Umfragen gar nicht so weit auseinander. In anderen, wie Reduktion der Staatsintervention, wird nach dieser Befragung eine extreme Differenz gemessen. Quantitative Studien über die Wahlplattformen zeigten konfligierende Forderungen meist nur in 10 bis 20% der Programmpunkte. Ein Großteil der Parteiförderungen überschnitt sich. Trotz der üblichen Annahmen über Tweedledum und Tweddledee Parties in Amerika hatten diese Programmpunkte handlungsanleitende Bedeutung und gingen stark in die gesetzgeberischen Aktivitäten amerikanischer Parteien ein.

In Großbritannien hingegen, wo auch die weniger informierten Wähler stärkere ideologische Differenzen der Parteien wahrnehmen, war der Unterschied bei 7 von 10 Problemen, nach denen gefragt wurde, kleiner, als mancher erwartet hätte. Nur bei einigen Fragen gab es starken Dissens zwischen Konservativen und Labouranhängern. Selbst Gewerkschaftsforderungen wie Verstaatlichung der Banken oder Closed shops, wurden von vielen Labouranhängern nicht rückhaltlos unterstützt. Trotz dieser Umfrageergebnisse läßt sich nicht der Entideologisierungsthese zustimmen, die davon ausging, daß die Parteien sich ideologisch immer stärker auf einer Mittelposition treffen werden. Seit dem Sieg der Konservativen 1979 gab es auch Anzeichen dafür, daß beide großen Parteien sich eher in Richtung ihrer ideologischen Extreme bewegten.

2. In *gemäßigt pluralistischen Parteiensystemen* ließen sich bei den Anhängern der Parteien nach schwedischen Umfrageergebnissen erstaunlich prononcierte Haltungen zu Schlüsselfragen der Politik finden. In solchen gemäßigt pluralistischen Parteiensystemen tritt jedoch ein Verzerrungseffekt auf, der weder in Zweiparteienkonkurrenzsituationen noch im polarisierten Pluralismus in gleicher Weise wirksam ist: Da alle Parteien koalitionsfähig sind und überwiegend Regierungskoalitionen gebildet werden müssen, ist schon die Auseinandersetzung um ideologische Positionen stärker von taktischen Rücksichten auf mögliche Koalitionspartner bestimmt.,

3. In fragmentierten Vielparteiensystemen mit starker Versäulung wie in den Niederlanden haben nicht alle Parteien zu allen Problemen eine konsistente Haltung entwickelt (Brommer/de Hoog 1976). Wenn dies schon bei den Parteieliten der Fall ist, dürfte sich dieser Effekt bei den Bürgern, die weniger informiert sind, noch verstärken. Dennoch hat auch in Holland – außer in der Abtreibungsfrage, in der die Demokraten '66 sich weit links von ihrem sonstigen Standort noch links der Sozialdemokraten einordneten – eine Rechts-Links-Orientierung bei den meisten Fragen überwogen. In sozialen Fragen wie Entwicklungshilfe oder Mitbestimmung sahen die religiösen Parteien sich den Sozialdemokraten näher als den Liberalen; ein Befund, der auch in anderen Ländern mit starker christdemokratischer Partei der Mitte ähnlich ausfallen dürfte, wenn die Liberalen sich nicht ausgesprochen "radikal-liberal" oder "sozial-liberal" zu profilieren suchen.

Für alle Parteiensysteme ist immer wieder die These aufgestellt worden, daß die Programme sich einander anglichen. In der Bundesrepublik, in Österreich und in Schweden entwickelte sich diese Annäherung der ideologischen Ausgangspositionen von Parteien am stärksten, in den romanischen Ländern und in Japan am geringsten. Zwischen diesen beiden Gruppen scheinen Großbritan-nien, Neuseeland und Australien zu liegen. Wo die Annäherungstendenzen in der ideologischen Distanz gegeben zu sein scheinen, wurde nach der am stärksten annäherungsfähigen Partei gesucht. Bis in die Ära Thatcher wurde dies in Großbritannien bei den Konservativen vermutet (Robertson 1976: 192ff). In der Ära Blair würde ein quantitativer Vergleich vermutlich zu dem entgegengesetzten Schluß kommen. Die Behauptung, daß die programmatischen Differenzen zwischen den größten Parteien in Österreich und in der Bundesrepublik sogar geringer geworden seien als in de USA, zeigt die Grenzen des quantifizierenden Vergleichs. Die Konflikte um ideologische Positionen in den Parteien dieser mitteleuropäischen Länder sind noch immer stärker als in den USA. Nicht nur einzelne gleichsam zur Formel geronnene ideologische Programmpunkte, sondern auch die Intensität, mit der in Parteien um die Ideologie gerungen wird, müssen verglichen wer-

3.3 Ideologische Distanz und ideologische Konvergenz der Parteien

den, um nicht zu schiefen Urteilen zu gelangen. Aber auch der begrenzte quantifizierende Vergleich zeigt, daß die konservativen Parteien sich weiter nach links angepaßt haben, als die Arbeiterparteien Konzessionen nach rechts machten. Die vielfach von links zu hörende These, die gesamte westliche Politik sei in den letzten Jahrzehnten immer konservativer geworden, ist daher zu modifizieren.

Auch der voreilige Schluß der Anhänger der neuen Fundamentaloppositionen seit den sechziger Jahren, daß die Programmpunkte der Parteien wie "Tweedledum und Tweedledee" (ein deutsches Äquivalent zu dieser amerikanischen literarischen Anspielung wäre etwa Plisch und Plum) angenähert seien und keine Rolle mehr spielten, hatte sich als falsch erwiesen. Die Re-Ideologisierung der europäischen Politik hat ihn rasch überholt. Die ideologische Distanz hat in einigen Ländern abgenommen, aber sie blieb bestehen und war meßbar. Sie ist Grundlage einer zeitgemäßen Klassifikation der Parteiensysteme geworden, die über das bloß numerische Kriterium der älteren Parteieinteilung hinausgeht.

Der ideologische Raum, in dem Parteien in Wettbewerb getreten sind, hat sich im Zeitalter der Wählerparteien vereinheitlicht. Soweit die Rede von den *Kartellparteien* zutreffend ist, sind die etablierten Parteien hinsichtlich der Erhaltung des Parteienstaats und einiger Spielregeln einiger geworden als in der Ära der ideologischen Massenparteien. Auch die Etatisierung der Parteifinanzierung hat diese Annäherung gefördert (Kap. I.3). Aber es ist dennoch – entgegen populären Verdächtigungen – keine "politische Klasse" entstanden, die in mehr einig ist, als in der Aufrechterhaltung der Privilegien der Parteien und der Abgeordneten. Die Parteidifferenzen überschreiten durchaus die ritualisierte Aufteilung in "Mützen und Hüte". Die Differenzierung der Policy-Angebote ist noch immer grundlegend für die Wahlentscheidung des Einzelnen. Parteigebundene Wähler sehen diese Differenzen klarer als die nicht Parteigebundenen (Wessels in: Miller u.a. 1999:158).

Durch die ökonomische Krise des Wohlfahrtsstaats haben alle OECD-Länder vergleichbare Herausforderungen erlebt. In Zeiten des Booms und der Vermehrung sozialer Transfers konnten die Parteien es sich besser leisten, ihre ideologischen Differenzen zu betonen. In Zeiten des Rückzugs aus dem Wohlfahrtsstaats werden die Muster der "Deregulierung" ähnlicher sowohl in den Ländern als auch in den Parteien einzelner Länder. Zahlreiche Maßnahmen wurden experimentell durchgespielt. Keine Partei kann mehr ein Patentrezept anbieten. Populisten, die dieses versuchten, wie Poujadisten, Glistrupisten oder die FPÖ, haben diesen Nimbus nicht lange aufrecht erhalten können. Die Europäisierung und Globalisierung hat diesen Prozeß verstärkt. Die ideologische Distanz wurde in der Ära der Wählerparteien geringer. Diese Distanz wurde entweder durch quantitative Vergleiche der Programme oder durch Befragung von Experten der jeweiligen Länder erforscht (Castles/Mair 1984, Hubert/Inglehart 1995).

Trotz inhaltlicher Annäherungen der Policy-Positionen bleiben Differenzen der politischen Lager in der Konzeption von Programmen. Es wurde ein *Mandatstyp* unterschieden, der die Präferenzen des Gewinners maximieren kann (Großbritannien, Frankreich, fraglicher: Schweden). Ihm steht ein *Agendatyp* gegenüber, in dem das Programm in einer Koalition ausgehandelt werden muß (Benelux-Staaten, Deutschland, Österreich) (Klingemann u.a. 1994: 240). In diesem Typ ist das Regierungsprogramm nicht "gegeben", sondern "aufgegeben" und wird durch Koalitionsverhandlungen und gelegentlich durch rigorose Checklists in Koalitionsvereinbarungen fixiert.

Nicht in allen Parteiensystemen vollzog sich die programmatische Annäherung in gleicher Weise. In Dänemark und Irland ist sogar eine wachsende Distanz gemessen worden (Knutsen 1998: 26). In Belgien zeigte sich, daß die Policy-Vorstellungen von Christ- und Sozialdemokraten sich annähern konnten, weil die zunehmend ethnische Distanz zwischen Flamen und Wallonen die Aufmerksamkeit der Parteien absorbierte. Wo Koalitionstabus durchbrochen werden, wie 2000 in Österreich, kann die ideologische Distanz der beiden größten Parteien vorübergehend wieder zunehmen. Umstritten ist unter den Forschern nach wie vor, was die Adaptionsbereitschaft der Parteien in der Programmatik bewirkt. Die übliche Antwort ist: Wahlstimmenverluste. Aber es zeigte sich, daß diese Antwort weniger auf das Verhältnis von Stimmenverschiebungen zwischen zwei großen Volksparteien zutrifft als für etablierte Parteien, die an neue Herausforderer viele Wähler verlieren (Harmel/Svåsand 1997).

Beide Modelle widersprachen herkömmlichen Vorstellungen der Parteienforscher: einerseits der These von Sartori (1976), daß die Parteien dazu neigten, sich in Richtung der Extreme zu polarisieren. Dies galt allenfalls für die Phase der ideologisierten Massenparteien. Andererseits widersprach der Befund der These Kirchheimers (1966), daß die Volksparteien programmatisch gesichtslos geworden seien. In den USA wurden die catch-all parties "Tweedledum - Tweedledee" genannt. Frei nach Wilhelm Busch könnten wir "Plisch und Plum" sagen.

Umfragestudien unterscheiden nicht hinreichend zwischen den Unterschieden in der effektiven Politik und den symbolisch gebliebenen Programmsignalen, auf die Parteien zur Selbstinszenierung ihrer historisch gewordenen Identität nicht ganz verzichten. Der wenig informierte Wähler, der für den Parteiwechsel bei Stimmabgabe verfügbar ist (*available* heißt es im Wissenschaftsjargon), orientiert sich am Image der Partei. Dieses wird nicht zuletzt von den Medien geformt. Eine aufwendige Informationsbeschaffung nach den wirklichen Differenzen der Parteien nimmt kaum ein Wähler auf sich. Auch inszenierte Differenzen werden daher von den Wählern als "real" wahrgenommen.

Die Inszenierung ist im Zeitalter der professionalisierten Wählerparteien nötig, um die Differenzen wahrnehmbar zu halten. Denn die Distanz der Policies im

3.3 Ideologische Distanz und ideologische Konvergenz der Parteien

Programm der Parteien hat abgenommen. In einigen Ländern wie den Konkordanzdemokratien (Österreich, Beneluxländer) sogar drastisch. Aber auch in Systemen mit majoritärem Wahlrecht des angelsächsischen Modells, das die Programmpolarisierung durch Zwei-Lager-Bildung erleichtert. In einigen Ländern haben die Nachwehen der Reideologisierungsphase der frühen 70er Jahren die Distanz der Parteien wieder zunehmen lassen, wie in Italien. In anderen Ländern, wie in Skandinavien, blieben die ideologischen Distanzen so stabil wie die fragmentierten Parteien. Die Wettbewerbssituation, in der ein zersplittertes bürgerliches Lager einer starken Sozialdemokratie gegenübersteht, mag dazu beigetragen haben. Deutschland und Spanien liegen etwa in der Mitte der Distanzmodelle.

Die abnehmende ideologische Distanz schlägt sich auch in der Koalitionsbildung nieder (vgl. Kap. 5.3). Die "allgemeine Koalitionsfähigkeit", eines der wenigen deutschen Wortungetüme, die in die angelsächsische Fachsprache eingingen, hat zugenommen. Als Tabu für die Koalitionsfähigkeit blieb nur noch der Rechtsextremismus. Nur in Deutschland auch der Postkommunismus der SED. Wird dieses Tabu verletzt, kann es zu irrationalen Boykottierungsgelüsten der EU-Partner kommen, wie im Frühjahr 2000, als die Christdemokraten in Österreich mit der populistischen FPÖ koalierten. Die SPÖ kam dabei in die heuchlerische Lage, eine Koalition verdammen zu müssen, die sie selbst einmal geschlossen hatte (1983ff).

Mit der Annäherung der Parteien im ideologischen Wettbewerbsraum wird die Frage der *Identität der Parteien* akut. Es entstanden zwar nicht die gesichtslosen Volksparteien, die Kirchheimer befürchtet hatte. Aber nur im "goldenen Zeitalter" ideologisierter Massen- und Klassenparteien hatten die Parteien ihre naturwüchsige soziale Klientel mit subkulturspezifischen Organisationsformen und Ressourcen (vgl. Mair 1998: 135). In der Ära der Volksparteien und stärker noch in der Epoche der Wählerparteien ist die Unverwechselbarkeit des Profils in Gefahr geraten. Neue Herausforderer, wie Grüne und Populisten, können nicht einmal lange Zeit Neuigkeitswert beanspruchen. Themenklau und Themenadaption schwächen die programmatische Originalität einer Partei. Restriktive Zuwanderungspolitik der Parteien der Mitte hat den Populisten, Aufnahme der Ökologieforderungen den Grünen in vielen Ländern die Schau gestohlen. Die deutschen Grünen schienen in Panik zu geraten. Rasch wichen sie auf Friedens- und Frauenpolitik aus. Aber diese Programmpunkte waren nur kurzfristig mobilisierend. Neue Parteien können es sich immer weniger leisten "single-issue-Parteien" zu sein. Die Grünen haben nach einem Jahrzehnt auch eine ausgefeilte Wirtschafts- und Sozialpolitik entwickelt, wo früher nur unreflektierter Postmaterialismus mit noch unreflektierterem Beharren auf den materiellen Werten des herkömmlichen Sozialstaats überwog. Inzwischen machen die Grünen, die einst "tutto e subito" riefen, substanziellere Kürzungsvorschläge als der sozialdemokratische Koalitionspartner.

Pragmatische Parteiführer zeigten sich vielfach desinteressiert an der Erarbeitung neuer Programme. Gleichwohl mußten sie diese zulassen, wenn sie diese auch gern an einen Wertsucher à la Erhard Eppler delegierten. Programmarbeit dient der Inszenierung nach außen und der Selbstvergewisserung der Mitglieder nach innen. Wo die Konsensbasis bröckelt, wie bei den Parteien, die nicht nur im Wandel sondern geradezu im Umbruch sind, kommt eine weitere Funktion der Programmarbeit hinzu. Sie dient als Arena der Fraktions- und Flügelkämpfe, wie bei der PDS in Deutschland, wo man vereinfacht "Altmarxisten" und "Linksautonome" um das programmatische Image der Partei streiten sah. Ein Sprecher dieser Partei kam zu dem Schluß, daß es leichter sei, die Waffen und die Staatsmacht abzugeben als die geistigen Arsenale der Programme zu entrümpeln (zit. FAZ 27.1.2000: 16).

Bei den Sozialdemokraten ist der Grund für die Fortsetzung der Programmarbeit auch deshalb angesagt, weil selbst das Godesberger Programm noch zu viele Visionen und Versprechungen enthielt, die nicht mehr erfüllbare Erwartungen auslösen könnten. "Neue Bescheidenheit" im Steuerungsanspruch kann gegenüber pragmatischen Wählern zum Wettbewerbsvorteil werden. Nur die Minderheit gläubiger Militanter will noch von einer "Hauptverwaltung für ewige Wahrheiten" bedient werden.

4. Der Cleavage-Ansatz in der Konsolidierung der neuen Demokratien

Eine klare Cleavage-Struktur gilt als eine der Bedingungen eines konsolidierten Parteiensystems. In Südeuropa seit 1974 und in Osteuropa seit 1989 schienen die Konfliktlinien anfangs äußerst unklar. Weder an vortotalitäre Erfahrungen (außer in Tschechien) noch an das Blocksystem der sozialistischen Phase konnten die neuen Parteien anknüpfen. Kein Wunder, daß Klientelismus und Patronage vielfach an Stelle klarer Parteistrukturen traten.

Das Fehlen einer parteiorganisatorischen Wiederanknüpfung hieß freilich nicht, daß alle Konfliktlinien neu waren. Einige traditionelle *cleavages* hatten an Bedeutung verloren, wie der Stadt-Land-Konflikt durch die forcierte Urbanisierungspolitik des Sozialismus und der Konflikt "Kirche – laizistischer Staat durch die fortgeschrittene Säkularisierung. Das ist für Ungarn zwar bestritten worden; dennoch bleibt selbst hier auffällig, wo sich alte und neue *cleavages* schulbuchartig überlagerten, daß die *Partei der Kleinen Landwirte* ihre alte – präkommunistische – hegemoniale Stellung von 60% auch nicht entfernt erreichen konnte und

3.4 Der Cleavage-Ansatz

daß die christdemokratischen Kräfte in den ersten freien Wahlen um die Fünfprozenthürde stagnierten.

Andere *cleavages* waren noch nicht entwickelt. Dies gilt vor allem für den Konflikt "Arbeit-Kapital", der vom *ancien regime* als der dominante ideologisiert worden war und von westlichen Parteien-Forschern seit Stein Rokkan meist auf der Y-Achse dem Zentrum-Peripherie-Konflikt gegenüber gestellt wurde. Neben diesem klassischen Konflikt der kapitalistischen Modernisierung brachte die zweite Modernisierung in Osteuropa den Konflikt zwischen Westlern und Nationalisten, der vor allem in orthodox religiösen Ländern eine Tradition im 19. Jahrhundert hat, wieder zum Tragen. In der alten Form trat er freilich nicht wieder auf, denn die Marxisten waren im 19. Jahrhundert die radikalsten Westler gewesen. Die Postmarxisten aber, die um eine möglichst umfassende Bewahrung vieler kommunistischer Errungenschaften kämpften, verbanden sich vielfach mit indigenistischen Nationalisten. Der Postmarxismus schien damit seine kosmopolitische Komponente einzubüßen, auf die der alte Realsozialismus wenigstens propagandistischen Wert gelegt hatte.

Der Konflikt zwischen bürokratischen und libertären Stimmungen war im Hinblick auf die Gruppen, die ihn politisch vertraten, weitgehend mit jenem des "Materialismus versus Postmaterialismus" identisch.

Nicht alle acht Konfliktlinien (vgl. Abb. 3.1) waren in Osteuropa jeweils separat durch eine relevante politische Gruppe vertreten. Kaum einer der *cleavages* führte zu einer Parteienkonstellation, bei der sich exklusiv jeweils zwei antagonistische Organisationen gegenüberstanden.

Politikwissenschaftler glauben gern, sie hätten den Determinismus entkräftet, wenn sie Kausalitätsbeziehungen zu außerpolitischen Faktoren falsifiziert haben. Aber es sind nicht wenige Determinismen in der politikwissenschaftlichen Modernisierungsliteratur verblieben. In keinem Bereich wird das offenbarer als im Bereich der Parteibildung. Die Hypothese der "eingefrorenen Konfliktlinien", die von den 20er Jahren in die 60er Jahre fortwirkten, schien in den 70er Jahren falsifiziert, als die neuen sozialen Bewegungen und populistische Parteien die westlichen Parteiensysteme durcheinanderbrachten. In den 80er Jahren hat sich die Szene geglättet: Ein neuer *cleavage* ist zwar hinzugetreten (Materialismus/Postmaterialismus); aber die historische Wirkung der großen *cleavages* schien durch die Wahlergebnisse eher wieder bestätigt worden zu sein.

Aus der westlichen Parteienforschung ist das Phänomen geläufig, daß eine Spaltungslinie besondere Bedeutung erlangen kann, weil andere *cleavages* kaum eine Rolle spielen. Für Großbritannien hat man etwa dem Klassenkonflikt eine herausragende Rolle zugemessen, in Zeiten, da der religiöse *cleavage* (church vs. chapel) und ethnische oder regionale Konflikte kaum noch sichtbar waren.

3. Entideologisierung und die programmatische Annäherung der Parteien

In Osteuropa war es eher umgekehrt. Der Arbeit-Kapital-Konflikt fand noch keinen hinreichenden Ausdruck. Es gab zwar einige "Business-Listen" in Bulgarien oder Polen, aber meist verbargen sich Kapitalinteressen in anderen Gruppen (etwa bei den Bierfreunden). In der ersten Phase der Demokratisierung – vor der Konsolidierung – spielten die Kapitalinteressen in der Politik noch keine herausragende Rolle. Das ist kaum verwunderlich. Sie waren noch mit ihrer Formierung in der wirtschaftlichen Sphäre beschäftigt. Auch in Westeuropa hat es kaum je eine kapitalistische Partei ohne Zusätze gegeben. Unternehmerinteressen wurden in breiteren liberalen Organisationen oder in konservativen Volksparteien mit denen anderer Schichten zu verbinden gesucht.

Selbst die Vertretung des Faktors Arbeit scheint in den osteuropäischen Parteiensystemen nach 1989 unterentwickelt. Sozialistische und sozialdemokratische Parteien – auch wenn sie nicht nur aus umbenannten kommunistischen Gruppen hervorgingen – wurden in den Strudel des Untergangs des Sozialismus mit hineingezogen. Die Unterrepräsentation der Arbeiter während ihres vorübergehend "bürgerlichen" Wahlverhaltens war für die Konsolidierung des demokratischen Systems die gewichtigste Fehlentwicklung überhaupt. Es fehlte an einer Kraft, die den Übergang sozialverträglich gestalten konnte, ohne in den Verdacht zu kommen, nur die Interessen der alten Nomenklatur zu vertreten.

Schema 3.1: *Soziale und politische Cleavages und ihre Widerspiegelung in den Parteien Osteuropas*

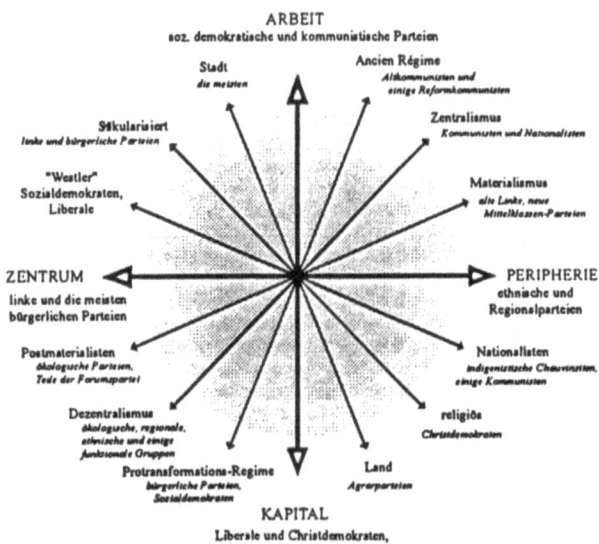

3.4 Der Cleavage-Ansatz

Durch die Unterrepräsentierung des Konflikts zwischen Arbeit und Kapital wuchs dem Zentrum-Peripherie-Konflikt eine übertriebene Bedeutung zu. Nationalismus und Regionalismus wurden durch diesen Umstand auch im Parteiensystem gestärkt. Selbst wo Regionalparteien keine Rolle spielten, wie in Ostdeutschland, schien das Wahlverhalten stark von diesem *cleavage geprägt* zu werden. Vielfach ist im Zentrum-Peripherie-Konflikt sogar die alles erklärende Hypothese zum Wählerverhalten gesehen worden, dies gilt selbst für die DDR.

Die *cleavages* mit sozialer Relevanz müssen sich in den Programmen der Parteien widerspiegeln. Sie müssen für eine Konsolidierung nicht nur unterscheidbar werden, sondern auch ein Minimum an Durchsetzungskraft in der Politik besitzen. Noch ist der Zusammenhang zwischen Programm und Aktion kein so eindeutiger wie in der frohen Botschaft der "Party manifestos matter"-Forschung von Hans-Dieter Klingemann u.a. Viele Strategien wurden auch kaum programmatisch vorbereitet, sondern dezisionistisch eingesetzt, wie die Big-Bang-Strategie von Balcerowicz in Polen und von Gajdar in Rußland. Die kontinuierliche Programmforderung nach gradualistischen Strategien bei den Kommunisten mag eine Vorbedingung ihres *Comeback-Erfolges* in vielen Ländern gewesen sein.

In der Konsolidierung der postkommunistischen Systeme reichten die vier klassischen Konfliktlinien der Rokkanschen Typologie nicht aus, um das Parteienspektrum zu erklären. Acht Konfliktlinien brachen auf, ohne in jedem Land auch 16 Parteien zu erzeugen. Einige Konfliktpole wurden gebündelt und in einer Partei repräsentiert. Andere verloren in den ersten 10 Jahren der Konsolidierung an Bedeutung (Zentralismus/Dezentralismus, Materialismus/ Postmaterialismus). So verbleiben sechs relevante Konfliktlinien (Merkel 1997: 348). Der Konflikt Ancien regime vs. Akzeptanz des Transformationsregimes verlor mit jedem Jahr der Existenz der neuen Demokratien an Boden. Selbst die PDS in Deutschland konnte sich nach 10 Jahren Vereinigung keine Rückkehr zur DDR mehr vorstellen.

Einige Typologien vereinfachten das Spektrum auf vier Gruppen: soziokulturelle Parteien (ethnische, konfessionelle, Agrarparteien); nationalistische Parteien; reformierte kommunistische Parteien und neue Programm-Parteien (Konservative, Liberale, Ökologische und Sozialdemokratische). Der gewünschte Typ der Partei ist die Programmpartei – schon weil sie sich dem Ansatz der Analyse von Party manifestos am besten öffnet (Klingemann 1994). Gegen diese Unterteilungen sind Einwände laut geworden (Beichelt 2000: 210), weil Bauernparteien keine sozio-kulturellen Gruppen sind und Christdemokraten selbst in Osteuropa sich nicht auf Konfessionsparteien reduzieren lassen. Die Postkommunisten haben sich zunehmend als Programmparteien profiliert, vor allem in Zeiten, da sie nicht an der Macht waren. Kitschelt (1995) hat dem mit seiner Dreiteilung in *neo-sozialdemokratische, liberal-demokratische* und *national-populistische* Gruppen nur insoweit Rechnung getragen, als die Postkommunisten verläßlich "neo-sozialdemokratisch" wurden, was für Polen oder Ungarn zutrifft, in anderen Ländern aber noch nicht gesichert erscheint. Dabei müssen Länder wie Rußland ausgeklammert werden, wo die kommunistische Partei in der Opposition in der Ära Jelcin Züge einer nationalistisch-populistischen Partei annahm, schon um Äirinovskijs rechtsextremistischer (und fehlbenannten) Liberaldemokraten das Wasser abzugraben. Die Klingemannschen drei Großgruppen haben den Vorteil, daß sich die Dominanz von einer der drei Konfliktlagen leicht ablesen läßt. Eine Dominanz des sozio-kulturellen Konflikts ist dort zu erwarten, wo starke ethnische Fragmentierung herrscht (Makedonien) und/oder die Reste des Loslösungsprozesses von einer größeren staatlichen Einheit (Slowakei) noch nicht überwunden sind. Eine Dominanz des sozio-ökonomischen Konflikts ist dort gegeben, wo der Parteienkonflikt sich überwiegend an den wirtschafts- und sozialpolitischen Vorstellungen des alten Regimes ausrichtet (Bulgarien, Moldova, Rumänien, Rußland, Ukraine (Beichelt 2000: 219)). Der gewünschte vorwärtsgewandte Typ einer Dominanz sozio-ökonomischer Konflikte wird hingegen auf dem Boden der Marktwirtschaft ausgetragen, wie in Litauen, Polen, Tschechien, Slowenien und Ungarn.

Die neuen Demokratien in Südeuropa zeigten seit den 70er Jahren, daß die Konsolidierung der Demokratie nicht mehr notwendiger Weise starke organisierte Parteien verlangt (Morlino 1998: 212). Vor allem Spanien war das Beispiel, daß andere Säulen der Konsolidierung von klientelistischen Netzwerken bis zu öffentlich subventionierter Minimalorganisation die fehlende Organisation ersetzen können.

3.4 Der Cleavage-Ansatz

Tabelle 3.2: *Parteifamilien in Osteuropa*

	Bulgarien				Tschechische Republik				Slowakei			
	1990	1991	1994	1997	1990	1992	1996	1998	1990	1992	1994	1998
Forum	UDF, SDS 36.2 36.0	34.3 45.8	24.2 28.7	ADF 52.2 55.7	OF 49.5 63.5	CiP 29.7 38.0 Zivil-Bewegung 4.4 -	29.6 34.0	ODS 27.7 31.5	VPN→ZDS PAV (pro Föderation) 29.3; 32.0			
Christdemo-kraten					CDU, KDU 8.4 9.5	6.3 7.5	8.0 11.0	9.0 10.0	KDH 19.2 20.6	8.8 12.0	10.0 11.3	
Liberal Konservative	BBB Wirtschaft	UDF lib. 2.8 -	BBB 4.7 5.4	BBB 4.9 5.0							Dem Union DU 8.6 10	Slowak. Dem Koal. SDK 26.3
Sozialdemo-kraten					HSSD 4.11 -	6.5 8.0	26.4 30.5	32.3 37.0		SDSS 6.1 3.3		SOP 8.0 8.7
Reform Kommunisten	47,1 BSP 52.7	33.1 44.2	43,5 52.0	DL 22.2 21.6	KSCU 13.2 8.0	14.0 17.5	10.3 11.0	KSCM 11.0 12.0	KSS→SDL 13.1 14.6	14.7; 19.3 Absp. SDL 7.3; 8.6	10.4 12.0	SDL 14.7 16
Ökologische Parteien									Grüne 3,4 4,0			
National Konservative					Rep. - -	5.9 7.0	8.0 9.0	SPR-RSC 3.9 -		MDS (HZDS) (Mehiar) 37,2; 4,9	MDS 34.9 40.6	HZDS 27.0 28.7 SNS Nat. P 9.1; 9.3
Ethnische oder regionale Parteien	6.03 MRF, DPS 5,7	7,5 10.0	MRF, DPSS 5,4 6.2	Union der Nationalen Rettung ONS 7.5; 12.5	HSD-SMS 10.3 11.0	5.8 7.0	0,42 0,27		MK/ung. Koal. 8,6 9,3	7.9 10.0	5.4 6.0	9.1 9.3
Funktionale Gruppen	BZNS Agr. 8.03 4,0	NP 3,8 3,4 -	Popular Union 6,5 7,5					DZJ Rentner 3.0				
Wahlsystem	Proportional in großen Mehrpersonenwahlkreisen, Sperrklausel 4%				Proportional in großen Mehrpersonenwahlkreisen, Sperrklausel 7(?) 11%				Proportional in großen Mehrpersonenwahlkreisen, Sperrklausel 5-7-11%			
Wahlbeteiligung	90.7	84.1	75.2	58.1	96.8	85.1	72.2	74	96.8	84.2	75.2	84
Regierungen	XII/89 Mladenov II/90 Lukanov IX/90 Lukanov II altern.> XII/92 Berov Popov (I. Nicht-Komm.)	IX/91 Dimitrov Minderheitsregierung mit Kommunisten XII/92 Berov altern.	I/95 Videnov, Postkomm. II/97 Soffyanski caretaker altern.	IV/97 Kortov ADF	I/90 Pithart interim VII/90 Pithart II	VII/92 Klaus	VII/96 Klaus II VI/97 Non-conf.	VIII/98 Zeman; Sozial Demokrat	I/90 Hih interim VII/90 Mchiar IV/91 Harnagurski	VI/92 Mchiar II III/94 Morovhik	XII/94 Mchiar III	X/98 Dzurinda SDK, SDL MK, SOP

3. Entideologisierung und die programmatische Annäherung der Parteien

	Ungarn			Polen				Rumänien		
	1990	1994	1998	1989	1991	1993	1997	1990	1992	1996
Forum	HDF-MDF 24,7 42,7	11,7 9,8	MDF 4,4 4,7	Solidarität OKP 35,0 Senate 99	POC 1,7; 9,7 Rom (Lib) DK-KD 12,3; 13,4	10,6; 16,0	FUUW 13,8 13,0		CDR Dem. konvention Rumäniens 20,0; 24,0	DCR 30,2 35,5
Christdemo-kraten	KDNP 6,4; 5,4	7,0 5,7	2,6 -		WAK (?) 8,7; 10, 6 (siehe Nat. Kons.)					
Liberal Konservative	SZ/JSZ 21,3; 24,3 FIDESZ 8,9; 5,7	19,7; 18,5 7,0; 5,2	SZDZ 7,9; 6,2 FIDESZ 28,2; 38,3		Lib. Dem. Kongress KLD 7,4; 8,2	KLD AWS 3,9 -	AWS 1996 Zentrum rechts 33,8; 43,7	Nat. Lib. Party PNL 6,4; 7,2	PNL in CDR 20,2; 24,0	In CDR 30,2; 35,5
Sozialdemokraten										SDU, USD 12,9; 15,4
Reform Kommunisten	MSZP, HSP 10,8 8,5	32,9 54,1	MSZP 32,5; 34,7	PUWP→PZPR 37,6→65,0	SLD Dem. Linke Allianz 11,9; 13,0	SLD 20,4 37,1	SLD 27,1 35,6	Nat. Rettungsfront NSF, FSN 66,3; 67,9	NSF (Roman.) 10,1; 12,6 FSND (Iliescu) 27,7 34,3	PDSR 21,5 26,5
Ökologische Parteien										
National Konservative		MIÉP 1,6; -	MIÉP (Csurka) 5,5; 3,6		WAK-Ojczyzna 8,7; 10,6 PJS 8,7; 9,7	6,3;- POC 4,4;- BBWR 5,4; 3,4	ROP 5,6 1,3		PUNR ultra-nat. 7,7; 8,8 PRM (Groß-Rumänien 3,8: 4,7	PUNR 4,4: 5,2 GRP (PpR) 4,5: 5,5
Ethnische oder regionale Parteien								RMDSZ UDMR Dem. Allianz der Ungarn 7,2; 7,2	RMDSZ UDMR 7,4; 7,9	DAHR (RMDSZ) 6,6; 7,3
Funktionale Gruppen	FKGP (Kleinlandwirte) 11,7 11,4	8,8 6,7	FKGP 13,8 6,2		PSL 8,6; 10,4 Arbeitsunion 2,0; 0,8 SNZ/2. Sol. Gewerkschaft 5,0: 6,0	PSL 15,4; 28,6 Arbeitsunion 7,2: 8,9 SNZZ 4,9: -	PSL 7,3; 5,8 Arbeitsunion 4,9: 0 SNZ/2→AWS 33,8; 43,7	Christ. Dem. Bauernpartei PNT 2,5: 3,1		
Wahlsystem	Kompensatorisches System: Sperrklausel 4%-5%			Proportional in kleinen Mehrpersonenwahlkreisen, Sperrklausel 7%				Proportional in kleinen Mehrpersonenwahlkreisen, Sperrklausel 3-8%		
Wahlbeteiligung	65,1	68,9	98 Orbán	62,3	43,2	52,0	47,9	86,2		76,1
Regierungen	V/90 Antall altern.	VII/94 Horn HSP-ADF altern.		IX/89 Mazowiecki I/91 Bielecki	XII/91 Olszewski Rechts-Koal. VII/92 Suchocka 7 Parteien altern.	X/93 Pawlak III/95 Oleksy I/96 Cimoszewicz altern.	XI/97 Buzek AWS, UW	VI/91 Roman X/91 Stolojan	XI/92 Vacaroiu I/95 umbildung	XII/96 Ciorbea CDR, USD, Ungarnverband IV/98 Vasile PNT, CD

3.4 Der Cleavage-Ansatz

	Rußland		
	1993	1995	1999
Forum	Yabloko 7,8	6,8	5,9
Christdemokraten			
Liberal Konservative	zentristisch		Jedinstvo Medved. Otchestvo 23,2
Sozialdemokraten		3,9	8,6
Reform Kommunisten	SPS Sojuz Pravych Rossija 15,5 12,4	22,3 Komm. 4,5	24,2 2,2
Ökologische Parteien			
National Konservative	LDPR 22,9	11,2	6,0
Ethnische oder regionale Parteien	Agrarp. 8,6	3,8	-
Funktionale Gruppen	Frauen 8,1 Rentner	4,6	2,05 1,9
Wahlsystem	Grabensystem; Klausel 5%		
Wahlbeteiligung		64,7	61,5

1st: votes; 2nd: seats in percent

4. Der Wandel der Parteiorganisation

Mit dem Abbau soziologischer Deduktionen der Parteien aus verfestigten und "eingefrorenen" Cleavages kam die Parteiorganisation wieder stärker ins Blickfeld, die in der frühen Parteiforschung von Michels und Ostrogorski bis zu Duverger dominant gewesen war. Die behavioralistische Revolte hatte sich totgesiegt. Die Ableitung des Parteiensystems aus den kleinen Verschiebungen der Wählerblöcke starb zwar nicht aus, blieb aber auf das Kommentiergeschäft an Wahltagen konzentriert. Die historischen Typologien der Party-Change-Literatur konzentrierte sich auf die organisatorischen Beziehungen im Dreieck von Parteieliten, Parteiorganisation und Wählergefolgschaft. Den Organisationsformen der Parteien im Wandel kam dabei eine Schlüsselfunktion zu. Einige Kritiker sehen bereits eine neue Orthodoxie der Parteiforschung entstehen (Broughton/Donovan 1999: 259). Mitgliederschwund, Entkopplung der Parteien von den Verbänden, staatliche Subventionierung der Parteiorganisation und die Professionalisierung der Parteiführungen wurden zum Zentrum der Parteiwandel-Forschung.

1. Der Mitgliederschwund in den Parteien

Parteien haben im Gegensatz zu Interessengruppen kaum positive und negative Sanktionen in der Hand, um die Angehörigen der Zielgruppen, um die sie werben, zum Beitritt zu bewegen. Verbände können gelegentlich mit negativen Sanktionen wie "closed shop", "Solidaritätsbeitrag" oder sogar mit der obligatorischen Mitgliedschaft ihre Organisation stabilisieren. Eine Partei mit Zwangsmitteln gegenüber potentiellen Mitgliedern wäre in einer Demokratie ein Widerspruch in sich.

Für die Parteien läßt sich daher die "Logik des kollektiven Handelns", wie sie Olson (1968: 131) mit einer Theorie über die Anreize zur Förderung der Organisationsbereitschaft für die Verbände entwickelt, nicht ohne weiteres anwenden. Gleichwohl ist der Versuch gemacht worden, Olsons Modell auch auf die Parteien zu übertragen. Mit begrenztem Erfolg, da viele organisatorische Anreize, die Verbänden zur Verfügung stehen, bei den Parteien entweder fehlen oder allenfalls für die Führungskräfte, nicht hingegen für die Masse der Mitglieder von

4.1 Der Mitgliederschwund in den Parteien

Bedeutung sind. Nur die Parteieliten und Karrierebeamten haben auch materielle Interessen, die in der Parteipolitik gefördert werden können. Führungsposten in der Organisation hingegen sind wenig attraktiv. Parteifunktionäre werden weder besonders gut bezahlt, noch genießen sie ein hohes soziales Prestige. Die Amateure der Politik, die den Berufspolitikern noch immer Konkurrenz machen, sind zwar für ihre Wiederwahl auf die Partei zunehmend angewiesen, aber sie haben im System der repräsentativen Demokratie noch Freiheitsspielräume gegenüber der Partei- und Fraktionsorganisation. Amateur- wie Berufspolitiker haben im parlamentarischen System als Repräsentanten mehr Autonomie als die Führungskräfte anderer Großorganisationen in Industrie, Bürokratie oder Verbänden.

Max Webers Unterscheidung von *Weltanschauungs- und Patronageparteien* war auf eine Typologie der für den Parteibeitritt vorherrschenden Motive gegründet. Die Unterscheidung ist jedoch weniger brauchbar, als sie Anfang des Jahrhunderts schien. Reine Patronageorganisationen sind heute selbst die amerikanischen Parteien nicht mehr zu nennen, seit sich die amerikanische Verwaltung zunehmend professionalisiert hat. Reine Weltanschauungsparteien sind ebenfalls seltener geworden. Es gibt heute weniger relevante Parteien, die von der Teilhabe an der Regierungsgewalt grundsätzlich ausgeschlossen sind wie einst die Arbeiterparteien. Auch ehemals klassische Weltanschauungsparteien haben neben der Ideologie für ihre Mitglieder auch zunehmend Karrierevorteile zu bieten, mit Ausnahme der Kommunisten in den meisten Ländern.

Die Unterscheidung von Weltanschauungs- und Patronageparteien war mit einer weiteren Typologie verbunden gedacht, mit der Unterscheidung von *Mitglieder- und Wählerparteien*. Auch diese Gegenüberstellung ist inzwischen weniger leicht vorzunehmen. Die einstigen "Herrschaftsparteien" mußten unter dem Druck der Konkurrenz von links in den meisten Ländern Mitgliederparteien werden. Die Honoratiorenpartei, als bloße Wählervereinigung organisiert, ist im Rückzug begriffen.

Der Begriff des Mitgliedes kann bei Parteien weniger klar abgegrenzt werden als bei anderen Großorganisationen. Parteien sind im Vergleich zu Bürokratien oder Verbänden wenig durchstrukturierte und bürokratisierte Systeme. Ihre Systemgrenze ist instabil und fließend. Mitglieder und Nichtmitglieder sind weniger strikt zu scheiden als in anderen Organisationen. Parteien gehören zu den seltenen sozialen Gebilden, die ihren Hauptzweck, die Mobilisierung der Bürger für die Wahlen, in der Regel weder ausschließlich mit der Arbeitskraft noch mit der finanziellen Opferbereitschaft ihrer Mitglieder allein erfüllen können. Sie können es sich daher leisten, die Grenzen der Mitgliedschaft fließend zu halten. Bei Großspendern für die Parteien führt der Wunsch nach Anonymität sogar dazu, daß die finanziell einsatzbereitesten Bürger vielfach keine formelle Mitgliedschaft in der Partei anstreben.

Eine eindeutige Abgrenzung von Mitgliedern und Nichtmitgliedern wird meist in den Statuten der Parteien versucht. Die offene Systemgrenze zeigt sich selbst in bezug auf das staatliche Territorium. Nicht wenige Parteien in liberalen Demokratien stehen auch Ausländern offen. Nationalistische Parteien waren darin gelegentlich weniger tolerant. Die irische Fianna Fáil verlangt nur "Verbindung zu Irland durch Geburt, Aufenthalt oder Abstammung von irischen Eltern", die Fine Gael hingegen ist nur irischen Staatsbürgern zugänglich (Lagoni 1973: 112ff). Rechtlich gesehen stieß die Gewährung von Partizipationsrechten in Parteien an Ausländer in vielen Ländern – auch das klassische Einwandererland der USA nicht ausgenommen – noch immer auf große Bedenken in der juristischen Literatur (von Katte 1980).

Die striktesten Unterschiede zwischen Mitgliedern und Nichtmitgliedern fanden sich lange bei kommunistischen Parteien. Nur sie vertraten vielfach noch eine effektive, zentral gesteuerte Rekrutierungspolitik. Bei den meisten Parteien ist die Praxis der Mitgliederwerbung mangels landesweiter Durchorganisation der Partei für die Zentrale kaum kontrollierbar. Selbst über die Zahl der Mitglieder der Ortsvereine und Basiseinheiten sind die Parteizentralen überwiegend unzureichend informiert. Die weitverbreitete Praxis, die Delegierten für Parteitage nach der Mitgliederzahl der Sektionen zu bemessen, führte nicht selten zu überhöhten Mitgliederzahl-Meldungen an die Parteizentralen. Die Zahlenerfassungsmethoden sind in den Parteien vielfach noch archaisch. Datenverarbeitung fand erst spät Eingang in die Parteiorganisation. Liberale Parteien, die der Bürokratisierung von der Ideologie her den stärksten Widerstand entgegensetzen, haben daher gelegentlich darauf verzichtet, ihre zentrale Kartei zu verbessern, und verlassen sich für Detailinformationen lieber auf gezielte Umfragen unter ihren Mitgliedern (Larmour 1964: 22; Morsey 1963: 600f).

Mitgliederzahlen der bürgerlichen Parteien im Zeitalter der ideologisierten Massenparteien vor dem Zweiten Weltkrieg – und bei nicht wenigen auch in der Zeit nach dem Zweiten Weltkrieg – sind nur schätzungsweise bekannt geworden. Systemtragende Parteien wie die Radikalen Frankreichs gaben Zahlen zwischen 70000 und 120000 Mitgliedern an, und das Zentrum in der Weimarer Republik propagierte meist nur das Ziel von 1 Million Mitgliedern. Es war jedoch kaum zu erfahren, um wieviel der Ist- unter dem Sollbestand geblieben ist. Die Konservativen Großbritanniens, die schon zwischen den Kriegen über 2 Millionen Mitglieder hatten und die nach dem Zweiten Weltkrieg mit ca. 1,5 Millionen Mitgliedern nach den italienischen Christdemokraten die zweitstärkste bürgerliche Partei Europas darstellten, ließen sich ungern in die Mitgliederkarten schauen. Ein Kenner kam zu dem süffisanten Schluß, daß nicht nur Geheimhaltungswünsche hinter dieser Diskretion steckten: "Die Konservativen geben nicht vor zu wissen, wie viele Mitglieder sie haben." (R. Rose 1974). Nicht einmal die Royal

4.1 Der Mitgliederschwund in den Parteien

Commission über "Financial Aid to Political Parties", die offiziell die Leistungsfähigkeit der britischen Parteien untersuchte, erhielt Einblick in die Mitgliederstruktur der Konservativen. Erhebungen bei den Ortsvereinen mußten Informationen von der Zentrale kompensieren. Dabei zeigte sich, daß die Ortsvereine mit ca. 2400 Mitgliedern im Durchschnitt stärker waren als bei der Labourparty, die nur jeweils etwa 500 Mitglieder hatten, obwohl die Statuten ein Minimum von 1000 Mitgliedern vorsahen. Die Labourparty hingegen publizierte alle Jahre Mitgliederzahlen, die Vertrauen erwecken, da sie Details enthalten wie die Aufschlüsselung nach Geschlecht und nach kollektiven und individuellen Mitgliedern. Die Parteienfinanzierungskommission und andere Experten haben gleichwohl Zweifel an den Zahlen angemeldet. Sie sahen vor allem die Angaben über die individuellen Mitglieder als überhöht an. Eine relativ gewissenhafte Buchhaltung über die Mitgliedschaft, wie sie bei den Parteien Schwedens und der Bundesrepublik üblich sind, ist in westlichen Demokratien die Ausnahme. Die verläßlichsten Zahlen besitzen wir über sozialistische Parteien. Die Christdemokraten publizieren Mitgliederzahlen regelmäßiger als die meisten konservativen und liberalen Parteien.

Die Parteileitung der straff organisierten kommunistischen Parteien dürfte in den meisten Fällen über ihre Mitgliedschaft am besten informiert sein. Aber viele Parteien umgaben die Zahlen mit dem Schleier der Geheimhaltung. Wo dies nicht geschah, wie in Frankreich, sind die Zahlen gleichwohl angezweifelt worden, weil die Kluft zwischen ausgestellten und bezahlten Mitgliedskarten erfahrungsgemäß groß ist. Seit die kommunistischen Parteien der romanischen Länder zu Protestwählerparteien auch für Wähler mit nichtproletarischem sozialen Hintergrund wurden, hat die Fluktuation der Mitgliedschaft gewaltig zugenommen. Die rigorosen Organisationsprinzipien des demokratischen Zentralismus sind gegenüber vielen Mitgliedern nicht mehr so leicht durchsetzbar, was die Mitgliederstatistik weniger zuverlässig gestaltet.

Angesichts der schwankenden Datenbasis ist es nicht verwunderlich, daß die Wissenschaft sich mit der Entwicklung der Mitgliedschaft in Parteien im vergleichenden Maßstab kaum befaßt hat. Da es in Amerika eine formelle Parteimitgliedschaft mit Parteibuch und Beitragszahlung nicht gibt, war auch die dominante amerikanische Parteienforschung an diesem Thema wenig interessiert. Erste Versuche einer vergleichenden Analyse der Mitgliederbewegungen kamen nur zur Widerlegung gängiger Annahmen, aber kaum zu neuen gesicherten Ergebnissen, und beschränkten sich meist auf die sozialistischen Parteien, für die die Daten vergleichsweise am leichtesten erhältlich sind. (Paterson/Thomas 1977: 432ff; Pelinka 1980: 48ff). Die meisten Längsschnittstudien über Zusammenhänge zwischen Parteimitgliedern, Wahlergebnissen und ökonomischen Entwicklungsdaten sind zu pauschal, weil sie die Perioden nicht einzeln untersuchen, um genauer neuere Trends zu analysieren. Bartolinis (1983) umfassender Test der verbreitetsten Hypothesen war eine erste rühmliche Ausnahme. Vergleiche der Zahlen über christdemokratische, sozialistische und kommunistische Parteien zeigen, daß die Parteimitglieder mehr der Fluktuation unterliegen als die Zahl der Wählerstimmen. Aber entgegen weitverbreiteten Annahmen wuchs die Mitgliedschaft in Parteien nicht so sehr in der Krise wie in Zeiten des Aufwärtstrends. Quantitative Vergleiche sind problematisch, weil sie die parteiinternen Konflikte kaum quantifizieren können. Bei Spaltungen, internen Konflikten, aber auch bei Fusionen von Parteien, ist die Mitgliedschaft den Empfehlungen der Parteiführer vielfach nicht gefolgt. Auch in den Fällen, wo die Parteien von bestandsgefährdenden inneren Konflikten verschont blieben, unterliegt die Entwicklung der Mitgliedschaft großen Schwankungen. Für die Parteien ist die Analyse der Mitgliederbewegungen zunehmend wichtiger geworden, weil es reine Wählerparteien kaum mehr gibt. Mitgliederschwund wird von den Parteien als Vorwarnung gesehen, da der politisch interessierte Teil der Bürger, der einer Partei beitritt, in der Regel sensibler als das Gros der Wählerschaft auf politische Klimaveränderungen reagiert.

Die Zahl der aktiven Parteimitglieder steht in Beziehung zur Fähigkeit einer Partei, Wähler für sich zu mobilisieren. Das zeigt sich im internationalen wie im innerstaatlichen Vergleich von Wahlresultaten. Die Mitgliederdichte spielt vor allem in Wahlkämpfen mit starker Mobilisierung der Wähler eine Rolle. Die differenziellen Kontakte vieler Parteiaktivisten sind in Lokalwahlstudien als entscheidender angesehen worden als die Materialschlachten mit sonstigem Werbematerial. Der defensive Wert hoher regionaler Mitgliedschaften scheint noch größer zu sein als der offensive. Bei Einbrüchen neuer Parteien haben die etablierten Parteien sich am besten in ihren Mitgliederhochburgen gehalten. Eine plötzliche Abnahme der Mitgliedschaft erwies sich daher in alten Hochburgen als ein besonders alarmierendes Signal, wie man am Niedergang der DC-Mitgliedschaft in Italien gezeigt hat. Im ganzen hat sich jedoch auch die DC in der Phase abnehmender Mitgliedschaft am besten in den Gebieten behauptet, in denen sie eine überdurchschnittliche Mitgliederdichte aufwies wie im Mezzogiorno und auf den Inseln. Auch in vergleichenden Studien, die Länder mit und ohne formelle Parteimitgliedschaft umfaßten, zeigte sich, daß starke institutionelle Bande zwischen Parteien und ihren Mitgliedern ein Vorteil bei der politischen Aktivierung der Wählerschaft sind. Die modernen Massenparteien haben auch ohne Stütze solcher wissenschaftlichen Befunde überwiegend nach der Hypothese gehandelt, daß eine hohe Mitgliederdichte sich in Vorteile bei der Wählermobilisierung umsetzt. Sie haben daher in der Ära de Massenparteien mehr Interesse an der Mitgliederwerbung behalten, als es den entideologisierten Volksparteien in der Literatur vielfach unterstellt worden ist.

4.1 Der Mitgliederschwund in den Parteien

Die Entwicklung der Mitgliedschaft von Parteien ist mit vielen Thesen erklärt worden, die sich immer dann als einseitig oder falsch erwiesen, wenn sie nur einen Faktor zur Erklärung heranzogen. Die wichtigsten Faktoren, welche die Bereitschaft der Wähler, Mitglieder in Parteien zu werden, beeinflussen, sind die folgenden:

(1) Vor allem bei marginalen Parteien in ihrer Anfangsphase spielte die *Binnenstruktur* der Partei eine Rolle. Der Versuch, die "organisatorische Produktivität" von Parteien auf die Binnenstruktur mit einer These über kollektives Lernen als "logarithmische Transformation des kumulativen Votums der Parteiorganisationen" zu begreifen (Wellhofer 1979: 215) führt nur zu begrenzten Einsichten. Er ist überhaupt nur anwendbar in Ländern mit großer Kontinuität des politischen Lebens wie in Großbritannien und in den skandinavischen Ländern. Für die meisten Parteiensysteme des Kontinents, in denen die Binnenstruktur der Parteien durch Einwirkung von außen, durch soziale Unruhen oder verlorene Kriege und Kontinuitätsbrüche vielfach gestört worden ist, zeigt ein flüchtiger Blick in die Tabellen, daß der innerorganisatorische Ansatz, der relativ geradliniges Wachstum erklärt, wenig aussagekräftig ist.

Innerorganisatorische Strukturmerkmale in Verbindung mit einer Ideologie, die die Wahl des Organisationstyps durch die Partei mitbedingt, haben jedoch durchaus einen modifizierenden Einfluß auf die Mitgliederentwicklung: Parteien mit *indirektem Aufbau* und mit kollektiven Mitgliedschaften waren weniger Schwankungen in ihrem Mitgliederbestand ausgesetzt.

Der *Organisationsgrad* – der Prozentsatz der Wähler, die Mitglieder einer Partei sind – gilt traditionell als höher in ideologisierten, straff geführten *Weltanschauungsparteien* als in pragmatischen Patronageparteien unter der Führung von lockeren Komitees. Wo korporative Strukturen die Parteien durchdrangen, konnten selbst liberale Parteien einen überdurchschnittlich hohen Organisationsgrad erreichen wie die FPÖ in Österreich (mit 13,7%). *Kollektive Mitgliedschaften* von Gewerkschaften in Arbeiterparteien (Großbritannien, Norwegen, Schweden bis in die 90er Jahre) oder indirekte Organisation durch Existenz wichtiger Zubringerorganisationen (z. B. Bauernorganisationen für die finnische Zentrumspartei, Organisationsgrad 61%) führten überall im internationalen Vergleich zu den höchsten Organisationsgraden. Der Preis für einen hohen Organisationsgrad dieser Art war allerdings, daß es vielfach zu Konflikten zwischen den einzelnen Mitgliedern und den Stimmführern der Kollektivmitglieder kam (Minkin 1980), wie sich an der Labourparty zeigen läßt. Folgerichtig hat in der Ära Blair in den 90er Jahren eine Bewegung des Disengagement von Partei und Gewerkschaften eingesetzt.

(2) *Materielle Anreize* spielen bei den Motiven zum Parteibeitritt eine geringere Rolle als bei Interessengruppen. Parteien haben im Gegensatz zu manchen Verbänden kaum die Möglichkeit, bestimmte materielle Vorteile nur ihren Mitgliedern zugutekommen zu lassen. Allenfalls "Tammany Hall" und die demokratische Parteimaschine in den Einwandererstädten Amerikas im 19. Jahrhundert – wie sie Ostrogorski (1984) in degoutierten Tönen beschrieben hat – waren lupenreine Patronageorganisationen. Sie boten Vorteile nicht nur für politische ehrgeizige Eliten, sondern von der Arbeits- bis zur Wohnungsbeschaffung eine Fülle von Dienstleistungen für ihre Mitglieder. In der Regel haben die Parteien als positive Sanktionen nur die Ämterpatronage anzubieten. Patronage als Anreiz zur Unterstützung einer Partei hat dort die größte Bedeutung, wo zahlreiche staatliche Ämter durch Wahlen vergeben werden, so daß ganze Sektoren der beruflichen Mobilität über ein Parteiticket zugänglich sind. In den USA hat die demokratische Ämterwahl jedoch gerade nicht zu festen Formen der Mitgliedschaft geführt, wie sie sich in Europa entwickelten. Der Großspender im stillen – der "fat cat giver" mit politischen Ambitionen – spielt noch im *20. Jahrhundert* eine wichtige Rolle, auch ohne die Entwicklung förmlicher Parteimitgliedschaften. Unter Nixon war das Patronageelement im Wahlkampf besonders stark ausgeprägt. Nach der Wahlkampagne von 1972 wurden von 116 Botschafterposten 36 von Nichtkarrierebeamten eingenommen. Unter ihnen hat man *23* Großspender für die Republikanische Partei gezählt (Alexander 1976: 87).

Die Patronage kann jedoch auch in Amerika die Bereitschaft zur Parteiidentifikation als massenhaftes Geschehen nicht erklären. Wären Patronagegesichtspunkte ausschlaggebend, so müßte die Bereitschaft, die Parteien zu unterstützen, angesichts der Vermehrung der erreichbaren Ämter wachsen. Das Gegenteil davon ist der Fall.

Es gehörte zu den Topoi der Parteientypologie, daß in der europäischen Weltanschauungspartei die Patronage als Motiv zum Parteibeitritt nicht die gleiche Rolle wie in Amerika spielte. Patronagegesichtspunkte motivieren hier allenfalls die Aktivisten der Partei, die ein Surplus-Engagement in Wahlkampforganisationen und Mobilisierungskampagnen erbringen. Die Bedeutung der Patronage für die Mobilität einzelner Karrieren hat in einigen Ländern Europas – wie in der Bundesrepublik seit 1969 – zugenommen. Das heißt jedoch nicht, daß früher die Ämtervergabe gänzlich von politischen Erwägungen losgelöst war. In der Adenauer-Ära ließ sich die Loyalität der Beamten zur herrschenden Koalition aufgrund eines geringeren Politisierungsgrades der Gesellschaft noch durch formell nicht an die Partei gebundene "Nahesteher" sichern. Daher stach die SPD-Politik unvorteilhaft von der älteren Praxis ab. Die Klagen darüber verdeckten jedoch meist die Tatsache, daß vor 1969 informellere Mechanismen der Loyalitätssicherung wirksam waren. Die sozialistische Partei Frankreichs wuchs (nach eigenen

4.1 Der Mitgliederschwund in den Parteien

Angaben) von März bis Dezember 1981 um 25% von ca. 225 000 auf 300 000 Mitglieder. Patronage-Erwägungen mögen auch bei dieser Beitrittswelle partiell eine Rolle spielen.

Auch bei wachsender Patronage kann diese die Schwankungen der Mitgliederentwicklung nur partiell erklären. In der Bundesrepublik gab es nach 1969 einen Zustrom von Beamten und Angestellten in die neuen Koalitionsparteien. Er hielt jedoch Ende der 70er Jahre nicht an, obwohl die Koalition an der Macht blieb und ihre Patronagemacht damit ungebrochen erschien. In Ländern, in denen Relikte der Proporzdemokratie vielfach zur doppelten Besetzung wichtiger Ämter an die Inhaber der beiden großen Parteien führten (Österreich), oder wo im staatlichen Sektor und im halbstaatlichen "sottogoverno" sich ein "historischer Kompromiß" in der Ämterverteilung anbahnte, noch ehe dieser als förmliche Bündnisstrategie akzeptiert war (Italien), konnten Patronagegesichtspunkte die Höhe der Mitgliedschaft in den Parteien partiell erklären helfen. In anderen Ländern hingegen, in denen die traditionellen Säulen der Gesellschaft und ihr organisatorischer Arm in den großen Verbänden der Hauptbezugspunkt des politischen Prozesses blieben, spielte die Parteizugehörigkeit für die Erlangung von Ämtern eine vergleichsweise geringe Rolle (Niederlande). Die Organisationsbereitschaft der Bevölkerung in den Parteien lief nicht immer parallel zum Organisationsgrad in den großen Interessengruppen. In Ländern mit hohem Organisationsgrad in den Interessengruppen ist die Mitgliedschaft der Parteien gelegentlich eher bescheiden (Belgien, BRD, Niederlande). In anderen Ländern ist der Organisationsgrad in beiden Bereichen relativ gering (Frankreich).

(3) Der *ideologische Faktor* erklärt die Fluktuation der Parteimitgliedschaft in Europa in den meisten Perioden der Parteiengeschichte besser als der Faktor "Ämterpatronage". Linke Parteien wiesen generell einen höheren Organisationsgrad als bürgerliche Parteien auf. Die christdemokratischen Parteien sind jedoch in einigen Ländern in ihrer Mobilisierungskraft auch im Mitgliederbereich an die Sozialisten herangekommen, vor allem dort, wo die Katholiken sich als Minderheit fühlten, wie in Holland, wo die KVP zwischen den Kriegen einen Organisationsgrad von über einem Viertel aufwies (Beaufays 1973). Der starke Einfluß ideologischer Motivation zum Parteibeitritt zeigt sich bei demokratischen Neuanfängen in vielen europäischen Ländern. Für Deutschland galt dies am Anfang der Weimarer Republik, wo selbst die bürgerlichen Parteien (DDP, DVP, DNVP) 1919/20 mit 15–20% Organisationsbereitschaft ihrer Wähler an den Organisationsgrad der linken Parteien heranreichten (SPD 19,5%, USPD 17,3 %, KPD 13,8 % im Jahre 1920). Selbst die NSDAP hatte zu Beginn ihrer Erfolgswelle jedoch eher eine durchschnittlich hohe Mitgliedschaft (1930: 4,7%, 1932: 8,8%) (Nipperdey 1964: 398ff). Sie erwies sich damit in ihren Anfängen weniger als eine

Partei ideologisch überzeugter Nationalsozialisten denn als Partei von Protestwählern. Nach den Erfahrungen forcierter Mobilisierung in der Zeit des Nationalsozialismus verhielten sich die Deutschen nach 1945 anders als 1919. Die Parteimitgliedschaften wuchsen in geringerem Maße als in anderen Ländern (wie z.B. in Italien). Zwei Drittel der Bevölkerung hatten laut Umfragen starke Vorbehalte gegenüber den politischen Parteien überhaupt. In Italien kam es nach der Errichtung der Republik zu einer Welle des Masseneintritts in die Parteien, die jedoch rasch wieder abebbte. Ähnliche Entwicklungen vollzogen sich Ende der siebziger Jahre in Spanien und in Portugal.

Daß die ideologische Mobilisierung entscheidender ist als Patronageerwartungen zeigte sich gelegentlich bei europäischen Massenparteien. Die Christdemokraten in der Bundesrepublik wurden erst in der Opposition, als sie weniger Ämter zu vergeben hatten, zu Mitgliederparteien. In Italien war die DC permanent an der Macht. Aber ihre größten Mobilisierungserfolge hatte sie 1969/70 während des heißen Herbstes, als ihre Position im System eher geschwächt erschien. Leider fehlen kontinuierliche Daten für die meisten christdemokratischen und konservativen Parteien, um die These an weiteren Fällen überprüfen zu können. Konservative Statusängste und "Tendenzwenden" in der öffentlichen Meinung nach einer linken Mobilisierungsphase können offenbar ähnlich stimulierende Wirkungen auf den Mitgliederbestand bürgerlicher Parteien haben wie die ideologisch motivierte Beitrittswelle zu den linken Parteien.

(4) *Wirtschaftliche Schwankungen* haben einen gewissen Einfluß auf den Organisationsgrad im Gewerkschaftsbereich und damit indirekt auch einen Einfluß auf gewerkschaftsnahe Arbeiterparteien, wie sich in Deutschland 1908 und 1913 zeigen läßt. Die Weltwirtschaftskrise, die den gewerkschaftlichen Organisationsgrad in fast allen Ländern beeinträchtigte, hingegen, hatte bei den Arbeiterparteien (außer in Österreich) einen geringeren Einfluß. Angesichts des ideologischen Anspruchs von sozialistischen Parteien müßte deren Mitgliedschaft bei Krisen wachsen. Aber schon Duverger (1977: 104) hat der weitverbreiteten Meinung widersprochen, daß Wirtschaftskrisen die Mitgliedschaft linker Parteien positiv beeinflussen. Das Wachsen der faschistischen Parteien nach dem Ersten Weltkrieg hat man ebenfalls mit Wirtschaftskrisen im Zusammenhang gesehen; mit Recht für die Weltwirtschaftskrise in Deutschland. Aus diesen Erfahrungen hat man nach den ersten Erfolgen der NPD in der ersten Wirtschaftskrise der Bundesrepublik 1966/67 allzu weitreichende Schlüsse auf den Zusammenhang von Neofaschismus und Wirtschaftskrise gezogen. Obwohl die Wirtschaftskrise ein Anwachsen der NPD Ende der sechziger Jahre mitbedingte, lassen sich keine Verallgemeinerungen daraus ableiten, da die späteren Krisen (1973/74; 1980/81)

4.1 Der Mitgliederschwund in den Parteien

bei den westdeutschen Wählern nicht die gleichen rechtsextremistischen Verhaltensweisen hervorriefen.

Der Einfluß wirtschaftlicher Faktoren auf die Mitgliederentwicklung läßt sich nicht für alle ideologischen Familien im Parteienspektrum verallgemeinern. Die sozialistischen Parteien entwickelten sich kontinuierlich nur dort, wo sie relativ früh zur Regierungspartei wurden (Skandinavien). Wo die Arbeiterbewegung durch fehlgeschlagene Generalstreiks geschwächt wurde wie 1909 in Schweden und 1926/27 in Großbritannien, kam es auch zu Einbrüchen in der Mitgliedschaft sozialistischer Parteien. In Großbritannien wurde diese Entwicklung durch die konservative Festschreibung der contracting-in-Regelung für Gewerkschaftsmitglieder in der Labourparty in ihren Auswirkungen noch verschärft. Diese Regelung zwang die Arbeiter, die zugleich mit der Gewerkschaft die Labourparty unterstützen wollten, dazu, dies förmlich zu erklären. Als die Labourparty nach dieser Niederlage 1945 erstmals an die Macht kam, und die contracting-out-Regelung wieder einführte (Gewerkschafter, die die Labourparty nicht unterstützen wollen, mußten die Initiative zum Austritt ergreifen, was vielfach unterblieb), stieg der Prozentsatz der Gewerkschafter, die automatisch Mitglied in der Labourparty blieben, sprunghaft von 48,5 % auf 90,6 % an. Die wirtschaftliche Entwicklung wirkt vielfach nicht unvermittelt auf die Organisationsbereitschaft in den Parteien ein. Rechtliche Regelungen (Großbritannien) oder Verschiebungen im Kräfteverhältnis zwischen Sozialisten und Kommunisten (Frankreich bis 1969 und Italien seit 1946) können die Mitgliederentwicklung in sozialistischen Parteien behindern. Zwar liegen wirtschaftliche Ursachen hinter solchen Trends, aber sie wirken kanalisiert durch institutionelle Faktoren.

Zur stärksten Beeinträchtigung der Arbeiterbewegung wurden die Weltkriege. In den kriegführenden Ländern nahm im Ersten Weltkrieg die Mitgliedschaft in sozialistischen Parteien ab (Deutschland, Frankreich, Österreich). In neutralen Ländern hingegen blieb sie konstant oder wuchs sogar (Niederlande, Norwegen, Schweden, Schweiz). In Großbritannien blieb der Aufwärtstrend für die Labourparty im Ersten Weltkrieg erhalten, im Zweiten Weltkrieg hingegen sank zumindest die individuelle Mitgliedschaft in der Partei. Bei den neutralen Ländern war der Trend im Zweiten Weltkrieg nicht mehr so klar wie im Ersten. In der Schweiz nahm die Zahl der Mitglieder in der sozialdemokratischen Partei ab – im Gegensatz zum Wählerverhalten im Ersten Weltkrieg. Offenbar wirkte sich die Einkreisung durch faschistische Mächte lähmend auf die Organisationsbereitschaft in Arbeiterparteien aus.

Am wenigsten generalisierbar erscheint die Mitgliederentwicklung in den Parteien, die die kontinuierlichste Rekrutierungspolitik betreiben, in den *kommunistischen Parteien*.

- Die *Binnenstruktur* der Partei, ihre Ideologie und ihre Organisationsprinzipien (Demokratischer Zentralismus) haben weit stärkeren Einfluß auf die Außenwirkung kommunistischer Parteien, als dies bei den Parteien, mit denen die Kommunisten konkurrieren, der Fall ist.
- *Ideologische Motive* spielen eine größere Rolle für den Beitritt als bei anderen Parteien. Kommunistische Parteien haben länger als andere Parteien mehr geboten als ein Feld der Betätigung für den politisch interessierten Bürger. Sie boten ein geschlossenes Weltbild mit Deutungen aller Lebenssituationen bis hinein in den privaten Lebensbereich. Eine erfahrbare Kameraderie verschworener Genossen stabilisierte die Gruppe und einzelne Mitglieder in einer als feindlich empfundenen Umwelt. Diese Faktoren müßten tendenziell den Trend zur lebenslangen Mitgliedschaft des Individuums mit sich bringen, das einmal der Partei beigetreten ist. Dennoch ist gerade die Mitgliedschaft kommunistischer Parteien besonders großen Schwankungen ausgesetzt, weil einige Faktoren einwirkten, die für die systemkonformen Parteien nicht in gleicher Weise existierten.
- Die Mitgliedschaft in kommunistischen Parteien schwankte mit den *Zyklen der Revolutionserwartung*. In den Jahren 1919/20, als die kommunistischen Parteien als Abspaltungen von sozialistischen Parteien entstanden, nahm die KP in vielen Ländern einen Aufschwung. Mitte der zwanziger Jahre verloren sie mit der Beruhigung der Konjunkturlage die Mehrheit ihrer Mitglieder (mit Ausnahme von Schweden).
- *Gescheiterte Generalstreiks* haben die Entwicklung kommunistischer Parteien noch stärker beeinträchtigt als die ihrer sozialistischen Konkurrenten.
- *Wellen der Repression* oder antizipierte Gefahren, wie sie in den dreißiger Jahren in vielen Ländern aufkamen, dezimierten die Mitgliedschaft kommunistischer Parteien, vor allem in Finnland, im Zweiten Weltkrieg sogar in der Schweiz und nach dem Verbotsantrag gegen die KPD in der Bundesrepublik.
- Kommunistische Parteien waren die einzigen, die durch Wellen der *Säuberung* ihre eigene Mitgliedschaft periodisch auf den zuverlässigen harten Kern reduzierten. Bedingung 13 verpflichtete alle Parteien, die in die Komintern aufgenommen werden wollten, zu Säuberungen und Neuregistrierungen.
- Da die kommunistischen Parteien sich bis in die siebziger Jahre mit der Sowjetunion als dem Vaterland der Revolution identifizierten (Bedingung 14 für die Aufnahme in die Komintern), wurden sie von den Mitgliedern vielfach für *Aggressionen der Sowjetunion* mitverantwortlich gemacht. 1956 (Ungarn-Aufstand), 1968 (Prager Frühling), 1979/80 (Besetzung von Afghanistan) kam es in manchen Parteien zu Massenaustritten. Am wenigsten wurde Finn-

land von solchen Trends erfaßt. In der Regel konnten jedoch die Parteien diesen Mitgliederverlust nach wenigen Jahren wieder wettmachen.

Der Vergleich der Mitgliederbewegungen in kommunistischen Parteien wurde erschwert durch die Relikte der Geheimbundmentalität in vielen Parteien, die dazu führte, daß die Mitgliederzahlen nicht veröffentlicht wurden, obwohl kaum eine andere Partei so gute Informationen über ihren Mitgliederstand besitzt, weil kaum eine andere Partei so zentralistisch strukturiert war. Selbst in kommunistischen Parteien, die im Prinzip keine "Karteileichen" duldeten, gab es Unklarheiten über den Begriff der Mitglieder, so in Ländern wie Frankreich und Italien, in denen die Kommunistische Partei Zahlen veröffentlicht. In Frankreich gab es eine Differenz zwischen ausgestellten Karten (556 170) und den Karten, die abgeholt und bezahlt wurden (491000), die auch von den Parteiführern nicht verschwiegen wurde (Elleinstein 1976: 96). In Ländern, in denen die Kommunistische Partei noch im Aufbau war, wie in Spanien, wurden Zahlen veröffentlicht, die um 100% differierten. Die Tendenz, Mitgliederzahlen nicht exakt anzugeben, hing bei einigen kommunistischen Parteien vermutlich auch mit ihrer ideologischen Vorstellung zusammen, daß die Entwicklung zum Sozialismus zwangsläufig ist. Es können eigentlich nur sukzessive Fortschritte gemeldet werden. Um die großen Schwankungen nicht zugeben zu müssen, werden daher nur sporadisch relativ pauschale Zahlen genannt.

Kommunisten haben zudem ein ambivalentes Verhältnis zur Mitgliederzahl. Einerseits wurde ein hoher Organisationsgrad vielfach als Beweis für die Verbundenheit der Partei mit den Massen angesehen. Andererseits zwang die Avantgarde-Konzeption der Partei die orthodoxeren marxistisch-leninistischen Parteien, den kampferprobten, ideologisch zuverlässigen Aktivisten höher einzuschätzen als die Gewinnung zahlreicher, wenig klassenbewußter Mitläufer. Diese Avantgardekonzeption in der Rekrutierungspolitik wurde in den eurokommunistischen Parteien gemildert. Sie hielt sich jedoch um so stärker, je weniger Aussichten eine Partei hatte, durch Konzessionen an die Wählermassen ihren Einfluß in den Zentren der Macht der bürgerlichen Demokratie zu vergrößern.

Vor allem in den romanischen Ländern wurde der schwach organisierten Honoratiorenpartei das organisatorische Engagement klassenbewußter Aktivisten entgegengesetzt. Der militante Aktivist bewährte sich durch seine Ergebenheit gegenüber der Partei und durch seine ideologische Linientreue. Sein Überengagement zeitigte jedoch gelegentlich für das Wachstum der Mitgliedschaft paradoxe Folgen. Die Partei glich einer binnenorientierten verschworenen Gemeinschaft, die weit mehr emotionale Bedürfnisse zu befriedigen suchte als andere Parteien. Trotz aller Rhetorik, die auf die Gewinnung der Massen gerichtet ist, wurden faktisch eher die indoktrinierten Mitglieder als Zielgruppe anvisiert. Das hohe Engagement der Aktivisten führt in einigen kommunistischen Parteien zur Überforderung der Beitrittswilligen. Die hohe Fluktuation von Protestwählern in den kommunistischen Massenparteien der romanischen Länder hängt vermutlich auch damit zusammen, daß neugeworbene Protestwähler durch die täglichen Mobilisierungsversuche der Partei überfordert werden und ihre Mitgliedskarten nicht erneuern.

Somit kam es zu einem weiteren Paradoxon, das der egalitären Ideologie kommunistischer Parteien widerspricht, nämlich zur Ausdifferenzierung der Einstellungen des Durchschnitts der Mitglieder und der "militants". Gerade in den romanischen Ländern folgten immer mehr der Protestwähler und Mitglieder den *Aktivisten* immer weniger auf einem dogmatischen oder gar einem revolutionären Weg. Schon in den fünfziger Jahren, als die Revolutionsmystik noch ungebrochener als heute schien, haben nur 19% einer Gruppe von Arbeitern in Frankreich und nur 16% einer Gruppe von Arbeitern in Italien, die interviewt wurden, revolutionäre Änderungen von der Partei erwartet (Tannahill 1978: 185). Die Schere zwischen Überzeugungen und Erwartungen der aktiven Mitglieder für kommunistische Parteien ist für kommunistische Parteien weiter gewachsen. Sie führte bei hoher Organisationsbereitschaft eines Teils der Intellektuellen und der Jugend nicht zur konstanten Mitgliederentwicklung für die Parteien. Kommunistische Parteien wurden auf ihre Weise zu "linken Omnibusparteien", in denen man für eine Weile mitreist, um später wieder auszusteigen. Protestparteien gerieten somit auch in den Sog der Volksparteien. Sie blieben auf die Funktion einer Art von "Durchlauferhitzer" beschränkt, dem nicht die Wärme des politischen Dauerengagements folgt.

Für alle Parteien mußten die alten, meist ideologisch bedingten Verallgemeinerungen über die Bedeutung eines hohen Organisationsgrads relativiert werden. Sozialistische Parteien hatten in frühen Epochen generell einen höheren Organisationsgrad als in ihrer gemäßigten Phase eines "Regierungssozialismus" (SPD 1914: 26%, 1931: 12%, 1979: 6%). Linke Nostalgie trauerte vielfach dem hohen Organisationsgrad alter Klassenparteien nach und führte die sinkende Organisationsbereitschaft der Arbeiterschaft auf den "ideologischen Revisionismus" zurück. Diese These läßt sich nicht halten. Gemäßigte Arbeiterparteien in Großbritannien und Schweden haben den höchsten Organisationsgrad erhalten können. Vergleiche mit anderen Parteien sind jedoch aufgrund der kollektiven Mitgliedschaften von Gewerkschaftern in beiden Parteien nicht ganz fair. Auch in Ländern, in denen keine kollektiven Mitgliedschaften von Gewerkschaften in Arbeiterparteien den Vergleich erschweren, gab es strukturelle Differenzen, die den Befund nicht generalisierbar machen. In Systemen, in denen zwei Volksparteien sich in mehr als 80% der Wahlbürgerschaft teilen, ist

4.1 Der Mitgliederschwund in den Parteien

der Organisationsgrad in der Regel niedriger als in Vielparteiensystemen mit versäulten Mittel- und Miniparteien.

Aus der Tatsache, daß der Organisationsgrad in vielen Ländern gesunken ist, wurde vielfach vorschnell auf den *Niedergang der Parteien* geschlossen. Nicht selten wurde den Parteien ein abnehmendes Interesse an der Rekrutierung neuer Mitglieder unterstellt, weil sie für die Parteienfinanzierung nicht auf die Beiträge der Mitglieder angewiesen seien. Die Zahlen über das sinkende Parteiengagement müssen aus vier Gründen vorsichtig behandelt werden:

- Die Einführung *einheitlicher Kriterien für Mitgliedschaft und modernisierte Erfassungsmethoden* bis hin zur elektronischen Datenverarbeitung bewirkte, daß in einigen Ländern die Ortsvereine und Sektionen nicht mehr wie früher überhöhte Zahlen melden konnten.
- In vielen Ländern sinkt der Organisationsgrad selbst dann, wenn die Mitgliedschaft in *absoluten Zahlen* noch zugenommen hat (Finnland, z.T. Schweden). Es läßt sich lediglich geltend machen, daß die Zunahme der Parteimitglieder nicht mit dem Wachstum der Bevölkerung Schritt gehalten hat.
- Die *Senkung des Wahlalters* auf 18 Jahre in vielen westlichen Demokratien ist in ihrem Einfluß auf den Organisationsgrad bisher nicht berechnet worden. Manches spricht dafür, daß außer vorübergehend bei den Protestparteien der Organisationsgrad durch die Wahlberechtigung von mehr Jugendlichen, die noch kaum in das etablierte Parteiensystem integriert erscheinen, sinkt.
- Während ein großer Teil der Jugend für die Parteien bisher als Mitglied nicht geworben werden konnte, wird zutreffend argumentiert, daß der Organisationsgrad der Parteien noch geringer wäre, wenn die Mitglieder der Parteien nicht im Durchschnitt eine starke *Überalterung* aufwiesen. Die Altersstruktur der Parteien muß daher für die Trendanalyse mit herangezogen werden. Die alte Hypothese, daß Sozialisten überaltert seien, während die Kommunisten jüngere Leute anzögen, läßt sich anhand des Vergleichs von Altersstrukturen der kommunistischen Parteien der romanischen Länder heute nicht mehr halten. Die vorübergehende Hinwendung großer Teile der Jugend zu linkssozialistischen, maoistischen, libertären und ökologischen Gruppen hatte auch den kommunistischen Parteien das Image genommen, Parteien der Jugend zu sein. Für weiterreichende Verallgemeinerungen sind jedoch die Daten über die Altersstruktur der Parteien bisher zu lückenhaft. Selbst in Ländern, in denen die Parteimitgliedschaft nicht drastisch sank, hat man schon für die sechziger Jahre festgestellt, daß bei den norwegischen Sozialisten nur noch 15% der Mitglieder von 1961 zehn Jahre später noch immer Mitglieder gewesen sind

(Selle/Svåsand 1991: 463). Lebenslange Parteimitgliedschaft ist in der postmodernen Ära der professionellen Parteien zur Ausnahme geworden.

Diese Gegengründe reichen jedoch im ganzen nicht aus, um einige Anzeichen für den organisatorischen Niedergang von Parteien in manchen Ländern zu bagatellisieren:

(1) Die Parteien als Organisationen haben abnehmende Bedeutung überall da, wo sie nicht zu *zentralisierten Organisationen* zu werden vermochten, auf die jeder Abgeordnete zu seiner Wiederwahl angewiesen ist. In den USA hat auch der Föderalismus als Barriere gegen den Aufbau zentralisierter Organisationen gewirkt, während die Parteien in anderen Bundesstaaten eher zu Agenturen des Zentralisierungsprozesses wurden (BRD, Österreich).

(2) In Amerika haben die *Vorwahlen* die Parteien als Organisation eher geschwächt. Viele Kandidaten brauchen die Partei für ihre Wiederwahl kaum noch. *Die Reform des Aufstellungsprozesses der Präsidentschaftskandidaten* in der Demokratischen Partei 1968 hat die Kandidaten gestärkt, und die County- und Staatenorganisationen einerseits und die Gewerkschaften andererseits im Selektionsprozeß geschwächt. Die Stärkung der nationalen Partei trug paradoxerweise zur Fragmentierung der Macht im Kandidatenaufstellungsprozeß bei, weil die Amtsbewerber gegenüber lokalen und regionalen Parteiorganisationen gestärkt wurden. Die Klubs und Bürgerbewegungen sowie die Aktivisten für "new politics" arbeiteten lieber mit genehmen Kandidaten als mit Parteiorganisationen zusammen.

(3) Die *Referendumsdemokratie,* vor allem in der Schweiz, hat eher die Interessengruppen als die Parteiorganisationen gestärkt. Die Verbände erwiesen sich für die Mobilisierung bei Volksgesetzgebungsinitiativen vielfach effizienter als die Parteien, denen durch Rücksichten auf die Partner im Proporzkartell vielfach die Hände gebunden sind.

(4) In allen westlichen Demokratien hat der *direkte Kontakt der politischen Eliten zu den Wählern über die Medien* die Sozialisations- und Mobilisierungsfunktion der Parteien partiell geschwächt. Der politisch interessierte Bürger muß in einer modernen Demokratie nicht mehr Parteimitglied sein, um sich über Ziele und Arbeit der Parteien zu informieren. Die Ausdifferenzierung der Möglichkeiten, die Freizeit zu gestalten, und die Reizüberflutung des modernen Menschen im unpolitischen Bereich, haben die Bereitschaft vieler Bürger zum politischen En-

4.1 Der Mitgliederschwund in den Parteien

gagement ebenfalls geschwächt. Die Partizipationsbereitschaft ist bei den Bürgern begrenzt und hat sich vielfach auf Bürgerinitiativen verlagert.

(5) Die Ausbreitung der *Parteienfinanzierung durch den Staatshaushalt* wird in der Literatur gelegentlich für den Niedergang der Organisationsbereitschaft der Bürger verantwortlich gemacht. Es wird unterstellt, daß die Parteien durch die Subventionen des Staates von der finanziellen Opferbereitschaft ihrer Mitglieder weniger abhängig geworden sind. Die öffentliche Parteienfinanzierung existiert in den westlichen Demokratien noch nicht lange genug, um ihre Folgen für die Mitgliederentwicklung der Parteien eindeutig abschätzen zu können. Die Entwicklung in den ersten Ländern, die die staatliche Parteienfinanzierung praktizierten, wie die Bundesrepublik und Schweden, läßt jedoch nicht erkennen, daß die Parteimitgliedschaft drastisch gesunken ist. Bis Ende der siebziger Jahre stieg die Parteimitgliedschaft in der Bundesrepublik vorübergehend an. Nur wenn man den Parteien unterstellte, daß das bloße Funktionieren ihrer Organisation ihre einzige Sorge sei, ließe sich der Eindruck halten, die öffentliche Parteienfinanzierung lasse das Interesse an der Mitgliederwerbung erkalten. Das Hauptziel der Parteien bleibt die Maximierung von Wählerstimmen, um Macht zu gewinnen, und dazu ist nach überwiegender Ansicht noch immer eine gutorganisierte Mitgliedschaft nicht bedeutungslos. Es muß daher davon ausgegangen werden, daß dieser fünfte Faktor für den behaupteten Niedergang der Parteien als Mitgliederorganisation von geringer Bedeutung ist.

Immer wieder wurde versucht, die sinkenden Mitgliederzahlen der Parteien schön zu rechnen. Das Problem wurde darüber hinaus weniger gelöst als liegen gelassen. Mit der nicht ganz falschen These, daß die Bedeutung der Mitglieder und Aktivisten in der Phase der "Parteien der Berufspolitiker" und Kartellparteien abgenommen habe, wurde das Studium der Mitgliederbewegung in den Parteien vernachlässigt. Eine rühmliche Ausnahme bildete das Team um Katz und Mair (1992, 1995: 4ff, Widfeldt 1995: 139f), das für die achtziger Jahre die Entwicklung der Parteimitgliedschaft in Europa rekonstruiert hat. Dabei wurden einerseits die Angaben der Parteien verwertet. Andererseits mußte das lückenhafte Material durch Umfragen ergänzt werden. Der Befund war nicht so eindeutig, daß die These vom Niedergang der Parteien am Niedergang der Parteimitgliedschaft festgemacht werden konnte.

Der Organisationsgrad in den Parteien stieg in Deutschland von 2.7% der Wähler (Ende der 60er Jahre) auf 4.2% (Ende der 80er Jahre).Der Anstieg konnte vor allem mit dem Durchbruch der Unionsparteien zur Massenmitgliederparteien erklärt werden. Auch in Belgien kam es zu einem leichten Anstieg des Organisationsgrades von 7.8% auf 9.2% (1989). Die Regionalisierung und Reethnisierung des gesamten politischen System ist dafür die singuläre Ursache, aus der sich kein Trend für westliche Demokratien ablesen läßt. Länder, wie Österreich und Schweden, die einen überdurchschnittlich hohen Organisationsgrad hatten, haben leichte Verluste im Organisationsgrad erlitten. Die Erosion des korporatistischen Systems und der kollektiven Mitgliedschaften trug dazu bei. Drastisch waren die Verluste in Großbritannien (von 9.4% auf 3.3%), Dänemark (von 21.2% auf 6.5%) und in den Niederlanden (von 9.4% auf 2.9%). Die Zahlen eines klassischen Parteienstaats wie Italien (Niedergang von 12.7% auf 9.7%) sind durch den Zusammenbruch des alten Parteiensystems von 1992 bis 1994 überholt. Frankreich stagnierte auf niedrigem Niveau (1.7%). In diesem Land haben sich die Parteien in dem Untersuchungszeitraum überhaupt erst konsolidiert.

Die neuen Demokratien der dritten Welle der Demokratisierung in Südeuropa zeigten eine sehr geringe Organisationsbereitschaft. Nur in Griechenland stieg diese bis 1989 vorübergehend auf 12%. In Spanien und Portugal stagnierte sie bei 3%.

In Spanien und Portugal stieg Ende der 80er Jahre der Organisationsgrad der Wähler. Parallel zur Abnahme der Parteiidentifikation (vgl. Kap. 2.1) sank die Organisationsbereitschaft vielfach wieder, am drastischsten bei den spanischen und griechischen Kommunisten (Morlino 1998: 175f). Die osteuropäischen Länder folgten diesem Muster nicht ganz. Da es im Kommunismus einen gewissen Organisationszwang gegeben hatte, war die Begeisterung für die neuen Parteien in der Demokratisierungsphase geringer. Der Organisationsgrad der Wähler lag in Polen bei 3%, in Ungarn bei 4–5% und in Tschechien angeblich bei 7% (Körösenyi 1993: 2). Der Organisationsgrad in den Ländern mit großer Kontinuität der alten Eliten war aber immer noch besser als die Wahlbeteiligung der Bürger, die zum Teil unter die kritische 50%-Marge sank (vgl. Kap. 2.2). Im Verhältnis der Ost- und Westdeutschen zeichnete sich ein Trend ab, der auch für Osteuropa und Westeuropa gelten könnte: Die westlichen Länder passen sich eher dem Niveau der osteuropäischen Wähler an als umgekehrt.

Sozialistische und sozialdemokratische Parteien hatten gerade wegen ihrer traditionell starken Organisationsmacht die größten Schwierigkeiten, sich in den Trend von der bürokratischen Massenpartei zur professionalisierten Wählerpartei einzugliedern. Das bürokratisch-repräsentative Modell der Parteiorganisation erwies sich gegenüber der Individualisierung der Wählerschaft in der Postmoderne als wenig anpassungsfähig (Kitschelt 1994: 300). Dennoch waren die Niedergangsthesen für diese Parteifamilie voreilig. Eine professionalisierte Rahmenpartei kann nicht ihre 800 000 Mitglieder nach Hause schicken, sondern muß dieses Potential nutzen. Als "Botschafter in der Gesellschaft" haben die Mitglieder durchaus noch eine wichtige Funktion. Empirische Studien ergaben, daß sozialdemokratische Parteimitglieder am Arbeitsplatz häufiger über ihre politi-

4.1 Der Mitgliederschwund in den Parteien

sche Einstellung sprechen als die Mitglieder bürgerlicher Parteien. In Krisenzeiten dient eine hohe Mitgliedschaft als Schwimmgürtel, der totale Einbrüche der Wählerstimmen in Krisenwahlen verhindern hilft.

Bei sinkender Mitgliedschaft versuchen die Parteien, sich zu öffnen und die Grenze zwischen Mitgliedern und Nichtmitgliedern flexibel zu gestalten. Selbst die Kommunistische Partei Italiens hatte eine Vorreiterrolle bei Experimenten mit Kandidaturen parteiloser Intellektueller und Honoratioren auf ihren Listen, ohne formale Parteimitgliedschaft zu verlangen. Die PDS in Deutschland hat ebenfalls versucht, mit solcher Flexibilisierung die linke Intelligencija im Westen anzusprechen. Vorwahlen könnten diesen Trend verstärken. Noch wird aber von den Massenparteien am Vorrang der Mitglieder, über die Kandidatenaufstellung zu bestimmen, festgehalten, weil dies eine der wenigen Einflußmöglichkeiten darstellt, die den Parteimitgliedern geblieben ist. Schon in der Ära der Volksparteien wurde mit dem Slogan der "*Bürgerpartei*" geworben (Rüttgers 1993), welche die alte "*Gremienpartei*" ersetzen soll. Doch solche Bestrebungen sind riskant: Je offener die Parteien werden, umso geringer ist die Bindekraft unter Mitgliedern und die Parteiidentifikation. Fluktuation und Volatilität machen auch vor formell noch als Mitglieder geführten Wählern nicht mehr halt.

Mit der Abnahme der Bedeutung der Massenmitgliedschaft hat sich auch die Struktur der *Basiseinheiten* der Parteien quer durch die Parteienfamilien angenähert. Die Bedeutung von Milizen, Betriebsgruppen und Zellen versus territoriale Muster normaler "Ortsvereine" – die Duverger noch zur Grundlage seiner Typologie machte – ist nur noch historischer Art (vgl. von Beyme 1984: 238ff). Die Zahl der Basiseinheiten ist bis Anfang der 90er Jahre gut dokumentiert (Katz/Mair 1992). Ein klares Bild geben die Zahlen gleichwohl nicht. In wenigen Ländern nahm die Zahl der Grundeinheiten zu. In den meisten Ländern sank sie parallel zum Mitgliederschwund. Rationalisierung und Gemeindereform scheinen die wichtigsten Gründe für den Wandel an der Organisationsbasis in den Parteien zu sein, die keinen drastischen Mitgliederschwund erlebten, der den organisatorischen Wandel erzwang.

Mit dem Aufstieg der neuen sozialen Bewegungen wurde in der Literatur der 80er Jahre eine These über den Niedergang der Parteiorganisation verbunden. Empirische Überprüfung zeigte freilich, daß Parteien und Bewegungen auf die Dauer eher komplementär und nicht konträr wirkten. Bewegungen waren politisch erfolgreich, wenn sie sich mit den Parteien verbündeten (von Beyme 1988, Reiter 1993). Das *unkonventionelle Verhalten* der Wähler ist durch die neuen sozialen Bewegungen zweifellos gefördert worden. Aber ein Niedergang der Parteiorganisation ist nicht im erwarteten Maß eingetreten. Unkonventionelles Verhalten in sozialen Bewegungen wirkte gelegentlich mobilisierend. Der Wunsch nach einem dauerhaften Engagement konnte aus der Zusammenarbeit mit Gewerkschaften, Kirchen und Parteien geweckt werden und zur Parteimitgliedschaft führen.

Mit der Dynamik, die von der Ära der Volksparteien zur Dominanz der Parteien als professionell geführte elektorale Rahmenpartei führte, scheinen sich die Organisationsmuster anzugleichen. Dies bedeutet aber nicht, daß die Parteien nicht in ihren Organisationsstrukturen noch recht verschieden sind. Massenparteien, wie Sozialdemokraten und Christdemokraten in Österreich oder Deutschland, werden den Sirenenklängen der Rahmenpartei widerstehen, da sie ihre Mitglieder nicht entlassen können, um sich eine neue Struktur zu geben. Die Liberalen und Grünen sind in Mitteleuropa überwiegend schon postmoderne Kader- oder besser Rahmenparteien, während die großen Volksparteien dem catch-all-Modell noch keineswegs ganz entwachsen sind.

Die neue Unübersichtlichkeit in den "lose verkoppelten Anarchien" (Lösche) der Parteien im Übergang von der Volkspartei zur professionalisierten Wählerpartei wird durch den Ausbau des politischen Managements strukturiert. In den USA und Kanada waren die beiden größten Parteien den europäischen in der "Postmodernisierung" voraus. Aber auch dort bleibt es zweifelhaft, ob die Apparatepartei neuen Typs eine Zwischenstufe zur Mitgliederpartei neuen Typs darstellt (Naßmacher 1992: 130). Wahrscheinlicher aber ist ein weiteres Wachstum der Bedeutung der Wähler im Vergleich zu den engagierten Mitgliedern. Der Bedeutungsschwund der Mitgliedschaft heißt jedoch nicht, daß Mitglieder in den Wählerparteien keine Funktionen mehr haben, wie vielfach in der Literatur über die "politische Klasse" behauptet wurde. Sie behalten ihre Verstärkerfunktion als "Botschafter in der Gesellschaft" (1994: 55), als finanzielle Stütze (vgl. Kap. 3.5) und als Resonanzverstärker für die Führung im Kampf um Wählerstimmen.

Parteimitgliedschaft wurde zunehmend zur eher passiven Bekundung von Meinungssolidarität. Damit werden die Grenzen zwischen förmlichen Mitgliedern und Wählern fließend. Noch ist es nicht gelungen, diese Grenzen zu öffnen, trotz aller Versuche mit "Schnuppermitgliedschaften" und Dienstleistungen für alle, wie die Volksfeste einiger linker italienischer Parteien. Immer wieder werden *Vorwahlen* diskutiert und regional wurde damit auch experimentiert, wie bei der CDU in Rheinland-Pfalz. In Europa haben die Parteien sich überwiegend nicht entschließen können, die Privilegierung der Parteimitglieder bei der Kandidatenauslese aufzugeben. Primaries – und gar offene Vorwahlen wie in einigen amerikanischen Staaten – scheinen demokratisierend zu wirken. Der Nachteil solcher Öffnung aber ist, daß die eigentlichen Wahlen – vor allem in Hochburgen einer Partei – an Bedeutung verlieren und eine Fraktionsplanung und Rekrutierungspolitik – etwa bei Frauenquoten – dadurch vollends zunichte gemacht werden.

2. Entkopplung von Parteien und Verbänden

Entscheidender als die territorialen Basiseinheiten waren in einigen Parteien, die aus starken kulturell-gesellschaftlichen Subkulturen hervorgingen – vor allem dem Arbeitermilieu und dem Milieu des politischen Katholizismus – die organisatorischen Verflechtungen mit Interessengruppen und Verbänden. In den Konkordanzdemokratien, wie den Niederlanden oder Österreich, war die Versäulung der Subsysteme bis in die Zeit der Volksparteien stark. Je höh der Versäulungsgrad, umso stärker mußte mit dem Aufkommen der Wählerparteien die "Entsäulung" der Gesellschaft vorangetrieben werden (Koole 1992: 265ff).
Auf zwei Ebenen kooperierten Parteien und Verbände:

- durch lose Kooperation unter Respektierung der Arbeitsteilung. Die Kontakte in diesem Typ, der in Europa überwog, war begrenzt und konzentrierte sich vor allem auf die Parteienfinanzierung und die Unterstützung im Wahlkampf;
- durch *organisatorische Verschränkung* von Parteien und Verbänden. Die höchste Stufe der Integration ist das Modell des indirekten organisatorischen Aufbaus der Partei.

Die lockere Kooperation von Honoratiorenparteien mit Verbänden fand sich vor allem bei den *liberalen* und *konservativen* Parteien. Diese verzichteten in ihrer Frühphase vielfach auf eine ausdifferenzierte Parteistruktur und kompensierten die fehlenden Binnenorganisationen durch Kontakte zu existierenden Verbandsstrukturen von den Bauern- und Veteranenvereinen der Konservativen bis zu den Freimaurerlogen, Mittelstandsvereinigungen oder anderen Großorganisationen (wie dem "Schweizerischen Nationalverein", der den Freisinnigen als Infrastruktur diente). Diese archaische Form indirekter Organisation mangels formalisierter Parteiorganisation ist in modernen Massendemokratien fast überall durch festere Organisationsstrukturen der Parteien abgelöst worden.

Eine engere Kooperation zwischen Parteien und Verbänden fand sich hingegen bei den Protestgruppen der Unterprivilegierten, bei den *Sozialisten, Christlich-Sozialen* und *Bauernparteien,* die bei ihrer Entstehung den Zentren der Macht fernstanden und den organisatorischen Vorsprung, den die Konservativen und Liberalen durch Beherrschung des existierenden Verbandssystems erreichten, durch eine Schaffung von Zubringerorganisationen zu kompensieren versuchten. Als die integrierteste Form der Kooperation entstand der indirekte Aufbau der Partei. Christliche Parteien, Agrarparteien und Arbeiterparteien haben bei aller ideologischen Differenz im Vergleich zu Liberalen und Konservativen aufgrund der Wahl einer mehrgleisigen Organisationsstruktur ein stärkeres Gewicht des Funktionärs entwickelt. Die etablierten Honoratiorenparteien bedurften seiner zunächst nicht.

Die *Agrarparteien* waren die am wenigsten erfolgreiche Protestgruppe des 19. Jahrhunderts. Nur wo ein selbständiger Bauernstand sich gegen die Großgrundbesitzer behaupten konnte, wie in Skandinavien, entstanden aus den Bauernverbänden selbständige Bauernparteien. In Mitteleuropa hingegen blieben die Bauernverbände eher Zubringerorganisationen von konservativen Parteien, in Preußen bei den Konservativen, in Österreich bei den Christlich-Sozialen und den Völkischen.

Die *christlichen Parteien,* insbesondere in den Ländern, in denen sie die katholische Minderheit repräsentierten, haben in der Organisation der Kirche und im religiösen Vereinsleben eine organisatorische Stütze gehabt. Als Gegenbewegung gegen laizistisch-liberale Tendenzen – und in Deutschland gegen den Kulturkampf – wurden die ursprünglich unpolitischen katholischen Vereine zum Teil politisiert, wie der "Verein deutscher Katholiken", der Hand in Hand mit einer entstehenden katholischen "Volkspresse" die Katholiken für das Zentrum mobilisierte. Der "Schweizerische Katholische Volksverein" (1905) wurde eine ähnliche Zusammenfassung des bisher zersplitterten katholischen Vereinswesens wie der "Verein deutscher Katholiken". Er trug dazu bei, den Katholizismus zu politisieren und aus der Stellung eines Ghetto-Katholizismus herauszuführen, in die er durch den verlorenen Sonderbundskrieg geraten war. Berufsständische Elemente im Denken der katholischen Soziallehre erleichterten den Aufbau ständischer Vertretungskörperschaften. Die schweizerische Bischofskonferenz förderte den Aufbau katholischer Bauernbünde nach dem Beispiel Belgiens und der Niederlande (Gruner 1977: 115).

Gelegentlich kam es beim politischen Katholizismus zu einem *Parallelismus der Organisation,* welche die Arbeitsteilung zwischen politischen, kulturellen und gewerkschaftlichen Funktionen respektierte, aber politisch für den Katholizismus einsetzte. So entstand in Italien neben der autonom-politischen Partei der "Popolari" die ideologisch-kulturelle Organisation der "Azione cattolica", die indirekt viele politische Funktionen hatte und ideologisch stärker vom Vatikan und dem Episkopat kontrolliert war als die Partei. Es gab keine direkte organisatorische Verflechtung mit der Partei, aber eine Fülle von Verbindungen durch Ämterkumulation (Poggi 1967: 20).

Im gewerkschaftlichen Bereiche wurde fast immer mit parallelen Organisationen gearbeitet. Die erfolgreichsten christlichen Gewerkschaften waren die "Confédération générale des syndicats chrétiens et libres de Belgique" (1912), welche die mitgliederstärkste Weltanschauungsgewerkschaft im Lande war, und die italienische "Confederazione italiana dei lavoratori" (CIL, 1918, später

4.2 Entkopplung von Parteien und Verbänden

CISL). Beide Organisationen unterstützten die katholische Partei, aber nur in Italien bewahrte die Gewerkschaft ihre organisatorische Autonomie.

Die indirekte Parteienorganisation entstand in den Ländern, in denen die korporativistischen Elemente der katholischen Soziallehre den stärksten Einfluß hatten, weil der Katholizismus zur Grundlage des gesamten Staatswesens geworden war, wie in Belgien und in Österreich. In Belgien waren die Christlich-Sozialen noch zwischen den Weltkriegen zu einer "standenorganisatie" geworden, wie der flämische Ausdruck lautete, um anzudeuten, daß die Verbände, die die Partei konstituierten wie der Bauernbund, die christliche Gewerkschaft und der Mittelstandsbund – wichtiger geworden waren als die Partei (Irving 1979: 171f). Nach dem Zweiten Weltkrieg hielt nur noch die ÖVP in Österreich an der funktional-hierarchischen Gliederung fest. Die Mitgliedschaft in den Teilorganisationen konnte sich überschneiden, so daß die angegebene Gesamtzahl der Mitglieder der ÖVP vermutlich überhöht ist.

Dieses Modell des indirekten Aufbaus schaffte einen hohen Organisationsgrad, wie ihn die anderen christdemokratischen Parteien nicht erreicht haben. Der Preis dafür war eine organisatorische Aufblähung und ein gewisser Immobilismus. In der ÖVP mehren sich die Stimmen derer, die in der indirekten Organisationsstruktur heute eher einen Hemmschuh sehen. Klare Konturen der Ideologie verschwimmen, und ein funktionales "Kirchturmsdenken" verhinderte eine bessere Profilierung der Partei in der Opposition nach 1970, insbesondere seit 1976 der frühere Pensionistenbund als sechste Gruppe in die Partei einbezogen worden ist.

Der indirekte Organisationsaufbau wurde fast immer zum Zeichen einer konservativen Entwicklung. Wo man moderne Parteien der christlichen Demokratie anstrebte, wie beim Zentrum und den Popolari, wählte man den ständischen Aufbau für die Partei nicht. Beim Zentrum traten sogar zunehmend eigene Zentrumsvereine in Konkurrenz zum "Volksverein", der einst eine Stütze der Partei gewesen war, und die christdemokratischen Neugründungen nach dem Zweiten Weltkrieg (CDU-CSU, DC, MRP) haben konsequenterweise auf den ständischen Aufbau verzichtet. Nur in der CSU gab es 1946 noch hitzige Debatten um das ständische Organisationsprinzip. Ende 1946 wurden "berufsstän-dische Beiräte" in den Statuten verankert. Die Modernisierung der Partei ließ nur "Arbeitsgemeinschaften" übrig, und auch sie führten vielfach nur ein organisatorisches Scheinleben. Ab 1963 wurden dann die Arbeitskreise geschaffen, wie sie auch in anderen deutschen Parteien existieren. Damit setzte man auf aktuelle Probleme und nicht auf "soziale Säulen" bezogene Aktionseinheiten für die Partei (Mintzel 1977: 179ff).

Auch die *sozialistischen Parteien* haben am Anfang ihre soziale Ohnmacht in der Gesellschaft durch organisatorische Sonderanstrengungen zu kompensieren versucht. Bei ihnen lag der indirekte Parteiaufbau ebenfalls nahe durch die Kooperation von Partei und Gewerkschaft.

In keinem Land war die Arbeitsteilung zwischen den beiden Säulen der Arbeiterbewegung anfangs strikt durchgeführt. Nicht einmal in Deutschland, wo der Primat der Partei später am stärksten betont wurde, weil die Organisation durch das Sozialistengesetz und einzelstaatliche Restriktionen besonders bedroht erschien. Der Begriff der Mitgliedschaft in der Partei war anfangs unscharf. Auch Gewerkschafter galten vielfach als Parteigenossen. Sie waren aber für politische Aktivitäten nur vorübergehend mobilisierbar. Nach den Wahlen sprang ein Teil von ihnen wieder ab. In Schweden waren vor 1899 über 95% der Mitglieder der Sozialdemokratischen Partei kollektive Mitglieder der lokalen Gewerkschaftsorganisationen. Vor der Bildung der zentralen Gewerkschaft "Landsorganisation" (1899) war die Partei die einzige zentrale Organisation der Arbeiterbewegung. Nur wenige Gewerkschaften waren überlokal organisiert. Bei der Gründung der Landsorganisation wurde beschlossen, daß jede neuaufgenommene lokale Gewerkschaft binnen drei Jahren in die Partei eintreten müsse. Diese Regelung wurde niemals strikt durchgesetzt und ist bald wieder abgeschafft worden. Viele Sozialdemokraten hatten aus ideologischen Gründen Bedenken gegen diese obligatorische Mitgliedschaft von Gewerkschaften. Parteiführer Branting aber rechtfertigte sie als notwendigen "Zwang zur Freiheit". Selbst in den romanischen Ländern, in denen die syndikalistischen Traditionen am stärksten schienen, entwickelte sich die Partei auf der Basis eines territorialen Organisationsprinzips. Auch die SFIO in Frankreich hat anfangs gewerkschaftliche Gruppen kollektiv geduldet. Der Verband "Ardennes" hatte bis 1914 eine teilweise gewerkschaftlich organisierte Struktur. Vorbedingungen für die kollektive Mitgliedschaft war jedoch die Bereitschaft zur politischen Aktion. Angesichts einer großen Zahl von Syndikalisten und Anarchisten in den romanischen Ländern, denen die Bereitschaft zur politischen Aktion aus grundsätzlichen ideologischen Erwägungen fehlte, mußten sich die Parteien auch in der Romania überwiegend territorial aufbauen.

In den 90er Jahren kam es zu einen zunehmenden Disengagement zwischen Parteien und Gewerkschaften. In Schweden wurde 1990 die indirekte Mitgliedschaft über Gewerkschaftszugehörigkeit abgeschafft. In Dänemark wurde 1990 per Gesetz die Möglichkeit für Gewerkschaftsmitglieder geschaffen, die Abführung eines Teils des Mitgliedsbeitrags an die Partei zu verhindern *(contracting out)*. Die britische Labourparty, die Norwegische DNA, die österreichischen Christdemokraten (ÖVP), die finnischen (KOK) und die norwegischen Konservativen (Høyre) haben die indirekte Mitgliedschaft noch nicht gänzlich abgeschafft, aber den individuellen Mitgliedern mehr Priorität in innerparteilichen Entscheidungen eingeräumt.

In der Labourparty hat sich angesichts des sozialen Wandels weniger gewandelt als Parteienforscher erwartet hatten (Webb in: Katz/Mair 1994: 114). Die individuellen Mitglieder machten in den 60er Jahren noch 10% aus. 1992 stellten sie nur noch 5.7% der Mitglieder. Mit dem gewerkschaftlichen Organisationsgrad im TUC sank jedoch auch die kollektive Mitgliedschaft in absoluten Zahlen. Durch Reformen ab 1993 haben die Vorrechte der Stimmblöcke der Gewerkschaftsrepräsentanten in der Partei schrittweise abgenommen.

Die Korrelation von gewerkschaftlichen Organisationsgraden und Mitgliedschaft der Parteien (Bartolini/Mair 1990: 231ff) demonstrierte, daß in kleinen und ethnisch homogenen Ländern (Skandinavien, Österreich) die subkulturellen Netzwerke besonders ausgeprägt sind. Der Mitgliedschwund konnte in solchen Systemen vergleichsweise auf Zeit gestreckt werden. Fällt die Stabilisierungsbarriere kollektive Mitgliedschaft erst einmal, so droht jedoch die Erosion der Mitgliedschaft umso drastischer auszufallen.

Zusammenfassend läßt sich sagen, daß der korporative und syndikale Aufbau der Parteien einen hohen Organisationsgrad sichern konnte, aber in einer wettbewerbsorientierten politischen Arena eher zum Hemmschuh für die Parteien wird. Dort, wo die indirekte Struktur noch dominiert, wie bei der ÖVP im christdemokratischen und bei der Labourparty im sozialistischen Lager, sind die schwerfälligen Stimmblöcke zum Bremsklotz für die Entwicklung der Partei geworden. Die Machtergreifung von Verbänden über eine Partei hat nirgends stattgefunden. Auch der "Gewerkschaftsstaat" ist auf der Regierungsebene bisher nicht entstanden. In Labourregierungen hat die linke Intelligenz zunehmend gegenüber den Gewerkschaftsfunktionären an Boden gewonnen, so stark auch die Rolle der Gewerkschaften in Partei und Gesellschaft ansonsten geblieben ist. Wo konfliktorientierte Gewerkschaften überwogen, wie in den romanischen Ländern, blieben sie schwach auf Regierungs- und Parlamentsebene, selbst als Sozialisten an die Macht kamen.

3. Die Etatisierung der Parteienfinanzierung

Parteien sind als gesellschaftliche Organisationen entstanden. Ihr inneres organisatorisches Leben und ihre Finanzen wurden als Sphäre angesehen, die frei von staatlicher Bevormundung bleiben sollte. In frühen parlamentarischen Systemen hatten die bürgerlichen Parteien die Hilfe des Staates nicht nötig, und die oppositionellen sozialistischen Parteien hätten sie als Korrumpierungsversuch zurückgewiesen. Erst mit der wachsenden Integration der Arbeiterparteien und mit der Angleichung der Organisationsstruktur und des Sozialprofils der Parteien wurde es möglich, daß der Staat regulierend eingriff und die Angleichung der Chancen der Parteien auch in finanzieller Hinsicht aktiv betrieb.

Im Übergang von den Volksparteien zu den Parteien der Berufspolitiker ist der Finanzbedarf der Parteien ständig gestiegen. Im Zeitraum um 1970 bis Ende der 80er Jahre und um 1990 sind die Parteifinanzen in Deutschland und Österreich um ca. 300% gewachsen, in den USA um ca. 145%, in Großbritannien, Dänemark und den Niederlanden nur ca. 40–50%. Einen Rückgang gab es nur in Schweden und Italien (25%). Nur die skandinavischen Länder hielten das Wachstum im Zaum (Finnland (plus 6%), Norwegen (plus 14%) (Katz/Mair 1994: 7)).

Hand in Hand mit dem wachsenden Finanzbedarf der Kartell-Parteien kam es zu einer zunehmenden Regulierung dieses ursprünglich gesellschaftlichen Bereichs. Die Parteien drohten aus der Zivilgesellschaft heraus zu fallen. Deutschlands Parteiengesetz war wohl die exzessivste Regulierung (seit 1967). Schweden hingegen rühmte sich, kaum der Regulierung zu bedürfen, weil es keine großen Skandale gegeben habe, wie in Deutschland, Italien, USA oder Japan (Wiberg 1991: 19).

Der demokratische Impetus des ersten Teils dieses Gesetzes wurde immer mehr durch das Parteienfinanzierungsgesetz im zweiten Teil verdrängt. Auch in Ländern, wie den Niederlanden, die der Etatisierung hinhaltenden Widerstand entgegensetzten, kam es zur schrittweisen Regulierung, nicht sehr anders als in Schweden. Wo die Korruption im Bereich der Parteien besonders hervortrat, wie in Italien und Belgien, haben korruptionseindämmende Regulierungen die Parteien indirekt berührt.

Drei Formen der Parteienfinanzierung konkurrieren miteinander:

1. Organisationsinterne Finanzquellen,
2. Zuwendungen von Privatpersonen, Unternehmen und Interessengruppen von außen,
3. Unterstützung der Parteien aus dem Staatshaushalt.

1. Die *organisationsinternen Finanzquellen*. Zu den innerorganisatorischen Finanzquellen der Parteien gehören Mitgliedsbeiträge, Abgaben der Amtsinhaber der Parteien, Einkommen aus Vermögen, Veranstaltungen und Publikationen.

In vielen Ländern, in denen die Rechenschaftspflicht nicht so ausgeklügelt ist wie in Deutschland sind Mitgliedsbeiträge und Spenden kaum auseinanderzudividieren und wurden – wie in Österreich – als *Massenbeiträge* zusammengefaßt. Bei indirekten Organisationsstrukturen – wie bei der ÖVP (vgl. Kap. 3.4) – kommt ein erheblicher Teil der Einnahmen von den angeschlossenen Bünden.

In der frühen Parteientypologie wurden die Mitgliederparteien als die Organisationen angesehen, die sich überwiegend selbst finanzieren konnten. Die soziali-

4.3 Die Etatisierung der Parteienfinanzierung

stischen Parteien galten als der Prototyp der Mitgliederpartei, während die bürgerlichen Parteien sich überwiegend von außen finanzieren ließen. Diese Unterscheidung ist ein wenig zu schematisch. Auch einige christliche Parteien, wie das Zentrum, lebten überwiegend von ihren Mitgliedern (Morsey 1963: 599). Die Haupteinnahmequelle einiger bürgerlicher Parteien waren weniger die Beiträge der Mitgliedschaft als die *Abgaben der Fraktions- und Vorstandsmitglieder*. Bei der DDP in der Weimarer Republik machte diese Quelle 47% des Parteibudgets aus, und die französischen Radikalen lebten zu mehr als der Hälfte von den Kontributionen ihrer Mandatsträger (Schneider 1978: 232; Larmour 1964: 46).

Die sozialistischen Parteien haben als Mitgliederparteien an dem Anspruch festgehalten, sich überwiegend durch die Beiträge ihrer Mitglieder zu finanzieren. Die SPD wurde diesem Anspruch seit der Wahlkampfkostenerstattung nur noch außerhalb von Wahljahren gelegentlich gerecht, und selbst in Nichtwahljahren machten die Mitgliedsbeiträge vielfach nur noch ein Drittel aus. Der hohe Anteil der Mitgliedsbeiträge in den Parteifinanzen der Labourparty ist jedoch ausschließlich durch das Modell der indirekten Organisationsstruktur mit kollektiven Mitgliedschaften zu erklären und ist atypisch für die sozialistischen Parteien der Gegenwart. Es läßt sich nicht feststellen, daß das Labourmodell finanziell größere Effizienz für den Parteiapparat gewährleistet. Die Houghton-Commission fand die Ausstattung der Labourparty im Vergleich zu den Parteien des Kontinents eher bescheiden.

Die *Abgaben der Parlamentarier* spielen im Vergleich zu privaten Spenden und öffentlichen Zuwendungen eine geringere Rolle als vor dem Zweiten Weltkrieg, auch bei den bürgerlichen Parteien. Exakte Daten sind nur in den Ländern zu erhalten, welche die Staatsunterstützung der Parteien zum Anlaß genommen haben, die Offenlegung der Finanzen zur Pflicht zu machen, wie in der Bundesrepublik. Die Beiträge der Fraktionsmitglieder in Deutschland machten durchschnittlich ca. 6–12% der Einnahmen aus. Die Sachverständigenkommission des Bundespräsidenten erklärte diese Abgaben 1983 als verfassungswidrig, weil sie das Prinzip der freien Repräsentation unterminierten (Bericht 1983: 122). In anderen Ländern, in denen die Parteien über ihre Finanzen berichten, taucht eine Rubrik "Abgaben der Parlamentarier" zum Teil nicht auf, wie in Finnland und Italien. Nur die Kommunisten in Italien berichteten, daß diese Abgaben 5% ihrer Einnahmen darstellten (1980) (Bilancio 1981). Wo die Fraktionen besonders stark sind, haben die Parlamentarier sich zum Teil gegen Abgaben an die Partei gewehrt. In den Niederlanden haben selbst die Sozialisten Schwierigkeiten gehabt, einen Beschluß der Partei, der die bescheidene Abgabe von 2% – in manchen Ländern beträgt die Abgabe 10% – an die Parteikasse vorsah, gegen die Parlamentarier durchzusetzen. Der Anteil der *"Parteisteuern"* ist für Österreich sogar auf 20% des Bruttoeinkommens geschätzt worden, wenn zusätzliche Beiträge und geleistete Spenden an die Parteien hinzugezählt werden (Sickinger in: Müller u.a. 1995: 271). Abgaben von den Bediensteten in der öffentlichen Verwaltung zu verlangen, die ihre Jobs der Regierungspartei und ihrer Patronage verdanken – wie sie in den USA vorkommen sollen –, wäre unvereinbar mit dem Beamtenrecht der meisten europäischen Staaten.

Eine indirekte Form der Abgaben von Mandatsträgern sind die *finanziellen Eigenleistungen,* die von den Mandatsbewerbern erwartet werden. Die Zahl von 1000 Dollar, die eine amerikanische Studie über Abgeordnete in der Bundesrepublik erwähnte (Gunlicks 1980: 221) war selbst danach zu niedrig angesetzt, wenn man einmal die Ausgaben von den Spenden in Vereinskassen des Wahlkreisgebietes bis zu Kosten der privaten Telefonrechnung oder die Auslagen für die Vesper von Wahlkampfhelfern gewissenhaft zusammenrechnet. Auch für Frankreich sind diese Zusatzkosten als relativ beträchtlich angesehen worden. Je kleiner die Wahlkreise in einem Land und je größer der persönliche Appeal eines "Wahlkreismatadors" erscheint, um so geringer können die Ausgaben im Wahlkampf gehalten werden. Die kleinen Wahlkreise Großbritanniens, mitbedingt durch das System der relativen Mehrheitswahl, haben dazu geführt, daß einzelne Abgeordnete mit ca. 300 Pfund aus der eigenen Tasche für ihren Wahlkreis auskamen, obwohl schon Gladstone nach der Niederlage 1874 behauptete, der Gegner habe die Wähler "in Strömen von Gin und Bier ersäuft".

Am größten sind die Aufwendungen der Bewerber dort, wo die Partei schwach organisiert ist wie in Amerika. Hier ist der Vorwurf des plutokratischen Wahlsystems häufig erhoben worden. Das höchste Amt wurde vielfach von Millionären erkämpft, von Roosevelt bis Kennedy und Johnson. Angesichts dieser Ahnenreihe vergißt man aber, daß wohlhabende Bewerber wie Stevenson und Goldwater unterlagen, ärmere Kandidaten wie Truman und Nixon sich hingegen durchsetzten. Vor allem Nixon hat die Preise für die Wahlkampfschlachten in beispielloser Weise in die Höhe getrieben, so daß der Gesetzgeber erneute Beschränkungen ersann. Geld hat in Amerika eine gewisse Schleusenfunktion für die Bewerber, aber es ist keine zureichende Bedingung für den Sieg.

Das *Vermögen* spielt – im Gegensatz zu einigen Interessengruppen – in allen Parteien eine untergeordnete Rolle. Nur in Schweden ist wegen der Verfilzung der SAP mit den Gewerkschaften und den Kooperativen gelegentlich der Vorwurf erhoben worden, es gäbe eine "sozialdemokratische Großfinanz". Diesem Kartell wurde vorgehalten, daß es ein Fünftel des Marktes im Inland kontrolliere und im Ausland bereits als multinationaler Konzern auftrete (Amiers 1975: 134). Daß die skandinavischen Sozialdemokraten jedoch so viel reicher sind als die konservativen und liberalen Geldgeber, die die Konkurrenz unterstützten, ließ sich nicht nachweisen.

4.3 Die Etatisierung der Parteienfinanzierung

Einnahmen aus *Veranstaltungen und Publikationen* haben vor allem bei den Parteien eine Bedeutung, die die Sozialisations- und Erziehungsfunktion ernst nehmen. Bürgerliche Parteien waren in bezug auf diese Funktion immer zurückhaltend; sozialistische Parteien haben sich in der Politik der Indoktrinierung der liberalen Mitte mehr und mehr angenähert. Nur bei den Kommunisten spielt dieser Faktor als Haupttätigkeit und als Einnahmequelle noch eine Rolle. Bei der DKP machten Einnahmen aus Veranstaltungen und Publikationen oft ein Drittel der Einnahmen aus, bei der KPI ca. 20%. Vor allem die Unità-Feste der KPI sind als Werbungsveranstaltungen, die sich nicht nur selber tragen, sondern noch ein Plus für die Parteikasse abwerfen, vielfach bewundert, aber nirgends erfolgreich kopiert worden. Als wahlentscheidend galten diese kulturellen Angebote nicht.

2. Die Zuwendung von Privatpersonen, Unternehmen oder Interessengruppen.
Der wichtigste Posten in den Einnahmen der Parteien in dieser Rubrik außengesteuerter privater Einnahmen sind die *Spenden*. Bei den liberalen und konservativen Parteien waren das einst überwiegend Spenden einzelner Persönlichkeiten. Im Zeitalter des "organisierten Kapitalismus" wurde auch die private Unterstützungstätigkeit zunehmend organisiert. *Förderergesellschaften* (conveyer organizations) dienten dabei als Bindeglied zwischen Parteien und Unternehmungen oder Einzelspendern. In Japan, Norwegen und Deutschland spielten sie die wichtigste Rolle. In der Bundesrepublik waren sie in der Adenauerzeit die erfolgreichsten Einrichtungen dieser Art (Heidenheimer/Langdon 1968: 222). Die kommunistischen und sozialistischen Parteien haben diese Form der Hilfe des "Kapitals" für die bürgerlichen Parteien immer wieder scharf kritisiert und legislatorische Beschränkungen gefordert. Den kommunistischen Parteien ist nachgewiesen worden, daß sie diese Vorteile der bürgerlichen Parteien durch indirekte Unterstützungen der Parteien von seiten der sozialistischen Länder kompensierten, zum Teil über Scheinfirmen, die im Ost-West-Geschäft tätig waren. Über diese Zusammenhänge gab es Vermutungen, aber keine exakten Daten.

Die Einrichtung der staatlichen Subventionierung von Parteien ging zum Teil als Reaktion auf den Ausbau des privaten Förderungswesens vielfach auf die Initiative der Sozialdemokratischen Parteien zurück. Gleichwohl sind die privaten Spenden auch in der Epoche der Staatssubventionen nicht überflüssig geworden. Da nach dem deutschen Parteiengesetz von 1967 die Hauptspender namentlich genannt werden müssen, wurde jährlich offenbar, daß für die Unionsparteien und die FDP die "Bayerische Staatsbürgerliche Vereinigung" und einige Parallelorganisationen in anderen Bundesländern noch immer als die größten Spender auftraten. Nach Urteilen des Bundesverfassungsgerichts (BVerfGE 24, S.300ff., 52, S.63ff.) wurde den Parteien nicht – wie sie verlangten – analog zu Kirchen und gemeinnützigen Vereinigungen eine Position der unbeschränkten Steuerbegünstigung eingeräumt. Da die "staatsbürgerlichen Vereinigungen" den Parteien gegenüber in diesem Punkt im Vorteil waren, ist es – wie der Parteienfinanzierungsskandal von 1981 in der Bundesrepublik offenbarte – vorgekommen, daß die Schatzmeister der Parteien Großspender animierten, die Gelder über "Zubringerorganisationen" am Fiskus vorbeizumogeln. Ein Sachverständigengremium, das dem Bundespräsidenten im April 1983 Bericht erstattete, unterbreitete Reformvorschläge, von denen einige von der CDU-FDP-Koalition in großer Hast in ein Gesetz aufgenommen wurden. Die Offenlegung sollte verbessert werden, aber die öffentliche Subventionierung sollte noch wachsen. In diesem Zusammenhang am umstrittensten war jedoch die Absetzbarkeit von Spenden bis zur Höhe von 5% des Einkommens, was Großspender ganz offensichtlich begünstigte.

Dieser Privilegierung der Großspender hat das Bundesverfassungsgericht Einhalt geboten und dabei auch eigene frühere Fehler korrigiert. Juristische Personen durften nach der Entscheidung von 1992 die Spenden nicht mehr von der Steuer absetzen, die Veröffentlichungspflicht wurde auf 20 000 DM herabgesetzt (Landfried 1994: 347). Als 1999/2000 ein "System Kohl" mit schwarzen Konten sogar im Ausland aufgedeckt wurde, wurde die Forderung laut, Spenden von juristischen Personen überhaupt zu verbieten und die Publizitätspflicht weiter abzusenken. Die Höchstgrenze für Spenden, wie sie die USA schon 1974 einführten, wäre ein Kompromiß.

In den USA spielten "fund raising dinners" des Präsidenten und die Mobilisierung von Spendern in "President's clubs" eine gewisse Rolle. Eine Koppelung von privaten Spenden und indirekter staatlicher Finanzierung liegt in den Ländern vor, in denen Spenden und Beiträge steuerlich absetzbar sind (Kanada, USA).

In anderen westlichen Demokratien wurde das Spendenwesen weniger steuerrechtlich angegangen, sondern es wurden Höchstgrenzen festgelegt (USA 1974, 1976) oder Beschränkungen für bestimmte Institutionen auferlegt (in Italien 1974 für staatliche Unternehmen, in Israel 1974 für die Verbände). Mit Rücksicht auf die zionistische Bewegung wurden Spenden aus dem Ausland weniger diskriminiert als ausländische Spenden in anderen Ländern. Die originellste Form des Anreizes zu Parteispenden, die staatliche Hilfe noch an die Eigeninitiative von Parteien und Kandidaten bindet, ist in den USA in den "matching funds" entwickelt worden.

In Ländern, in denen staatliche Subsidien eingeführt wurden, ist dies häufig mit verstärkter staatlicher Kontrolle wenigstens über die Einnahmenseite gekoppelt worden (BRD, Italien, Kanada, Österreich, USA). Trotz größerer Transparenz der Parteifinanzen in vielen westlichen Demokratien, ist das Gewicht der Spenden privater Zuwendungsgeber schwer vergleichbar. Die Berichte geben zum Teil kein klares Bild über die Rolle der Spenden bei den Einnahmen (Finn-

4.3 Die Etatisierung der Parteienfinanzierung

land, Italien). Manchmal werden sie nur als "besondere Umlagen bei den Mitgliedern" geführt.

Trotz der Versuche einer Beschränkung des privaten Spendenwesens in den USA ist die organisierte Spendensammlung paradoxerweise durch die Limitierung der Kosten noch gewichtiger geworden, als sie schon vorher war. Der "Federal Campaign Act" von 1971 mit seinen Amendments von 1974 und 1976 begrenzte die Beiträge, die Individuen spenden dürfen, auf 1000 Dollar. Die Folge war die Stärkung der politischen Aktionskomitees, die eine Obergrenze von 5000 Dollar auferlegt bekommen hatten. Ihre Stellung bei der Wahlkampffinanzierung wurde fortan noch privilegierter. Das galt für das "Business-Industry Political Action Committee" (BIPAC) wie für das "Committee for Political Education" (COPE) des Gewerkschaftsdachverbandes AFL-CIO oder für das "American Medical Association Political Action Committee" (ANIPAC). COPE rühmte sich bei der Wahlunterstützung politischer Kandidaten einer Erfolgsquote von 70 %. Es gibt Anzeichen dafür, daß die Modernisierung und Technisierung der Wahlkämpfe den Faktor Geld im Vergleich zum Faktor "Arbeit" zunehmend wichtiger werden lassen, was die Gewerkschaften als Geldgeber schwächt. Die Unabhängigkeit der Kandidaten von der Partei wuchs auch durch neue Formen des fund raising (Malbin 1980). In Europa überwogen hingegen noch archaischere Formen der Kooperation von Verbänden und Parteiorganisationen. In Großbritannien spielte die Unterstützung von Labourabgeordneten durch die Gewerkschaften angesichts der organisatorischen Verfilzung eine noch größere Rolle. Rund 40% der Labourabgeordneten wurden noch in den siebziger Jahren durch die Gewerkschaften unterstützt (May 1975: 29). In den Ländern, die keine organisatorische Verschränkung von Parteien und Gewerkschaften kennen, ist die Hilfe der Gewerkschaften schwer abzuschätzen. Vielfach muß sie sich auf indirekte Wahlhilfe in Form von "man power" und Einsatz ihrer Infrastruktur im Wahlkampf beschränken, um die nichtsozialistischen Gewerkschafter nicht zu brüskieren (BRD). In Österreich läßt der ÖGB parteilich organisierte Fraktionen zu. Über diese kommen den Parteien Wahlkampfhilfen nach einem Proporzschlüssel zu, der die Einheit der Gewerkschaft nicht gefährdet. In den romanischen Ländern schließlich sind die Gewerkschaften so fragmentiert und finanzschwach, daß ihre Rolle bei Wahlkampfunterstützung und Parteienfinanzierung eher marginal bleibt.

3. *Unterstützung der Parteien aus öffentlichen Mitteln.* Die Idee einer Unterstützung der Parteien aus öffentlichen Mitteln konnte erst aufkommen, als die Parteien in Recht und Verfassung akzeptiert worden waren und nicht mehr als Störfaktor im gewaltenteilig konzipierten parlamentarischen System wahrgenommen wurden. Der Prozeß der *"Etatisierung"* der Parteien, die Übertragung immer

neuer Funktionen im System an die Parteien, mußte relativ weit fortgeschritten sein, um die öffentliche Unterstützung der Parteien aus dem Staatshaushalt zum diskussionsfähigen Thema werden zu lassen.

Anlaß für die Einführung der öffentlichen Parteienfinanzierung war die Entwicklung der Volksparteien. Diese waren keine verschworenen Glaubensgemeinschaften mehr, für die die Mitglieder große Opfer bringen wollten. Mit dem Wettbewerb um die Stimmen der Mitte von Wählern, die nicht mehr klassengebunden waren, stiegen die Wahlkampfkosten erheblich. In Skandinavien kam noch eine weitere Krise hinzu: die Krise der Parteipresse, die nirgendwo sonst eine vergleichbar große Rolle gespielt hatte (Wiberg 1990: 177). In einigen Ländern – mit Ausnahme von Israel – entstanden *Parteiengesetze* wie in Deutschland, Österreich, Finnland, Polen und Spanien, weil die Demokratie einmal in Gefahr geraten war. Neue Gefahren schienen von der Parteienfinanzierung her zu drohen (Avnon 1995). Daher wurden die effektiven Teile dieser Gesetze in der Regel Parteienfinanzierungsgesetze.

Die öffentliche Finanzierung wurde daher von der Linken vielfach als Beleg dafür gewertet, daß die Parteien ihre gesellschaftliche, kritische Funktion verloren hatten und in den Armen des Staates erstarrten. Ihre Konflikte wurden zur "pluralen Fassung der Einheitspartei" bagatellisiert, plural nur in der Methode des Herrschens, aber einheitlich als Träger der staatlichen Herrschaft gegenüber der Bevölkerung, die durch staatliche Finanzierung institutionell abgesichert werden sollte. Es gab jedoch nicht nur neomarxistische Kritiker. Auch anglophile Altliberale hielten an der Trennung von Staat und Gesellschaft fest und wollten die Parteien in der gesellschaftlichen Sphäre verankert wissen. Dabei wurde übersehen, daß die Parteien vor allem so lange antistaatlich organisiert blieben, als ihnen der Staat in konstitutioneller Zeit überwiegend als feindlich gesonnene antiparteienstaatliche Bürokratie gegenübertrat. Als die Partizipationschancen, wie sie Art. 21 GG in der Bundesrepublik anbot, für die Parteien größer wurden, verloren sie den alten Angstkomplex der bürgerlichen Gesellschaft vor dem Staat. Manche der anglophilen Altliberalen, die in Deutschland die öffentliche Parteienfinanzierung ablehnten, hielten die Entwicklung zu einer etatistischen Parteienkonzeption noch für ein "deutsches Problem". Es wurde zu Recht nicht als Empfehlung angesehen, daß die öffentliche Parteienfinanzierung zuerst in Puerto Rico auftauchte (1957). Es brachte den deutschen Anhängern der öffentlichen Unterstützung der Parteien eine gewisse Entlastung, daß Schweden (1965) dem Beispiel der Bundesrepublik (1959) folgte. Weitere Staaten schlossen sich an: Finnland (1967), Israel (1969, 1973), Norwegen (1970), Italien (1974), Österreich (1975), Spanien (1977), Dänemark (1986). Für den Bereich der Präsidentschaftswahlen gaben sogar die USA ihren traditionellen Widerstand gegen öffentliche Finanzierungspläne auf (1974, 1976). Die Einführung der öffentlichen

4.3 Die Etatisierung der Parteienfinanzierung

Unterstützung hat die Parteien rechtlich noch weiter aufgewertet. Der Preis dafür waren gewisse Eingriffe in das interne Leben der Partei durch Auferlegung von Rechenschaftspflicht über die Parteifinanzen, die teils in Parteigesetzen (BRD), teils in Wahlgesetzen detailliert geregelt wurden, besonders exzessiv in Spanien.

Der Weg in die staatlich alimentierte Volkspartei war nicht unumstritten. Je nach ideologischer Tradition und Zugang zu Geldquellen von Spendern haben die Parteien in verschiedenen Ländern verschieden optiert.

Die Stellung der Parteien zu den Argumenten in der Auseinandersetzung um die öffentliche Subventionierung der Parteien ist nicht einheitlich quer durch die spirituellen Familien, aber es gibt gewisse Regelmäßigkeiten:

Überwiegend *ablehnend* waren die *Konservativen* – vor allem in Großbritannien und Skandinavien – weil sie bei der privaten Parteienfinanzierung am besten abschnitten und die öffentliche Subventionierung eher ihre Konkurrenz finanziell stärkte. Die *Parteien der extremen Linken* waren gegen die Staatssubventionierung, weil sie befürchteten, daß auch die Linke immer stärker in den Sog des "bürgerlichen Staates" gerate und immer weniger klar ihren "Klassenstandpunkt" artikuliere. Von dieser Regel gab es Ausnahmen. In Italien war selbst die linkssozialistische PSIUP nicht gegen jede staatliche Unterstützung, sondern wehrte sich nur gegen eine mögliche staatliche Kontrolle. Umfragen über die beim Volk generell nicht sehr beliebte staatliche Parteienförderung zeigen, daß hier die Konservativen und Liberalen – wie in Finnland – meist an der Spitze der Ablehnungsskala liegen.

Bei den *Liberalen* ist das Bild weniger klar. Die konservativ gesonnene PLI in Italien war Gegnerin, die FDP in Deutschland war Vorkämpferin einer staatlichen Parteienunterstützung. In Schweden waren die Konservativen und Teile der Liberalen unter den Gegnern, gaben aber ihre Opposition bald auf. In Großbritannien waren die *Konservativen* kaum bereit, mit der Houghton-Kommission, die für die staatliche Förderung der Parteien eintrat, zusammenzuarbeiten. Die Liberalen Großbritanniens waren der staatlichen Finanzierung gegenüber am aufgeschlossensten. Offenbar gilt die Regel, daß die Liberalen, die von den Ursprüngen ihrer Ideologie her prädestiniert waren, die Ablehnungsfront anzuführen, überall dort ihre Position änderten, wo sie aufhörten, eine von der Kapitalseite bevorzugte Partei zu sein, und wo sie eine sozial-liberale Wendung nahmen. Angesichts des Mangels von Zubringerorganisationen und indirekten Strukturen sind die Liberalen zunehmend auf staatliche Hilfe angewiesen.

Die *Parteien der ethnischen Minderheiten* waren ebenfalls gespalten. Wo sie Sonderrechte erhielten, waren sie für die staatliche Subventionierung. Die schwedische Volkspartei in Finnland war hinreichend in das System integriert, um für die neue Regelung einzutreten. Die schottische Nationalpartei hingegen verstand sich soweit als Protestpartei gegen alle zentralstaatlichen Regelungen, daß sie auch gegen die staatliche Parteienfinanzierung opponierte.

Im ganzen läßt sich sagen, daß die staatliche Parteienfinanzierung von den *Sozialdemokraten* und den Parteien der linken Mitte getragen wurde, vor allem in Skandinavien. In Italien reichte der Konsens vom PSI bis zur DC und schloß selbst den MSI nicht aus. Die Motive der italienischen Parteien für ihre Bereitschaft, die staatliche Finanzierung zu akzeptieren, waren allerdings unterschiedlich. Die DC wollte dem Geruch der Korruption nach einigen Affären Anfang der siebziger Jahre entkommen, der PSI wollte der finanziellen Austrocknung zwischen den beiden großen Parteien begegnen. Die Idee war in Italien nicht neu. Senator Sturzo, der geistige Vater der alten Popolari-Partei, hat bereits 1958 einen Entwurf für ein Parteiengesetz eingebracht, in dem auch die staatliche Parteienfinanzierung enthalten war. Es bedurfte aber zahlreicher Finanzskandale, um der alten Idee bei der Mehrheit des Parlaments zur nötigen gesetzgeberischen Schubkraft zu verhelfen.

In Skandinavien waren die Sozialdemokraten die Förderer der staatlichen Parteifinanzierung. In der Bundesrepublik, in Österreich und in Norwegen war die Frage von Anfang an unter den systemtragenden Parteien am wenigsten umstritten.

Die Labourparty war in der Frage gespalten. Ausnahmsweise hat der innerparteiliche Konflikt weniger mit den Streitigkeiten des linken und rechten Flügels zu tun. Es sind eher die konservativen Gewerkschaftsfunktionäre in der Partei als die linken Ideologen, die gegen die staatliche Parteiensubvention kämpfen, weil sie befürchten, daß der traditionelle Einfluß der Gewerkschaften auf die Labourparty sich mit der Neuregelung verringern könnte. Die Erfahrung, daß öffentliche Parteisubventionen die Parteieliten stärken, führt auch unter Wissenschaftlern im angelsächsischen Raum nicht zu der Empfehlung, das deutsche oder schwedische Modell zu imitieren. Der TUC als Ganzes enthielt sich einer Stellungnahme. Die Einzelgewerkschaften haben in dieser Frage nicht einheitlich votiert. In Amerika hingegen war der Dachverband AFL-CIO – im Gegensatz zum TUC – bisher die einzige Großorganisation, die öffentlich für die Wahlkampfkostenerstattung stritt. Auch in Österreich, einem Land der indirekten Mitgliedschaften, waren die Sozialisten anfangs gegen die Dotierung aus dem Staatshaushalt.

Die *Kommunisten* waren anfangs vielfach Gegner der Idee der Staatssubventionierung. In Italien schluckten sie jedoch rasch ihren Ärger darüber herunter, daß auch der MSI an dem neuen Geldsegen teilhaben sollte. Der Gesinnungswandel wurde als Beitrag zum Abbau der Korruption in Italien gerechtfertigt. In Österreich standen die Kommunisten allein gegen die drei anderen Parteien in der Frage der Wahlkampfunterstützung (Gerlich/Müller 1983: 277). In Schweden haben die Kommunisten die Sozialdemokraten bei ihren Plänen unterstützt. In

4.3 Die Etatisierung der Parteienfinanzierung

Großbritannien nahmen sie gegen Globaldotationen in bar Stellung, befürworteten aber die Erstattung von Wahlkampfkosten. Es scheint die Regel zu gelten, daß die Parteien um so stärker für die staatliche Dotierung der Parteien eintreten, je stärker sie sich eurokommunistisch dem System geöffnet haben.

Die Regelungen für die Bedingungen, unter denen die Parteien öffentliche Unterstützung erhielten, waren in den westlichen Demokratien sehr unterschiedlich. Am wenigsten reguliert erschien das innere Leben der Parteien in den Ländern, die frei *verfügbare Zuschüsse* gewährten, wie sie 1959–1966 in der Bundesrepublik existierten und in der Türkei und Schweden eingeführt worden sind. Das deutsche Modell stand in anderen Ländern noch Pate, als die Bundesrepublik aufgrund eines Urteils des Bundesverfassungsgerichts von der alten Regelung abgehen mußte.

Eine Form der *zweckgebundenen Dotationen* stellen die Maßnahmen zur *Sanierung der Parteipresse* dar. Nur in Skandinavien entwickelte sich ein fragmentierter Parteienpluralismus in Verbindung mit einer ausdifferenzierten parteilich orientierten Medienlandschaft. In Dänemark hat man 1965 63 Tageszeitungen gezählt, davon waren 51 offen und 4 in verdeckter Form mit den Parteien verbunden. Selbst in regionalen Monopolsituationen erwies sich jedoch der Einfluß der Tagespresse auf das politische Verhalten in einer Region als relativ begrenzt. In den fünfziger Jahren begannen sich die Bande zwischen der Parteipresse und den Wählerblöcken auch in Skandinavien zu lockern. Das Zeitungssterben erfaßte auch den Norden, und die finanziell bedrängte Presse mußte versuchen, ihr Publikum mehr als Konsumenten denn als Wähler anzusprechen. Aber auch diese Anpassung brachte die Medien nicht aus den roten Zahlen. Schweden wurde so zum Vorreiter der Unterstützung der parteigebundenen Presse, verbunden mit dem und gerechtfertigt durch den entschiedenen Kampf gegen die zunehmende Konzentration des Zeitungswesens.

Die zweckgebundene Gewährung von staatlichen Subsidien breitete sich am stärksten in der Form der *Erstattung von Teilen der Wahlkampfkosten* in westlichen Demokratien aus. Diese Form liegt der Regelung ursprünglich in Deutschland, Frankreich und Italien zugrunde. Am geringsten ist der gewährte Betrag in Frankreich.

Eine Sonderform der zweckgebundenen Unterstützung ist die Dotierung der *Jugendorganisationen* (Schweden, BRD) und der parteigebundenen *Forschungs- und Bildungsstätten* (Niederlande, BRD, Österreich). Am umstrittensten ist bis heute die Finanzierung von Parteistiftungen in der Bundesrepublik. In Deutschland wird ihre Stärke auf ca. 1000 Mitarbeiter geschätzt, und ihre Etats sind mit 83 Millionen DM (1982) aus öffentlichen Mitteln finanziert. Auch hier ist diese Form der Umwegfinanzierung von Parteien immer wieder angegriffen worden. In einigen Ländern wie in Finnland sind die zweckgebundenen Fonds ausdifferenziert für Wahlkampfkosten, Fraktionen und für die Parteipresse. Am wenigsten korruptionsanfällig sind die Dotierungen der parlamentarischen Fraktionen, die sich in den meisten Ländern ausbreiteten und zugleich die Zahl der Parteiangestellten in die Höhe trieb (vgl. Kap. 3.3). Sie sind sachlich angesichts steigender Komplexität der Gesetzgebungsarbeit auch ohne weiteres zu rechtfertigen.

In der Haltung zur staatlichen Finanzierung lassen sich in den westlichen Demokratien zwei Traditionen unterscheiden:

a) Die *angelsächsische,* die den Wettbewerb auf dem Markt durch Höchstgrenzen der Ausgaben der Parteien zu erhalten versucht, aber wenig bereit ist, die direkte staatliche Subven tionierung zu erwägen. In Großbritannien und in den Commonwealth-Staaten waren solche Ausgabenbegrenzungen – anders als in den USA – nur für die Kandidaten, nicht für die Parteien bindend (Heidenheimer 1970: 14). In Großbritannien hat die Royal Commission unter Lord Houghton 1976 die Einführung der staatlichen Parteiensubventionierung befürwortet. Aber es kam nicht zur gesetzgeberischen Initiative. Nicht einmal die Labourparty stand voll hinter den Empfehlungen der Kommission. In den USA wurden Amendments zum Federal Campaign Act (FECA) von 1971 infolge der traumatischen Erfahrungen mit der Nixon-Administration verabschiedet. Nixons Steigerung der Wahlkampfkosten zwischen 1968 und 1972 um das Doppelte und seine Praxis, illegale Zuwendungen durch Umwege und Transaktionen im Ausland als "gereinigtes Geld" (money laundring) in seine Wahlkampfkassen fließen zu lassen (Alexander 1976: 114ff.), zwangen zur gesetzgeberischen Initiative. Seit 1976 gibt es die Möglichkeit der Option für die öffentliche Finanzierung der Wahlkampagne in Präsidentschaftswahlen. Präsidentschaftskandidaten können seither für die öffentliche Finanzierung optieren, wenn sie auf den Einsatz privater Mittel verzichten und die Partei ihre Ausgaben auf eine Höchstsumme beschränkt. Bei den Vorwahlen (primaries) erhalten die Kandidaten bereits eine Ergänzung ihrer Eigenmittel (matching funds), und den beiden Parteien wird eine Unterstützung für die Durchführung des Nominierungsparteitages gewährt. Auch in den USA spielte die indirekte öffentliche Finanzierung der Parteien durch den Verzicht des Staates auf einen Teil seiner Steuereinnahmen eine zunehmende Rolle. Die direkten Zahlungen bei Präsidentschaftswahlkämpfen beruhten auf einem Verfahren des "tax check off". Jeder Steuerpflichtige kann pro Jahr einen Dollar in einen Fonds für die öffentliche Parteifinanzierung abführen. Diese Form des "Bürgerbeitrags" (mit oder ohne steuerliche Begünstigung) ist von Theodor Eschenburg und anderen immer wieder auch in die Diskussion in der Bundesrepublik eingebracht worden, wenn nicht – wie 1981 – in Deutschland eine Art Gleitklau-

4.3 Die Etatisierung der Parteienfinanzierung

sel für die Wahlkampfkostenerstattung – eine "scala mobile" als Ausweg aus der Finanzkrise angesehen wurde.

Die amerikanische Regelung für Präsidentschaftswahlkämpfe hat sich zur Kostendämmung bewährt (die Wahlkampfkostenpauschale der beiden Bewerber um die Präsidentschaft), nachdem Nixon vor allem die Kosten für die Wahlschlachten in wenigen Jahren verdoppelt hatte. Gleichwohl blieb die Regulierung der Ausgaben für Kongreßwahlen aus, abgesehen von den bestehenden Höchstgrenzen der Ausgaben pro Kandidat und pro Spender. Entwürfe zur Regelung dieser Frage wurden lange im Senat durch Filibuster und im Repräsentantenhaus durch den zuständigen Ausschuß zu Fall gebracht.

b) In der *kontinentalen* Tradition beschränkte sich die Reglementierung der Wahlkampfkosten vorwiegend auf die Eindämmung korrupter Praktiken. Die Finanzierung der Parteien wurde – im Sinne der sozialstaatlichen Orientierung vieler nordeuropäischer Länder – eher als soziales denn als rechtliches Problem aufgefaßt und gesetzgeberisch über die Einführung öffentlicher Rückerstattung von Wahlkampfkosten angegangen.

Die öffentliche Subventionierung der Parteien hat in den Ländern Kontinentaleuropas schon in den siebziger Jahren dazu geführt, daß einige Parteien mehr als Dreiviertel ihrer Einnahmen aus dem Staatshaushalt bezogen. In der Bundesrepublik lag der Anteil selbst in Wahljahren unter 50% (außer 1968 und 1979). Sie lag damit dank der Widerstände des Bundesverfassungsgerichts noch am unteren Ende der Skala, die das Ausmaß der Selbstbedienung der Parteien aus der Staatskasse widerspiegelt. Aber die einzelnen Einkommensarten müssen in Beziehung gesetzt werden zum Gesamteinkommen, und da galten die deutschen Parteien lange dreimal einkommensstärker als die Parteien Kanadas und Amerikas, die Meister im "fund raising" sind (Naßmacher 1982: 14). In Spanien, wo die Parteien ihre Infrastruktur neu aufbauen mußten, war der Anteil der öffentlichen Gelder im Parteienbudget am höchsten. Klassische Beitragsparteien wie die Sozialisten und Kommunisten lagen im internationalen Vergleich noch immer unter den Anteilen, die bürgerliche Parteien aus der Staatskasse bezogen. Die Zahlen sind jedoch mit Vorsicht zu behandeln. Die staatlichen Dotationen sind zu unterschiedlich geregelt, und die Rechenschaftspflicht ist zu locker implementiert, als daß verläßliche Prozentsätze für einzelne Einnahmequellen der Parteien über einen längeren Zeitraum hin gegeben werden könnten.

Neben der offiziellen und direkten Staatssubventionierung der Parteien gibt es in westlichen Demokratien eine Grauzone mannigfaltiger *indirekter staatlicher Hilfen* für die Parteien, – selbst in den angelsächsischen Ländern, die gegen die Staatssubventionierung noch Widerstand leisten. Im britischen System gibt es seit

1975 Dotationen für die *Oppositionsparteien,* damit diese ihre parlamentarischen Funktionen erfüllen können. In den USA wird die Last der *Wählerregistrierung* – in Europa ohnehin eine Angelegenheit des Staates – mehr und mehr den Parteien in einzelnen Staaten abgenommen. Auch die Gewährung *unbezahlter Zeiten im staatlichen Fernsehen* gehört zu den indirekten Finanzierungshilfen durch den Staat.

An der Grenze des Zulässigen liegt die Anzapfung *der Staatsmittel durch die Regierungsparteien.* In der Bundesrepublik mußten die Gerichte mehrfach gegen die Wahlwerbung aus Haushaltsmitteln einschreiten, nachdem bis 1966 die Regierungsparteien ca. 10% des Fonds für die Öffentlichkeitsarbeit zur Steuerung der Aufmerksamkeit der Bürger auf ihre Politik genutzt hatten. *Anzeigenwerbung des Staates* in Parteiorganen und andere Koppelungsgeschäfte überschreiten vielfach die Grenze zur Korruption, insbesondere, wenn öffentliche Aufträge im Tausch für Spenden an die Regierungsparteien vergeben werden. Solche Korruptionserscheinungen haben in den USA (FECA Amendment 1976) und in Italien (1974) dazu geführt, die staatliche Subventionierung der Parteien als Alternative ins Auge zu fassen.

Die große transnationale Studie zur Parteiorganisation (Katz/Mair 1992), die meine Daten für die siebziger Jahre überholte (Tabelle 4.2), dokumentierte das Wachstum der staatlichen Alimentierung von Parteien. Die Zahlen sind aber wenig vergleichbar, weil sie meist in nationalen Währungen angegeben werden. Italien war schon wegen der Inflation überbewertet. Die Interpretation behalf sich mit Zuwachsraten des Anteils von öffentlicher Finanzierung am Einkommen der Parteien. Es zeichneten sich mehrere Gruppen ab.

Für Deutschland hat das Team unfairerweise – Arnims Anregungen folgend – die gesamten Stiftungen in die Rechnung einbezogen und dann ein zehnfach höheres Staatseinkommen festgestellt als sonstige Einnahmen. Nur die Niederlande, Großbritannien und die USA hielten noch die Fahne der ganz überwiegenden Selbstfinanzierung der Parteien hoch (Katz/Mair 1994: 141f).

Deutschland schneidet im internationalen Vergleich wegen seiner schieren Größe schlecht ab, welche die Nominalbeträge der öffentlichen Parteienfinanzierung in die Höhe treibt. Fairer ist die Umrechnung auf Geldeinheiten pro Wahlberechtigten. Bei dieser Berechnung (Kaltefleiter/Naßmacher 1994: 261) kam die Bundesrepublik in eine mittlere Position, über den angelsächsischen Ländern, etwa auf gleicher Ebene wie die spät eingeführte französische Regelung und die Lösung, die in Italien bis 1993 galt (anders: Landfried 1994: 323). Deutschland lag jedoch noch immer unter Ländern wie Österreich, Portugal, Schweden und Spanien. Dabei sind – fairerweise – die Gelder für die Stiftungen nicht einberechnet.

4.3 Die Etatisierung der Parteienfinanzierung

Der Anteil der Staatsfinanzen wurde mit zunehmender Genauigkeit nach Ländern und Parteifamilien errechnet. Bei den Ländern lag er Ende der 80er Jahre in Frankreich, in Norwegen und in Schweden bei über 50% der Einnahmen. Es folgten Finnland und Österreich mit 46 und 42%. Großbritannien lag am Schluß der Skala mit ca. 10%. Deutschland bei etwa 20% war eher im unteren Mittelfeld. Bei den Parteifamilien profitierten die Kommunisten und die Agrarparteien mit ca. 48% am meisten von der öffentlichen Parteienfinanzierung. Es folgten die Konservativen (42%), die Grünen mit fast 39%, die Liberalen mit ca. 35% und die Christdemokraten mit fast 29%. In den meisten Ländern war dieser Anteil Anfang der 80er Jahre sogar höher gewesen (Krouwel 1998: 83).

Tabelle 4.1: *Anteil der direkten Staatsfinanzierung am Einkommen der Parteien (in Prozent)*

Land	1961–65	1966–70	1971–75	1976–80	1981–85	1986–90
Dänemark	-	-	-	-	-	33,9
Deutschland	47,5	32,9	21,7	15,8	19,7	19,1
Finnland	-	86,9	55,2	44,9	47,8	46,1
Frankreich	-	-	-	-	-	59,2
Großbritannien	-	-	13,8	10,8	9,4	10,5
Irland	35,4	29,4	19,1	18,9	15,4	-
Italien	-	91,6	67,8	67,2	66,2	53,7
Niederlande	1,9	1,3	1,7	1,2	0,8	1,8
Norwegen	3,2	57,0	63,4	54,1	58,1	55,6
Österreich	-	-	26,3	37,0	36,5	42,8
Schweden	49,0	51,6	63,5	68,8	60,9	54,6

Quelle: Daten nach Katz/Mair 1992; Krouwel 1998: 82. Weitere Zahlen für Deutschland und Finnland in Pierre 2000: 14

Die Niederlande hatten die geringste öffentliche Subventionierung von Parteien. Im Zeitverlauf sind die klassischen Parteienstaaten Deutschland und Italien beim Zugriff auf die Staatskasse eher bescheidener geworden. Ähnliches gilt für Finnland und Irland. Spätkommer in dieser Entwicklung wie Dänemark und Frankreich haben kräftig aufgeholt. Im ganzen läßt sich jedoch keine lineare Entwicklung zu mehr Staatsfinanzierung der Parteien seit Mitte der 70er Jahre feststellen.

Die Tendenz zur öffentlichen Subventionierung der Parteien schreitet voran. Als Einwände werden jedoch noch immer gewichtige Argumente in der politischen Debatte angeführt:

- Es entsteht eine politische Klasse, die mit öffentlicher Parteifinanzierung und weiteren Privilegien der Parteien in Verbindung mit steigenden Diäten ihre

Macht festigt. *Etatisierung* und *Kapitalisierung* der Einnahmen und *Kommerzialisierung* der Ausgaben nehmen in der Ära der Parteien der Berufspolitiker zu. Inzwischen ist durch die Skandale der Auslandskonten deutscher Parteien auch fraglich geworden, ob die Großspenden bei keiner Bundestagspartei über 10 Prozent ausmachte (Landfried 1994: 353). Eine Annäherung an amerikanische Bräuche scheint sich abzuzeichnen. Daß die Kommerzialisierung der Ausgaben Fortschritte macht ist unbestritten. Die professionell-elektoralen Parteien haben mit dem Aufstieg der neuen Medien sich den neuen Marktbedingungen anpassen müssen.

- Der Prozeß der *Etatisierung* der Parteien wird verstärkt. Der Staat wird über die Rechenschaftslegung der Parteien mehr und mehr herausgefordert, auf das innere Leben der Parteien Einfluß zu nehmen.
- Es wurde befürchtet, die *Zentralisierung* werde zunehmen. Föderale Staaten (Deutschland, Österreich) und Länder mit starker kommunaler Selbstverwaltung (Schweden) zeigten aber, daß eine nicht nur zentrale Parteien begünstigende Subventionierung möglich ist (Naßmacher 1989).
- Es wird ein weiterer *Rückgang des Organisationsgrades* der Parteien befürchtet (vgl. Kap. 3.2) mit dem Argument, daß die Parteien für ihre Finanzierung nicht mehr auf die Mitglieder angewiesen seien.
- Man befürchtet eine *weitere Schwächung der Opposition* im parlamentarischen System, wenn diese staatlich alimentiert wird. Schweden hat die Benachteiligung der Opposition dadurch auszugleichen versucht, daß es den Oppositionsparteien pro Mandat und Jahr einen höheren Betrag zukommen ließ.
- Eine Stärkung der *Parteibürokratie* und ihres Zentralismus auf Kosten der Mitglieder und der organisatorischen Untereinheiten wird befürchtet. Als Gegenmittel ist es jedoch möglich, die Zuwendungen nicht der Zentrale global zu überweisen, sondern je nach Wahl- und Parteienebene unter Berücksichtigung der föderativen Strukturen wie in der Bundesrepublik, in Österreich und sogar im zentralistischen Staat Schweden die Dotationen dezentralisiert zu verteilen. Nur in Italien hat man für zentralisierte Vergabe der Mittel plädiert, weil man darin ein Mittel zur Zähmung der Faktionen sah.
- Ferner wird befürchtet, daß die öffentliche Finanzierung der Parteien zur *Konservierung des Status quo im Parteiensystem* beiträgt. Im Interesse der Stabilität hat man in Schweden versucht, die Parteien gegen plötzliche Einbrüche in ihrer Wählerschaft wenigstens finanziell zu sichern, und die Wahlergebnisse von zwei vorhergehenden Wahlen als Berechnungsgrundlage genommen. Überall in westlichen Demokratien hat die öffentliche Parteienfinanzierung die größeren Parteien begünstigt. In Kanada mußte man bei den

4.3 Die Etatisierung der Parteienfinanzierung

nationalen Wahlen mindestens 15% erreichen, um an der Kostenerstattung der Wählkampfausgaben teilzuhaben. In anderen Systemen wurde ein wirksamer Schutz für die kleinen Parteien entwickelt. In der Bundesrepublik hat das Bundesverfassungsgericht zweimal zugunsten der kleinen Parteien interveniert. Es hat klargestellt, daß die Fünfprozentklausel nicht auf die Parteienfinanzierung angewandt werden darf. Selbst die Marge von 2,5 wurde vom Gericht noch als starke Benachteiligung der Einzelkandidaten angesehen, und der Gesetzgeber mußte sie auf 0,5% der Wahlstimmen senken. Schweden hingegen hatte trotz einer Vierprozentklausel keine Bedenken, die Erreichung von 2,5% der Stimmen in den Wahlen als Bedingung für die Teilhabe an den öffentlichen Fonds festzusetzen. In Italien wurde ein doppelter Schutz für die kleinen Parteien eingebaut: Die ethnischen Regionalparteien bekamen feste Summen zugesprochen. Die sonstigen Mittel wurden in zwei Fonds aufgeteilt. In der Bundesrepublik haben die Grünen 1980 argumentiert, sie seien gegenüber den etablierten Parteien benachteiligt gewesen. Das traf vor allem bei den Sendezeiten in den Medien zu, die auch nach vergangenen Wählerfolgen bemessen werden. Aber in der Bundesrepublik hat die Fünfprozentklausel so negative Auswirkungen auf die kleinen Parteien, daß weitere Benachteiligungen eher zweitrangig erscheinen. Im internationalen Vergleich hat sich gezeigt, daß alternierende Regierungen und die Ablösung von Regierungsparteien durch die öffentliche Parteienfinanzierung nicht verhindert wurde, und daß kleine neue Parteien nirgends dauerhaft behindert worden sind.

- Ein pragmatischer Einwand gegen die öffentliche Unterstützung der Parteien lautet schließlich, daß diese die *Finanzprobleme* der Parteien auf die Dauer nicht lösen werde und die *Abhängigkeit von privaten Spendern* bestehen bleibe. Die schwedische Zeitung "Dagens Nyheter" hat Interviews durchgeführt, um die Wirkung der öffentlichen Finanzierung zu analysieren. Sie kam zu dem Schluß, daß die Abhängigkeit der Parteien von privaten Geldgebern unvermindert fortbestehe (Andrén 1968: 229f.). In Deutschland bewahrheitete sich dies im Skandal um die schwarzen CDU-Kassen (1999/2000) in krasser Weise.

Diese Einwände haben auf dem europäischen Kontinent bisher nicht dazu geführt, daß der Weg der staatlichen Parteiensubventionierung wieder verlassen wurde. Die Abschaffung der öffentlichen Parteienfinanzierung durch Parlamentsmehrheiten ist in allen europäischen Ländern unwahrscheinlich. Die Parteien sind zu sehr an diese Geldquelle gewöhnt und auf sie angewiesen. Nur durch eine Initiative aus dem Volk, das in allen Ländern gegenüber dieser Form der Parteienfinanzierung überwiegend mißtrauisch blieb, wäre es möglich, das Rad zurückzudrehen. Nur wenige Länder kennen die verfassungsmäßige Möglichkeit zur Referendumsinitiative. Der einzige Fall einer Initiative, in Italien 1978, wurde mit ca. 55% der Stimmen abgelehnt. Vermutlich wird die öffentliche Parteienfinanzierung beibehalten werden, denn es gehen einige positive Wirkungen von ihr aus:

- Die *Parteiarbeit* wurde in manchen Ländern *kontinuierlicher* gestaltet. Der periodischen Hektik der Profilierung als Wahlkampfverein folgt die Möglichkeit, wieder stetiger politische Aufklärungsarbeit zu leisten, was der Sozialisationsfunktion der Parteien zugute kommt.
- Die Parteien sind gegenüber den Pressionen einflußreicher Großspender *unabhängiger* geworden.
- Die *Chancen* der Parteien untereinander sind stärker *angeglichen* worden, vor allem dort, wo der Schutz der kleinen Parteien funktioniert.
- Die Heranführung der Parteien an die *staatlichen Aufgaben* hat zugenommen. Die Parteien fühlen sich weniger als Ghetto- oder bloße Protestparteien, zum Leidwesen der Extremisten aller Schattierungen.

4. Die Professionalisierung der Führung und die innerparteiliche Demokratie

Der Faktionalismus vieler Parteien ist ein erster Beleg für die Tatsache, daß Parteien keine monolithischen Einheiten sind, die straff geführt von Parteibürokratien und elitären Führern in der politischen Arena das Banner der Demokratie schwingen, aber in ihren eigenen Reihen einen autoritären Führungsstil bevorzugen. Gleichwohl ist das Bild von der oligarchischen Organisation "Partei" weitverbreitet. Kein Wort der gesamten Parteienforschung hat in der Organisationssoziologie aller Anwendungsbereiche so viel Furore gemacht wie der Satz von Robert Michels (1925: 25): "Wer Organisation sagt, sagt Tendenz zur Oligarchie". Max Weber (1956: 548) formulierte milder, aber in der Sache ähnlich, als er Parteien "um Herrschaft kämpfende Gebilde" nannte, mit der Tendenz behaftet, "sich ihrerseits in ihrer Struktur ausgeprägt herrschaftlich zu gliedern". Diese Urteile betrafen eine Epoche der Parteiengeschichte, in der viele der Repräsentativsysteme noch nicht demokratisiert waren. Selbst in Großbritannien wurde das allgemeine Wahlrecht – ein Minimalkriterium der Demokratie – erst nach dem Ersten Weltkrieg voll realisiert. Konnten die Parteien demokratischer sein als die Systeme, in denen sie um die Macht kämpften? Die schrittweise Demokratisierung der Regime ist sogar in Zusammenhang mit den undemokratischen Strukturen in den Parteien gesehen worden. Mit Recht für eine Übergangsphase. Die

4.4 Professionalisierung und innerparteiliche Demokratie

Parteien konnten beim Übergang zur Massendemokratie den Andrang der Wählermassen nicht anders kanalisieren. Sie wurden so seit Ende des 19. Jahrhunderts überwiegend zu Einweg-Organisationen, von oben nach unten zur Wählermobilisierung organisiert. Sie waren organisatorisch noch zu wenig ausdifferenziert, um schon ein Instrument für die demokratische Willensbildung von unten nach oben sein zu können.

Nur die sozialistischen Parteien traten damals mit dem Anspruch auf, demokratische Willensbildung in der Partei realisieren zu wollen. Die bürgerlichen Parteien (außer den Radikalen) hatten Ende des 19. Jahrhunderts zum Teil noch ideologische Vorbehalte gegen eine volle Demokratisierung. Es war daher nicht verwunderlich, daß sie im Inneren nicht an ihrer Demokratisierung arbeiteten. Nur die sozialistischen Parteien hatten Institutionen in ihrer Organisation entwickelt, die wenigstens eine "Parlamentarisierung" des innerparteilichen Willensbildungsprozesses ermöglichten. Nur sie hielten regelmäßig Parteitage ab, die das höchste Organ zur innerparteilichen Entscheidung über die einzuschlagende Politik wurden. Selbst die christlichen Parteien, die aufgrund ihrer weltanschaulichen Geschlossenheit am ehesten Bedarf für einen Parteitag als dem institutionellen Sitz der "Parteisouveränität" gehabt hätten, entwickelten dieses Instrument verhältnismäßig spät. Das Zentrum in Deutschland verstand die Partei noch lange als Abbild einer ständisch gegliederten Volksidee. Partei wurde weitgehend als identisch mit dem "katholischen Volk" gedacht. Die Katholikentage (Generalversammlungen der Katholiken Deutschlands) wurden gelegentlich von den Zentrumspolitikern als Äquivalent der Parteitage in der SPD angesehen (Mittmann 1976: 116). Als die Konservativen in einigen Ländern schließlich die Organisationsstrukturen ihrer Gegner so weit akzeptiert hatten, daß auch sie Parteitage abhielten, waren diese noch weit entfernt, die Politik der Führung zu binden. Dem britischen Konservativen Balfour wird das Bonmot zugeschrieben, daß er lieber seinen Diener als einen Parteitag über die Politik, die er verfolgen wolle, konsultiere (Drucker 1979: 41). Die Konservativen Großbritanniens haben nach der Rezeption des Instruments von Parteitagen noch lange gebraucht, bis diese vom Transmissionsriemen des Führerwillens zu einem Organ demokratischer Willensbildung umgeformt wurden. Erst seit 1967 gab es nach den Parteitagsdebatten auch verbindliche Beschlüsse, und erst seit 1965 pflegte der Parteiführer für die ganze Dauer eines Parteitages zugegen zu sein. Davor erschien er in der Regel nur zu einer Abschlußkundgebung.

Zwischen den Weltkriegen bestand nicht nur in Deutschland eine gewisse Kluft zwischen dem demokratischen Anspruch des politischen Systems und der inneren Verfassung der Parteien. Erst nach dem Zweiten Weltkrieg wurden die Parteien in einigen Ländern per Gesetz auf demokratische Strukturen verpflichtet. In den Ländern, die am stärksten unter dem Faschismus gelitten hatten, wurden rechtsextremistische Parteien durch die Verbotsdrohung dazu gezwungen, wenigstens nach außen hin als "angepaßter Faschismus" aufzutreten. Unverhüllt autoritäre Führerstrukturen, wie sie die NSDAP 1929 mit dem Verbot krönte, auch nur den Ortsgruppenleiter durch die Mitglieder wählen zu lassen, waren in Italien und Deutschland nicht mehr möglich. Aber auch in den neuen demokratischen Staaten, die nach dem Zusammenbruch der innerparteilichen Demokratie größere Aufmerksamkeit schenkten, konzentrierte man sich weitgehend auf die Sorge um die "Führerdemokratie" der Rechtsextremisten und den "demokratischen Zentralismus" der Kommunisten. In Bezug auf die innere Struktur der Parteien des "Verfassungsbogens", in Bezug auf alle Gruppen, die als koalitionsfähig angesehen wurden, nahm man hingegen stillschweigend an, daß die Parteiorganisation weitgehend den demokratischen Postulaten des Systems entspräche.

Innerparteiliche Demokratie ließ sich nicht durch Deklarationen in Parteien- und Wahlgesetzen schaffen. Es waren auch vielfach nicht die autoritären Bestrebungen charismatischer Führer dafür verantwortlich zu machen, daß das innere Parteileben große Demokratiedefizite aufwies. Obwohl die Parteimitglieder eine politisch interessiertere Gruppe als die Masse der Wähler darstellen, zeigten Analysen des parteilichen Lebens, daß die Partizipation an der Willensbildung in der Partei gering ist. Im Gegensatz zu den Verbänden sind weniger materielle und berufliche Anreize mit innerorganisatorischer Arbeit verbunden. Die Beitragszahlung ist die einzige Pflicht, auf deren Erfüllung viele Parteien achten, und in manchen bürgerlichen Parteien geht man nicht einmal mit Sanktionen gegenüber säumigen Beitragszahlern vor. Nur extremistische Parteien erwarten mehr von ihren Mitgliedern als die Erfüllung der formalen Minimalpflichten.

Kommunistische Parteien hatten die längsten Pflichtenkataloge in ihren Statuten, insbesondere in Finnland. Mit dem Verlust eines Teils der Sozialisations- und Erziehungsfunktionen der Parteien sind die modernen Parteien immer weniger kreativ in der Fähigkeit, ihren Mitgliedern Aufgaben außerhalb gelegentlicher Wahlkampfhilfe zu stellen. Ihr Angebot an die Mitglieder beschränkt sich in der Regel auf Veranstaltungen mit Rednern aus dem Kreis ihrer Aktivisten und Berufspolitiker.

Trotz der äußeren Anpassung der innerparteilichen Strukturen an die demokratischen Usancen des Gesamtsystems gibt es in vielen westlichen Demokratien starke Demokratiedefizite. Zwar fehlen vergleichende Untersuchungen auf diesem Gebiet fast vollständig. Alle Aussagen in diesem Bereich sind fast immer noch so selektiv wie zu Zeiten Ostrogorskis und Michels', deren Anschauung sich auf die Parteien Englands und der USA sowie der kontinentalen sozialistischen Parteien stützte.

Heute läßt sich aber wenigstens ein größerer Kreis von Parteien in die Analyse mit einbeziehen. Das Material dazu stützt sich auf kaum vergleichbare Einzel-

4.4 Professionalisierung und innerparteiliche Demokratie   147

studien über wenig vergleichbare Einheiten, meistens die Grundeinheiten der Partei in einem begrenzten regionalen Rahmen. Dennoch lassen sich einige Verallgemeinerungen über typische Demokratiedefizite in westlich-demokratischen Parteien machen:

(1) Die *Partizipation der Parteimitglieder* an der innerparteilichen Willensbildung ist *gering*. Einzelstudien schwanken in ihren Befunden. In der schwedischen Sozialdemokratie haben 69% der Mitglieder erklärt, daß sie gelegentlich an den innerparteilichen Entscheidungen teilnähmen (Partidemokrati 1972: 51), in der italienischen DC gaben mehr als die Hälfte der Mitglieder zu, daß sie im letzten halben Jahr nicht einmal eine Versammlung ihrer Partei besucht hätten, und in der CDU gehörten nur ca. 10–15% der Mitglieder zum aktiven Kern der Partei (Parisi 1979: 64; Falke 1982: 251).

Eine deutsche Befragung von Parteimitgliedern (Greven 1987: 560) zeigte, daß über Zweidrittel sich in den Parteien als einflußlos wahrnehmen, aber die Mehrheit von diesen beklagt sich nicht. Die Mitgliedschaft verspricht eine politische Heimat im Austausch für programmatische Identifikation. Größere politische Aktivität sucht eine kleine Minderheit von maximal 10 Prozent. Durch die Flügelbildung und die innerparteiliche Opposition, wie sie vor allem von den Jugendorganisationen der Parteien ausging, wurde immer wieder versucht, die Partizipationsrate zu steigern. Selbst die "Young Conservatives" in der britischen Tory-Partei haben für mehr Demokratie und Partizipation gekämpft. Vielfach haben die Konflikte jedoch dazu geführt, daß der rechte Flügel unter dem Eindruck der Überpartizipation des linken Flügels noch weniger Bereitschaft zeigte, am Leben der Partei teilzunehmen, und den Dauerdiskussionen der aktiven Minderheit apathisch aus dem Wege ging.

Ein Indikator für den Übergang von den Volksparteien zu den Parteien der Berufspolitiker ist die These von zunehmender Fragmentierung der Parteien und einem *"dealignment"* der Mitglieder. Eine quantitative Studie hat dies weder bei modernen Parteien wie den deutschen noch den eher traditionellen griechischen Parteien entdecken können (Heidar 1994: 105). Dieser Befund zeigt, daß das verbale Verhalten der Mitglieder – die weltanschauliche Solidarität bekunden – mit ihrem tatsächlichen Verhalten nicht übereinstimmt. Das letztere ist aber allenfalls durch Fallstudien und teilnehmende Beobachtung zu ermitteln und läßt sich schwer verallgemeinern.

(2) Die *Parteitage* als der institutionelle Sitz der innerparteilichen Volkssouveränität haben vielfach die Funktion des bloßen *Akklamationsorgans*. Ihre Tagesordnung ist weitgehend von der Parteiführung bestimmt. Ex-officio-Mitgliedschaften eines Teils der Amtsträger und Funktionäre bis zu 20% wurden

auch in demokratischen Parteien noch für tragbar angesehen. Die Außenwirkung der Parteitage, von der Führung gesteuert, wird als wichtiger erachtet als die Willensbildung von unten. Dennoch zeigt sich in vielen europäischen Parteien, daß der Druck auf die Parteiführung wächst, offenere Diskussionen zuzulassen. Die Antragsflut, mit der moderne Parteitage konfrontiert werden, hat im Zeitalter der Reideologisierung der Parteien die Regie der Parteiführung nicht selten kreativ in Frage gestellt.

Wenn man die Häufigkeit von Parteitagen als Chance der Mitglieder definiert, Einfluß auf die Politik und die Führung der Partei zu nehmen, so erscheint die Zahl der Parteitage als Indikator der innerparteilichen Demokratie. Die Zahl der Parteitage nahm in den 70er Jahren als Folge der Studentenunruhen und der Reideologisierung zu, um in den 80er Jahren wieder zu sinken. Im Westminstermodell Großbritanniens und Irlands war die Frequenz der Parteitage am höchsten, in Österreich und Italien am niedrigsten. Deutschland, Frankreich und die skandinavischen Länder lagen in der Mitte (Katz/Mair 1992, Janda 1980, Krouwel 1998: 110). Aber die Verteilung der Parteitagshäufigkeit läßt Zweifel aufkommen, daß die innerparteiliche Demokratie bei der traditionell guten Regie britischer Party Conventions ein Indikator für mehr Demokratie in diesen Parteien darstellt. Die Tendenz zur "Repräsentation von oben", die für Schweden und Deutschland festgestellt wurde (Esaiasson/Holmberg 1996, von Beyme 1997) läßt Zweifel aufkommen, daß der Einfluß von unten nach oben im Wachsen begriffen ist. Genauso gut ließe sich die These vertreten, daß die Verstetigung von Parteitagen ein Indikator für das Wachstum der Partei der Berufspolitiker darstellt, die symbolische Politik durch Inszenierung versuchen.

Soweit linke Aktivisten eine dynamische Parteitagspolitik als Vehikel von mehr Fortschritt werteten, konnte ihnen auch von ganz wertneutralen Umfrageforschern die tröstliche Botschaft zuteil werden: Auch ohne große ideologische Mobilisierung waren die Parteieliten im Durchschnitt links von der Mehrheit ihrer Gefolgschaft, außer bei den Konservativen, die sich leicht rechts von ihrer Wählerschaft in ihren politischen Ansichten befanden (Widfeldt 1999: 313).

(3) Ein weiteres Demokratiedefizit stellt der *geringe Wechsel in der Ämterbesetzung dar*. Von der nationalen bis zur lokalen Ebene sind ständige Wiederwahl der Amtsinhaber und geringe Rotation als Mangel beklagt worden. Ein Vergleich der drei größten französischen Parteien widerlegte die Annahmen über oligarchische Parteistrukturen bei den bürgerlichen Parteien mehr noch als bei den linken Parteien (Schonfeld 1981). Aber die Zählung des Wechsels in der Parteiführung gibt nur einen und keineswegs den inhaltlich überzeugendsten Indikator für Demokratisierungsbemühungen in den Parteien ab.

(4) Die *Penetration der Parteien durch Verbandsinteressen*, durch organisatorische Institutionen wie Arbeitsgemeinschaften oder durch Faktionalismus abgestützt, ist ein weiteres Gravamen in der innerorganisatorischen Demokratiedebatte. Wo indirekte Organisationsstrukturen bestehen, ist die Gefahr besonders groß, daß der Wille der Mehrheit der Parteimitglieder durch die Machtblöcke verzerrt wird, wie in der Labourparty Großbritanniens oder bei der ÖVP in Österreich. In der ÖVP wird die demokratische Willensbildung der Mitglieder schon im Vorfeld, bei der Wahl der Obmänner in den der Partei angeschlossenen Bünden unterbrochen, die zum Teil Ex-officio-Mitglieder der Parteiexekutive sind.

(5) Die *Parteienfinanzierung*, die im privaten Spendenbereich durch Großorganisationen kanalisiert wird, welche überwiegend mit der Parteizentrale zusammenarbeiten und die in ihrer öffentlichen Unterstützung aus dem Staatshaushalt nicht in allen Ländern die unteren Ebenen finanziell bedenken, ist ebenfalls ein Einfallstor für zentralistische und oligarchische Tendenzen in der modernen Parteiendemokratie.

(6) Gemessen am *Sozialprofil der Parteieliten* erscheinen diese zunehmend von der Mitgliedschaft sozial abgehoben zu sein. Selbst in den kommunistischen Parteien sind Arbeiter kaum noch durch Arbeiter vertreten. Bei der KPI waren 1976 nur 8,7% Arbeiter unter den Abgeordneten der Kammer und nur 5,2% Arbeiter unter den Deputierten im Senat zu finden. Unter den Delegierten zu den Willensbildungsorganen der Parteien wächst die Überrepräsentation des Mittelstandes. Zunehmend steht der ideologische Standort von Parteieliten im umgekehrten Verhältnis zu den vermuteten Imperativen der sozialen Herkunft. Die arbeitnehmerorientierten "Kanalarbeiter" der SPD stellten den rechten Parteiflügel dar, mittelständische Intellektuelle hingegen führten die Parteilinke. Politiker aus der Unterschicht haben sich selbst in konservativen Parteien wie in England noch "rechts" profiliert, während die mittelständische Oxbridge-Elite vergleichsweise liberalere Politik vertrat. Vergleichende Studien über Sozialstruktur und politischen Status in europäischen Parteien kamen zum Schluß, daß Sozialstrukturdaten für die Führungsrekrutierung nur geringe Bedeutung haben. Sie können aber bei Kämpfen rivalisierender Faktionen und Partei-Unterorganisationen gelegentlich relevant werden (Niedermayer/Schmitt 1983: 307).

Das Problem ist in den Ländern, in denen der "Klassencharakter" der Parteien sich stärker erhalten hat, akuter als in anderen. Wo eine christdemokratische mit einer sozialistischen Partei konkurriert (Belgien, Bundesrepublik, Luxemburg), war das Sozialprofil der Parteieliten kaum so unterschiedlich, daß das Image der Parteien davon beeinträchtigt werden konnte. Nur kommunistische Parteien haben versucht, ihr Sozialprofil durch bewußte *Rekrutierungs- und Kaderpolitik* zu gestalten. Die Planung der sozialen Zusammensetzung der Spitzengremien, die in etwa der der Mitgliedschaft und der Wählerschaft der Partei entspricht, ist in anderen Parteien kaum irgendwo ernsthaft versucht worden. Allenfalls bei der Kandidatenaufstellung im Wahlkreis spielen solche Erwägungen eine Rolle. Zur bewußten Planung der sozialen Zusammensetzung einer Fraktion ist es jedoch in westlichen Demokratien bisher kaum gekommen. Nur in Amerika hat man angesichts der Rassenprobleme des Landes die Idee der *Quotierung* von Gruppen zu den Parteitagen erwogen. Die Urheber haben solche Pläne jedoch fallengelassen, als sie erlebten, daß Frauen, Jugendliche und andere soziale und ethnische Gruppen das gleiche Recht, das für die schwarze Bevölkerung diskutiert wurde, für sich in Anspruch zu nehmen begannen (Ranney 1976: 190).

Die erwähnten sechs Defizite an demokratischer Struktur der Parteien reichen jedoch nicht aus, um Michels' ehernes Gesetz der Oligarchie zu bestätigen. Aus mehreren Gründen hat sich der Prozeß der Zunahme undemokratischer Praktiken in der Parteiführung nicht unilinear in der Form fortgesetzt, wie die Parteientheoretiker Anfang des 20. Jahrhunderts unterstellten:

(1) Die *Parteibürokratie* entwickelte keine so starke Machtposition, wie Michels einst vorausgesagt hatte. Der enttäuschte Sozialdemokrat Michels hatte mit seiner These besonders schockiert, weil er gerade in den Arbeiterparteien die Tendenz zur Oligarchie für besonders stark erachtete. Auch für die siebziger Jahre hat man noch geltend gemacht, daß in einigen Ländern die bürgerlichen Parteien in der Rotation der Eliten demokratischer wirkten als die linken Parteien, die einen soviel größeren Anspruch in bezug auf ihre innere demokratische Struktur erhöben. Bürgerliche Parteien waren für bürokratische Tendenzen weniger anfällig, weil sie kaum eine Parteibürokratie entwickelten. Der professionelle Parteifunktionär spielte bei ihnen keine Rolle. Er wurde von den sozialistischen Parteien erfunden und von den kommunistischen Parteien perfektioniert. Über den Umfang der professionellen Parteifunktionäre sind wir noch schlechter informiert als bei Verbänden und Gewerkschaften. Nur wenige linke Parteien hielten die Zahl der Funktionäre nicht geheim. Die KPI war eine rühmliche Ausnahme. 1976 gab sie 2325 Funktionäre an, eine Zahl, die möglicherweise zu niedrig war, weil sie nicht die Angestellten der Vorfeld- und Zubringerorganisationen der Partei mit einschloß und die bezahlten Parteiarbeiter nicht hinreichend von den Amtsträgern, die als Repräsentanten von der Politik leben, unterschied. Selbst in kommunistischen Parteien, in denen die Funktionäre ungleich mehr Funktionen besitzen als in bürgerlichen Parteien, nahmen diese ihren Status bei Befragungen eher als bescheiden wahr (Subileau 1982).

4.4 Professionalisierung und innerparteiliche Demokratie

Michels scheint nachträglich recht zu bekommen, weil sich im Übergang von den Volksparteien zu den Parteien der Berufspolitiker in den meisten Demokratien eine drastische *Vermehrung der bezahlten Parteiarbeiter* nachweisen läßt. Die Zahlen sind jedoch schwer vergleichbar. Einige Länder sondern die Hilfskräfte der Parteien im Parlament nicht hinreichend von den Funktionären der Parteiorganisation außerhalb des Parlaments. Überall ist die erste Gruppe stark gewachsen. Die Länderberichte der monumentalen Studie der Parteienorganisationen von Katz und Mair (1992) bringt eine Fülle von Details. Am vergleichbarsten sind die Zuwachsraten der Stäbe der Parteien. Sie wuchsen zwischen 17% (Niederlande) bis zu 330% (Irland). Deutschland liegt bei diesem Wachstum mit einem Plus von 268% an der Spitze der großen Länder, Großbritannien mit nur 24% Plus am unteren Ende der größten europäischen Staaten (Mair 1998: 137). In einigen klassischen Parteienstaaten in Deutschland, Österreich und Skandinavien sind die Angehörigen der Stäbe von Parlamentsfraktionen drei bis viermal so stark gewachsen wie die Angestellten der Parteizentralen. Das Wachstum beider Gruppen ist eine Folge des Ausbaus der staatlichen Finanzierung. Die Parteien der Berufspolitiker sind jedoch angesichts der Entwicklung von bürokratischen Kaderparteien zu elektoralen Rahmenparteien jedoch keine Bestätigung des Michels'schen Gesetzes. Paraodoxerweise haben die Stäbe der Parlamentsfraktionen, die keinen rigorosen Rotationsregeln unterworfen waren, bei den Grünen größeren Einfluß erlangt als bei den etablierten Parteien. Michels Diktum, daß selbst anarchistische Organisationen dem Gesetz der Oligarchie nicht entkommen, trifft daher in einer sehr allgemeinen Weise zu. Aber die Führung der Parteien ist vielfach bei Parteiführern geblieben, die auch repräsentative oder gar Regierungsämter innehatten. Insofern hatte Michels seine Thesen zu sehr auf ein vorparlamentarisches System wie das Deutsche Kaiserreich zugespitzt.

Noch sinnvoller als die Zuwachsraten ist die Aufschlüsselung der Parteiangestellten im Verhältnis zur Mitgliedschaft nach Ländern und Parteienfamilien. Pro 10000 Mitglieder zeigten sich Italien (187.8), Irland (8.3) und die skandinavischen Länder mit Ausnahme von Norwegen (ca. 6 Angestellte) als die Spitzenreiter. Deutschland (4.4) und Österreich (2.8) lagen entgegen den Vermutungen in der nicht vergleichenden Literatur in der Mitte. Großbritannien bildete mit 2.1 Funktionären in den 90er Jahren das Schlußlicht (Katz/Mair 1992, Krouwel 1998: 91). Bei den Parteienfamilien lagen erwartungsgemäß die Sozialisten (26.2) und Kommunisten (11.6) vorn. Erstaunlicher Weise wurden sie von den Ökoparteien übertroffen (22.7). Dies mag dadurch erklärt werden, daß sie nicht mitgliederstark waren und zur klassischen Rahmenpartei neuen Typs geworden sind. Zum Teil wurde in ihnen auch planmäßige Versorgungspolitik für arbeitslose Lehrer und Sozialarbeiter getrieben. Ebenfalls nicht erwartungsgemäß war, daß in den 80er Jahren die Konservativen (4.2) und Christdemokraten (4.3) hinter den Liberalen (6.2) lagen. Bei den parlamentarischen Stäben ist Deutschland das Eldorado vor den Niederlanden, Irland und Dänemark. Der deutsche Vorsprung ist um so gravierender als die genannten kleinen Länder eine Grundausstattung brauchen, die in der Berechnung von Stabsmitglieder pro Parlamentssitze nicht zum Ausdruck kommt. Auch kleine Parlamente brauchen eine Minimalausstattung und haben daher eine rechnerisch überhöhte Zahl an Fraktionsfunktionären.

Der Parteibürokrat – den Max Weber noch dem Dilettanten gegenübergestellt – ist für die modernen Parteieliten kein adäquater Terminus mehr. Die Funktionen der Führung haben sich beim Übergang von den Volksparteien zu den Parteien der Berufspolitiker weiter ausdifferenziert. Panebianco (1988: 232f) unterschied sieben Typen:

- Manager oder politische Unternehmer, die mit den klassischen Kader- und Caucus-Parteien hochkamen,
- Notable als klassische Dilettanten.
- Repräsentative Bürokraten dominierten in der Zeit der Massenparteien
- Exekutive Bürokraten ohne Top-Führungsfunktionen
- Stabsprofessionelle mit speziellen Aufgaben,
- verborgene Professionelle in den von Parteien kontrollierten Zubringerorganisationen
- Semiprofessionelle sind zwischen Notablen und Experten angesiedelt. Sie beziehen Einkommen außerhalb der Parteien.

Mit dem Versuch diese Typologie mit Kirchheimers These von der Entwicklung zu den Volksparteien zu kombinieren, scheinen die ersten drei Typen die Ära der klassischen Massenparteien zu dominieren. Die Zeit der Volksparteien war von politischen Unternehmern gekennzeichnet, die sich der Hilfe von Stabs- und verborgenen Professionellen bedienten. Was Panebianco die elektoralprofessionelle Partei nannte, wäre eine Kombination von öffentlichen Repräsentanten, die ein stark personalisiertes Führungsimage aufbauen in Verbindung mit den Stabsprofessionellen für spezielle Aufgaben. Die Führungstypologie zeigt jedoch, wie wenig trennscharf die Typen Volksparteien und Parteien der Berufspolitiker noch sind. Es läßt sich im Führungstyp kaum ein drastischer Wandel entdecken. Allenfalls die "Stabsprofessionellen" haben zugenommen, weil die Medienlandschaft komplexer geworden ist und die Rolle der Mitglieder weiter abgenommen hat.

Die mangelhaften Daten über die Zahl der bezahlten Funktionäre sind jedoch kein Handikap beim Test der Michels-Hypothese. Anders als bei Michels pro-

4.4 Professionalisierung und innerparteiliche Demokratie

gnostiziert, sind die Mächtigen in der Partei zwar Berufspolitiker. Aber sie leben *durch* die Partei, nicht *von* der Partei. Nicht der bezahlte Funktionär übt die Macht aus, sondern professionalisierte Politiker, von denen die meisten Mandate oder öffentliche Ämter bekleiden. Die Tendenz zum Berufspolitiker birgt Gefahren der Oligarchisierung des Parteiwesens. Dennoch hat sich das eherne Gesetz der Oligarchie nicht in der vorhergesagten Weise bestätigt, weil die Amateure der Politik vielfach mit den Berufspolitikern in Konkurrenz bleiben. Die Beseitigung der Parteibürokratie würde in westlichen Demokratien jedenfalls noch nicht zur Beseitigung der oligarchischen Strukturen führen.

(2) Die Parteiorganisation entspricht nicht ganz dem Typ der "unmittelbar demokratischen Verwaltung", den Max Weber durch die "prinzipiell gleiche Qualifikation aller zur Führung", durch die Minimisierung der Befehlsgewalt und durch die direkte Wahl der Amtsträger auf kurze Amtsfristen charakterisiert hat. Andererseits ist sie mit anderen *bürokratischen Strukturen* auch nicht voll vergleichbar, da in ihr mehr Pluralismus der Gruppen und Führungskräfte herrscht und im *Faktionalismus* die innerorganisatorische Opposition sich gelegentlich sehr unbürokratisch entfalten kann. Obwohl dieser Faktionalismus, vor allem in seiner klientelistischen Form, nicht demokratisch strukturiert ist, kann er einen Beitrag zu mehr innerparteilicher Demokratie leisten. Jedenfalls verhindert der Faktionalismus die Monopolisierung aller Kommunikationsströme innerhalb der Partei durch die Parteileitung, die einst vom Michelsschen Oligarchiemodell unterstellt worden war.

(3) Die *Eigenständigkeit der Fraktion* wurde nicht einmal bei den sozialistischen Parteien dauerhaft ausgehöhlt, wie die Parteibürokratiethese unterstellt hatte. Die Konkurrenz von Parteiorganisation und Fraktion hat zwar ebenfalls oligarchische Züge, aber sie behindert zugleich die unbeschränkte Herrschaft der Parteibürokratie in der Organisation (Kap. 5.2).

(4) Die *Kandidatenaufstellung* vor den Wahlen ist in den meisten Parteien weit davon entfernt, demokratischen Prinzipien voll zu genügen. Selbst im System der Vorwahlen sind oligarchische Tendenzen der Kandidatenauslese nicht ausgeschlossen. Dennoch ist es eine andere, dezentralisierte Oligarchie, die über diesen Prozeß befindet, als die Hypothese von der dominanten Parteibürokratie postulierte. Auch in zentralisierten Ländern waren die Parteien nur mäßig darin erfolgreich, den Wahlkreisen in der Provinz ihre Favoriten, die sogenannten "parachutés", aufzuzwingen. Paradoxerweise hat in Großbritannien, wo lokale Verbindungen der Kandidaten und lokale Probleme in den Wahlen eine untergeordnete Rolle spielen, die Parteizentrale einen geringeren Einfluß auf die Kandidaten-

auslese als in Frankreich, auch wenn es in England Listen "gebilligter Kandidaten" bei den Zentralen gibt. Hauptgrund für die Differenz ist wohl, daß im System des absoluten Mehrheitswahlrechtes, das in Frankreich herrscht, die Parteizentralen wegen der Zwänge zur Koalitionsbildung im 2. Wahlgang stärker auf die Kandidatenauslese Einfluß nehmen müssen als die Parteien in Großbritannien.

In föderativen Systemen wie den Vereinigten Staaten, in der Schweiz und selbst in der Bundesrepublik, in der das Parteiensystem weit zentralisierter erscheint als das Verfassungssystem ist die Steuerungsfähigkeit der Parteibürokratie im Prozeß der Kandidatenaufstellung noch geringer. In der Zeit der Demokratisierungsdebatte wurde auch in Europa die Einführung von Vorwahlen nach amerikanischem Muster diskutiert. Man war sich in der Regel einig, daß die Vorwahlen in Europa auf die formellen Parteimitglieder beschränkt werden müßten. Wo in Europa mit dem Modell der "primaries" experimentiert wurde, wie in der österreichischen ÖVP 1969/70 und in der CDU in Rheinland-Pfalz 1971, diente es nur konsultativen Zwecken in der Hand der Parteileitung und entbehrte der demokratischen Eigendynamik, die amerikanische Vorwahlen gewinnen können. Nicht der radikaldemokratische Aspekt der offenen Partizipation für Parteientscheidungen, sondern der konservative Gedanke der Absicherung der Mehrheit gegen Überraschungsbeschlüsse radikaler Minderheiten unter den Delegierten stand hinter der Rezeption des Gedankens parteiinterner Wahlen in Europa. In der Bundesrepublik wurde der Gedanke sogar von der Verfassungsenquêtekommission übernommen, blieb aber ohne gesetzgeberische Folgen. Nur in der sozialistischen Partei Frankreichs wurde die Wahl der Mandatsbewerber durch alle Parteimitglieder im Statut (Art. 49) nicht mit dem Hintergedanken durchgesetzt, den linken Flügel zu domestizieren.

(5) Die Vorstellung einer ehernen Oligarchie der Parteibürokratie war vielfach an den Gedanken der Alleinherrschaft einer Partei in der Regierung geknüpft, vor allem in England und in Amerika. Die meisten westlichen Systeme kennen jedoch überwiegend nur *Koalitionsregierungen*. Der Kooperationszwang auf Regierungsebene setzt der Willkür einzelner Parteioligarchien Grenzen. Die These, daß die Parteiaktivisten sich vom Bürger abgehoben zu einer gesonderten "politischen Mittelklasse" verselbständigt hätten, erscheint wie eine zeitgemäße Variante der alten Michels-These. Die Koalitionsbildung folgt in der Tat in vielen Ländern nicht immer der Indikation, welche der Wählerwille der Mehrheit jeweils gegeben hat. Aber die "neue Mittelklasse" ist gleichwohl keine Einheit. Parteifunktionäre und Fraktionsangehörige sind in vielen Parteien – bis hinein ins Lager kommunistischer Parteien – gemäßigter als die lokalen Parteiaktivisten, die vielfach stärker ideologisierte Politik machen. Die Koalitionsverhandlungen der

4.4 Professionalisierung und innerparteiliche Demokratie

Parteispitzen entbehren zwar in einigen Ländern der demokratischen Transparenz – insbesondere in Belgien, in den Niederlanden und in Italien, wo vielfach das Staatsoberhaupt noch einen "informateur" in die Vorgespräche einschalten muß –, aber sie sind in pluralistischer Weise oligarchisch strukturiert.

(6) Moderne Demokratien haben die Bürokratisierungstendenzen nicht dem Selbstlauf überlassen, sondern durch *rechtliche Rahmenregelungen* versucht, die ärgsten Mißbräuche undemokratischer Willensbildung in den Parteien zu mildern.

(7) Schließlich ist das *Monopol der Parteien* in der Ausübung einiger Funktionen der Interessenartikulation und Aggregation so stark angefochten, daß die Parteien nicht selbstherrlich ihre Mitglieder übergehen können. Protestbewegungen außerhalb der Parteien zwingen sie periodisch zur Rückbesinnung auf die Tatsache, daß ohne mehr Partizipation für die Mitglieder die Mitgliedschaft in den Parteien zunehmend unattraktiver wird. Wo die Parteien nicht demokratischer geworden sind, wurden sie doch wenigstens "responsiver" gegenüber Wünschen und Forderungen, die die Wähler artikulierten. Neopopulistische Wellen der Begeisterung für "neue Politik" und für "postmaterielle Politik" haben die Parteien periodisch gezwungen, aus dem Elfenbeinturm oligarchischer Organisation herauszutreten. Die Parteiführungen haben sich in Krisen nicht als die souveränen Manipulateure der Volksbewegungen erwiesen. Vielfach sind sie ihnen aus der Hand geglitten, wie in der Studentenrebellion 1968 in Frankreich und im heißen Herbst 1969 in Italien. Die Macht schien vorübergehend von den Parteizentralen auf die Straße abgewandert zu sein. Aber die Parteiführungen haben sich angepaßt, und in keiner westlichen Demokratie kam es zu einem dauerhaften Niedergang der Parteiorganisation.

(8) Das Ausmaß der *innerparteilichen Demokratie* wurde lange mit dem Grad der Dezentralisierung gleichgesetzt. In vergleichenden Studien wurde diese mit Faktoren wie Kontrolle über die Koalitionskanäle, Ausmaß der Durchsetzung von Parteidisziplin, Zentralisierung oder Dezentralisierung der Kandidatenaufstellung, Verteilung der Finanzmittel und Mitwirkung bei der Bestellung der Führung und der Formulierung der Programme der Partei zu messen versucht. Die USA-Parteien schneiden von allen Demokratien erwartungsgemäß am besten ab. Die Dezentralisierung ist hier weit vor europäischen Systemen entwickelt und wird mit Faktoren wie Größe des Landes, Gewaltenteilung oder Föderalismus erklärt. Daß Schweden dabei dicht hinter den USA liegen soll, kann keinem europäischen Kenner der Parteien einleuchten. Aber nicht die problematische Frage der Meßbarkeit von inneren Machtstrukturen ist das, was den europäischen Be-

trachter dieser Ergebnisse bewegt. Am Schluß kamen die Forscher (Harmel/ Janda 1982: 67, 170) im Namen eines "Committee on Party Renewal" zu dem Schluß, daß die Primaries – in den 70er Jahren in Europa noch als Grassroots Democracy gefeiert, durch mehr Parteitagsbeschlüsse und caucuses ersetzt werden sollten. Die stärkere Vertretung durch *party officials,* ein Gravamen der innerparteilichen Demokratie in Europa, wurde hier gerade als Postulat aufgestellt. Zwanzig Jahre später sieht es so aus, als ob die Europäer den Stolz auf ihre straff organisierten Parteien verloren hätten und bereit sind zu akzeptieren, daß die Entwicklung von den Volksparteien zu den Parteien der Berufspolitiker immer mehr amerikanische Züge in die europäischen Parteien hineinträgt – mit dem Unterschied, daß das Gravitationszentrum der Macht weniger bei reinen Inhabern von Wahlämtern liegt, sondern bei Führungen, die Wahl- und formalisierte Parteiämter in einer Hand vereinen.

(9) Responsivität und Meinungsrepräsentation statt sozialer Repräsentation. Wie in der Elitenforschung, so hat auch für Parteimitglieder und politische Aktivisten das Thema der sozialen Repräsentativität an Attraktion verloren. In vordemokratischen Repräsentativsystemen wurde die soziale Disproportion mit der Hilfskonstruktion kompensiert, daß es eine *"virtuelle Repräsentation"* gäbe. In der Zeit der Massen- und Klassenparteien der zweiten Phase (ca. 1918 – Ende der 50er Jahre) wurde *soziale Repräsentativität* groß geschrieben. In postmodernen Zeiten der Parteien der Berufspolitiker kommt es zu einer neuen Phase der virtuellen Repräsentation. Umfragen zeigten, daß die Bürger die soziale Repräsentationskluft nicht für gravierend halten. Von der gleichen Schicht repräsentiert zu werden, verlangten nur 22.4%, vom gleichen Geschlecht nur 9.9% und von der gleichen Konfession nur noch 5.3% der Befragten (Herzog u.a. 1990: 56). "Representation from above" ist eine Realität der Parteiendemokratie nicht nur in Schweden (Essaisson/Holmberg 1996: 63ff; vgl. von Beyme 1999: 258ff). Wie sollten die Bürger also daran Anstoß nehmen, daß die Parteimitglieder sozial nicht repräsentativ sind? *Meinungsrepräsentativität* wurde weit wichtiger als soziale Repräsentativität. Beide sind in einer Matrix verarbeitet worden: Am wenigsten repräsentativ erschienen die Französischen Sozialisten, die Norwegischen Konservativen, die deutschen Sozialdemokraten und Labour sowie Konservative in Großbritannien. Erklärt wird der Befund für die Länder nicht, aber man kann sich die Erklärung denken: Sozial heterogene Großparteien sind weniger repräsentativ als Parteien in fragmentierten Systemen. Auch die große komparative Studie im Rahmen von "Beliefs in Government" kam nicht über die Konklusion hinaus, daß Parteimitglieder überwiegend nicht sozial repräsentativ sind und weltanschaulich radikaler als der Durchschnitt, und daher auch nicht unbedingt repräsentativ (Widfeldt 1995: 173). Wir können keine Befragungen für

4.4 Professionalisierung und innerparteiliche Demokratie

die frühen Epochen nachholen, aber die Vermutung ist erlaubt, daß in den Stadien der Klassen- und Massenparteien die soziale Repräsentativität der Parteimitglieder größer war, die weltanschauliche Repräsentativität hingegen wegen intensiverer Indoktrinierung noch geringer. Aber in entschiedenen Weltanschauungsparteien wurde dies ja eher als eine politische Tugend denn als Manko angesehen. Die Forschung hat sich zu Recht auf das Gebiet der Akzeptanz von Policies der Parteien verschoben.

Die neun beschriebenen Wandlungen hinsichtlich des Verhältnisses von Parteiführung, Parteimitgliedern und den Wählern weist beim Übergang von den Volksparteien zu den professionalisierten Wählerparteien einen neuen Führungstyp aus. Er ist nicht mehr Chefideologe und Volkstribun oder wenigstens ausgestattet mit charismatischen Fähigkeiten, wie sie noch De Gaulle einst ausstrahlte. Die moderne Führung in Parteien ist *"nichtcharismatischer Personalismus"* genannt worden (Ansell/Fish 1999). Ideologische Flexibilität und koordinatorische Fähigkeiten im Zusammenhalt der Organisation zeichnet neue Führungstypen aus. Sie reichen von intellektueller Kühle wie bei Mitterand bis zu hemdsärmlichem Machertum wie bei Kohl . Weder traditionale Werte noch charismatische Überzeugungskraft allein erklären den Erfolg der Führung in professionalisierten Wählerparteien, sondern eher rationale Fähigkeiten einer Führung im Netzwerk der Koordinationsdemokratie.

5. Der Wandel auf der Ebene des Parteiensystems

1. Fragmentierung und Mäßigung des Pluralismus im Parteiensystem

In den älteren Klassifikationen der Parteiensysteme dominierte das Kriterium der Zahl. Es war ein Verdienst Sartoris (1976: 119ff), den bloß numerischen Einordnungen – unter leichtfertiger Verwendung von Daumenregeln über "relevante" Parteien – ein Ende gemacht zu haben. Die ideologische Dimension und die weltanschauliche Distanz der Parteien, die Intensität der Konflikte der Parteien untereinander und die Relevanz der Parteien für Regierungsbildungsprozesse haben durch ihn eine neue Bewertung erfahren. Die Zählung der relevanten Parteien konnte nicht ganz schematisch vorgenommen werden. Die Grenze liegt bei 2% der Wählerstimmen. Gelegentlich aber mußte aufgrund von qualitativen Kriterien von dieser Richtzahl abgewichen werden. Die Republikaner in Italien hatten ihre wichtige Funktion als Zünglein an der Waage zwischen den Blöcken nicht deshalb verloren, weil sie vorübergehend dicht unter die Zweiprozentmarke sanken (1953–1963).

Wenige Jahre nach Sartori (1976) mußten manche seiner Zuordnungen revidiert werden, und auch meine Variation war nach 15 Jahren überholt (Tabelle 5.2). Während die Kirchheimer-These vom Trend zur Konzentration hin zu gesichtslosen Volksparteien noch diskutiert wurde, nahm die Parteienfraktionierung zu. Zählungen über die "effektiven", d.h. parlamentarisch relevanten Parteien haben ergeben, daß in Europa die Zahl der Parteien von 1949 (4,2) bis 1953 (3,7) sank. Ab 1966 stieg sie in den meisten Ländern und erreichte 1973 erstmals einen Höchstwert in der Nachkriegszeit (4.5) (Laakso/Taagepera 1979).

Der bloße Fragmentierungsgrad (vgl. Tabelle 5.2) war jedoch noch nicht sehr aussagekräftig, wenn die Parteien in der Koalitionsbildung mit der neuen Fragmentierung gut fertig wurden. Schon in der Ära der Volksparteien hat sich die Wissenschaft daher den Folgen der Fragmentierung auf der Regierungsebene zugewandt.

Die Typologie der Parteiensysteme ist durch Lijphart (1977, 1984) stärker auf die zugrundeliegenden Konfliktschlichtungsmuster der politischen Kultur der Länder bezogen worden. Die Nivellierung der Muster ist über beide Typologien in den letzten zwanzig Jahren hinweg gegangen (Tabelle 5.1).

5.1 Fragmentierung und Mäßigung des Pluralismus

Tabelle 5.1: *Typologie der Parteiensysteme*

Sartori	Lijphart
Dominant: Norwegen, Schweden	*Zentrifugal*: Frankreich, Italien
Zweiparteiensystem: Großbritannien, Neuseeland, Österreich	*Zentripetal*: Dänemark, Deutschland, Finnland, Großbritannien, Irland, Norwegen, Schweden
Gemäßigter Pluralismus: Belgien, Dänemark, Deutschland, Frankreich (5. Rep.), Irland, Niederlande, Schweiz	*Konkordanz-demokratisch*: Belgien, Niederlande, Österreich, Schweiz
Polarisierter Pluralismus: Finnland, Frankreich (4. Rep.), Italien	

Beide Typologien haben die zentrifugalen Tendenzen in Frankreich und Italien überschätzt. Das italienische Parteiensystem ging zwar um 1994 unter, aber nicht aufgrund des *polarisierten Pluralismus*. Beide Autoren hatten allzu mißtrauisch auf die kommunistischen Parteien der beiden romanischen Länder geschielt. Lijphart hat den mittleren Typ eines moderaten Pluralismus ausdifferenziert in *zentripetale* und *konkordanzdemokratische* Muster. Letzteren wurde von ihm allzu viel Stabilität unterstellt, wie vor allem Österreich und Belgien zeigten. Aber auch in den beiden anderen Systemen, der Niederlande und der Schweiz, kam es zu gewichtigen Umschichtungen, auch wenn die Konfliktschlichtungsformel der Eliten in diesen beiden Ländern nicht grundlegend geändert werden mußte. Eine empirisch-quantitative Analyse (Pennings/Ke-man/Kleinnnijenhuis 1999: 266f) kam zu dem Schluß, daß die Prognosen bei Lijphart in höherem Maße eingetroffen sind als die von Sartori.

(1) Die letztliche Dominanz des numerischen Kriteriums führte zu dem Schulbuchtyp des *Zweiparteiensystems*, der auch in Großbritannien nur in kurzen Zeiten annähernd funktionierte. Im Westminstertyp ist – mit Ausnahme von Neuseeland 1993 – die alternierende Herrschaftspraxis zwischen zwei großen Parteien nicht aufgegeben worden. Sie führte in einem fragmentierten Land wie Kanada zu der Notlösung zahlreicher Minderheitsregierungen, da die relative Mehrheit der stärksten Partei nicht ausreichte, zumal in den 90er Jahren die beiden großen Parteien, Konservative und Liberale, nur noch 50–60% der Stimmen erhielten, während sie in Australien und in Neuseeland bis 1993 noch zwischen 70 und 80 Prozent schafften. 1996 war dieser Vorsprung auf knappe Zweidrittel geschrumpft. In Australien waren schon früh Koalitionen mit einer Satellitenpartei wie der Country Party üblich. Großbritannien zeigt erste Anzeichen einer Umorientierung zum Koalitionsdenken. Trotz des überwältigenden Sieges von Blair wurde nach den Wahlen eine zwischenparteiliche Kommission eingesetzt. Ex-

perten sahen darin die diskrete Vorbereitung einer förmlichen Lib-Lab-Koalition (Webb 1999: 67).

(2) Der Typ des *polarisierten Pluralismus* ließ sich schon in den 70er Jahren nicht mehr säuberlich vom gemäßigten Pluralismus trennen, wie Sartori es noch versuchte. Die Grenze zwischen beiden Typen schien damals zwischen fünf und sechs Parteien zu liegen. Durch Zunahme der Parteien und ihre Fragmentierung seit etwa 1974 (Dänemark, Niederlande, Norwegen,. Schweiz) sind in einigen Fällen die Zahlenangaben überholt worden. Allein für die Schweiz war dieser Umstand wenig relevant, weil die Vermehrung der Parteien hier nicht automatisch zur Vermehrung der an der Proporzregierung beteiligten Parteien führte.

Tabelle 5.2: *Parteiensysteme in der Ära der Volksparteien (70er Jahre)*

| Zweiparteiensysteme mit alternierender Regierung: Neuseeland bis 1993, Großbritannien | Gemäßigter Pluralismus: a) mit alternierenden Flügelparteien möglichst ohne Koalition: Österreich (3) Kanada (4) Großbritannien (4) b) alternierende Flügelpartei mit dauerhaftem Koalitionspartner: Australien (3) bis 1983 BRD (3) 1957–66, 1969–1983 c) gemäßigter Pluralismus mit Koalitionen der Mitte oder großen Koalitionen: Belgien (5) Island (5) Luxemburg (5) Niederlande (5) Schweden (5) Griechenland (6) Norwegen (7) Schweiz (8) | Polarisierter Pluralismus: a) mit Fundamentaloppositionen, die die Mitte zerrieben: Weimarer Republik 2. Spanische Republik b) abschwächende zentrifugale Wirkungen der Fundamentaloppositionen: Frankreich (4 plus n) Israel (6) Spanien (6) Finnland (7) Italien (7) | System einer hegemonialen Partei im polarisierten Pluralismus: Irland (3) nach dem Krieg Israel (bis 1973) Indien (bis zum Niedergang der Kongreßpartei) Japan (6) |

Quelle. von Beyme 1984: 321

5.1 Fragmentierung und Mäßigung des Pluralismus

Einige der Koalitionsmuster, die für den polarisierten Pluralismus als typisch galten, sind nur noch in abgeschwächter Form vorhanden. Antisystemparteien dieses Typs sind nicht mehr so sicher auszumachen. In Italien gehörte bis Anfang der 90er Jahre der MSI dazu. Aber die Fundamentaloppositionen erscheinen nicht mehr so symmetrisch wie in Sartoris Modell. Schon 1976 war die Definition von Sartoris Mißtrauen gegen die KPI stark beeinflußt. Die KPI war weit mehr in das System eingebunden, als der Ausdruck "negative Integration" verriet. Die KPI vertritt die eurokommunistische Öffnung am längsten und glaubhaftesten in Europa. Was immer für Mißtrauen ihr gegenüber bestehen blieb, man konnte sie nicht ohne Willkür mit den faschistischen und kommunistischen Fundamentaloppositionen der Weimarer Republik und der Zweiten Spanischen Republik in eine Rubrik pressen. Italien wurde daher mit Recht schon dem Typ eines "zentripetalen Wettbewerbs" zugeordnet (Paolo Farneti), aus dem der MSI um so nachdrücklicher ausgeschlossen blieb, je mehr die KPI in ihn hineinwuchs.

Es scheint sinnvoll, auch den Typ des polarisierten Pluralismus in zwei Untertypen zu zerlegen:

- polarisierter Pluralismus mit Fundamentaloppositionen von rechts und links (Weimarer Republik, Zweite Spanische Republik), in der die Mitte nicht mehr regierungsfähig ist,
- polarisierter Pluralismus mit regierungsfähigen Mitteparteien (Frankreich, Israel, Finnland, Italien (bis Anfang der 90er Jahre), Spanien).

Der PCI wurde zum sozialdemokratischen PDS. Der kommunistische Flügel, der die Wende nicht mitmachte, konstituierte sich als "Rifondazione comunista". Aber von einem polarisierten Pluralismus würde niemand sprechen, denn diese Gruppe ist ihrerseits längst in eine diskrete Unterstützungspolitik für Linkskoalitionen hineingewachsen. Die polarisierende Wirkung beschränkte sich auf gelegentliche Erpressungsmanöver gegenüber dem Linksbündnis "Ulivo". Polarisierend wirkten an der Wende zum Jahr 2000 nur rechte Parteien. 1989 wurde der MSI noch unter dem Titel "der ausgeschlossene Pol" behandelt (Ignazi 1989). Kurz darauf war die umbenannte Partei in der Regierung. Während aber die MSI-Nachfolgepartei Aleanza Nazionale nach dem Zusammenbruch des traditionellen italienischen Parteiensystems Anfang der 90er Jahre ohne internationale Beachtung in eine Rechtskoalition unter Berlusconi eintreten konnte, hat das ÖVP-FPÖ-Bündnis in Österreich europaweite Empörung ausgelöst, die über die Grenzen der üblichen Einmischungen von außen hinaus ging.

Der Typ des polarisierten Pluralismus war niemals automatisch an die Existenz einer starken kommunistischen Partei gebunden. Finnland und Island experimentierten nach dem Krieg mit Koalitionen, in denen die Kommunisten vertreten waren. Sie zeigten, daß sie bereit waren, ohne Unruhen von der Macht abzutreten, wenn das Koalitionsklima sich wandelte.

(3) Der *gemäßigte Pluralismus* tritt in drei Untertypen auf, je nachdem, ob die *alternierende Regierung ohne Koalition* (Großbritannien, Kanada, Österreich) oder *mit Koalition* (Australien, Bundesrepublik) üblich geworden ist. Einen dritten Untertyp des gemäßigten Pluralismus stellen die Demokratien dar, in denen häufig *Koalitionen der Mitte oder große Koalitionen* regierten (Benelux-Staaten, die skandinavischen Staaten außer Finnland, die Schweiz), vielfach unter Tolerierung von Minderheitsregierungen.

Nach Sartori gehörte zu den Merkmalen des Typs eines gemäßigt pluralistischen Parteiensystems:

- eine relativ geringe ideologische Distanz der relevanten Parteien im System
- eine Neigung zur polaren Koalitionsbildung
- ein Vorherrschen des zentripetalen Wettbewerbs.

Modifikationen waren auch hier geboten. Die polare Koalitionsbildung hat es in einigen Ländern nie gegeben (Schweiz). Die ideologische Distanz mancher Parteien hat durch neue Konflikte vorübergehend wieder zugenommen. Der zentripetale Wettbewerb ist gelegentlich in Frage gestellt worden durch die ethnischen Parteien (Belgien, Großbritannien, Spanien) oder durch neopopulistische Protestparteien (Dänemark, Norwegen, Niederlande, Österreich). Im ganzen kann die Unterscheidung jedoch noch immer gelten, weil wesentliche Teile des Parteiensystems sich bisher nicht verändert haben.

(4) *Systeme mit einer dominanten Partei,* die in der Regel die Regierung bildet und die nur durch eine Koalition aller oder der meisten anderen Parteien von der Macht verdrängt werden kann. Sie sind am stärksten in ihrer Wettbewerbsorientierung eingeschränkt. Viele Entwicklungsländer haben ein solches System, Mexiko unter der Hegemonie der PRI seit Jahrzehnten. Der Kemalismus in der Türkei gab seine Alleinherrschaft auf, aber auch Atatürk hat seine Überzeugung, daß ein westliches Mehrparteiensystem – idealiter ein Zweiparteiensystem – in einem Entwicklungsland möglich sei, nicht sofort realisieren können. Zweimal hat er eine Opposition, die er selbst ermutigt hatte, wieder verboten. Erst nach 1945 ging die Türkei vom System der hegemonialen Partei ab. Kaum ein anderes System existierte Ende der siebziger Jahre, in dem alle Parteien – mit Ausnahme der nationalen Heilspartei – sich auf den gleichen Staatsgründer beriefen und doch in

5.1 Fragmentierung und Mäßigung des Pluralismus

bürgerkriegsähnlicher Feindschaft lebten. Ein voller Wettbewerb herrscht in den meisten Entwicklungsländern nicht, oder er ist künstlich durch Proporzarrangements gebändigt worden (Uruguay vor der Militärdiktatur, Kolumbien) oder wieder untergegangen (Chile).

Am Rande jener Regime, die die Konfliktschlichtungsmuster westlicher Demokratien für sich übernommen haben, hat es jedoch dominante Parteien gegeben, die eine hegemoniale Stellung im System einnahmen und sich für die "natürliche Regierungspartei" hielten. Es handelte sich ausschließlich um Systeme mit starken Relikten einer traditionalistischen und klientelistischen politischen Kultur. In Europa gehörten zu diesem Typ nur Irland und Italien. Die Gaullisten haben eine vergleichbare Stellung in Frankreich verloren, die sie aber vermutlich überhaupt nur durch das manipulative Wahlrecht unter de Gaulle vorübergehend haben behaupten können. Außerhalb Europas gehörten dazu Israel, Indien und Japan.

Irland stellte einen Sonderfall des Systems mit dominanter Partei dar. Die Fianna Fáil war anfangs eine Antisystempartei, nicht – wie in den anderen Fällen – die tragende politische Kraft eines neuen Systems. Sie akzeptierte den Dominion-Status Irlands und die Teilung Irlands nicht. 1938 errang sie die absolute Mehrheit und verursachte so den seltenen Fall, daß eine marginale Partei ins Machtzentrum vorstieß und sich dort jahrzehntelang behauptete. Nur sporadisch wurde sie durch Koalitionen aller anderen Parteien von der Macht verdrängt: 1948–1951 durch eine Fünferkoalition, 1954–57 durch eine Vierparteienkoalition, 1973–1977 und 1981/82 durch eine Fine-Gael-Labour-Koalition.

Italien und Israel wurden einst als Prototypen des Parteiensystems mit dominierender Partei angesehen (Arian/Barnes 1974). Sie haben sich inzwischen völlig auseinander entwickelt. In Israel hat die Mapai, kurz nachdem sie ihren traditionellen Namen, den sie nach der Fusion mit "Achdut Avoda", "Mapam" und "Rafi" in "Maarach" (Arbeiterpartei) umänderte, verloren hatte, auch ihre alte Vormachtstellung eingebüßt und ist von 46,7% der Sitze (1969) auf 42,5% (1973), 26,7 %(1977) gesunken. Ein konservatives Gegenbündnis unter der Bezeichnung "Likud"-Block hat unter Begins Premierministerschaft dem System der dominanten Partei in Israel ein Ende bereitet.

In den Systemen, die sich nach 1949 als Demokratien konsolidierten, kam es nur in Deutschland (bis 1983) und Spanien zu einer längeren Konzentrationsphase. Österreich zeigte sich stabil mit drei relevanten Parteien. Italiens Parteiensystem wurde zwischen 1960 und 1990 weiter fragmentiert. In Dänemark nahm die Zersplitterung in den 70er Jahren sogar dramatisch zu.

Beim Übergang von der Ära der Volksparteien zu den professionalisierten Wählerparteien nahm die Fragmentierung in vielen Ländern zu (Deutschland, Frankreich, Griechenland, Großbritannien, Irland, Italien, Kanada, Neuseeland,

Österreich). Es gab nur eine Minderheit von Ländern, wo dies nicht der Fall war (Finnland, Island, Portugal, Schweden). Es gibt aber keinen unilinearen Prozeß der Fragmentierung. In Italien oder der Schweiz, selbst in Dänemark, gab es immer wieder auch gegenläufige Tendenzen. In Osteuropa ist dieser Entwicklung zu mehr Zersplitterung durch Prozentklauseln künstlich Einhalt geboten worden, am drastischsten in Polen. In einigen Fällen war die Fragmentierung Folge einer Berücksichtigung ethnischer Minderheiten (Belgien, Neuseeland). In anderen Ländern mit traditionell hoher Fragmentierung hat diese 1970–1990 wieder abgenommen, wie in den Niederlanden. Dennoch ist Holland bemerkenswert dadurch, daß in den 90er Jahren noch drei bis vier Gruppen auftauchten, die sich nicht als Eintagsfliegen, oder besser Einwahl-Fliegen erwiesen, und 1–2% erhielten. Die Schweiz hat durch ihr Proporzkartell an der Macht um 1987 neue Protestparteien erzeugt, wie die Grünen, die Autofahrerpartei, die Freiheitspartei (FPS). Grüne, regionale Parteien und Populisten haben sich in vielen Systemen dauerhaft konsolidiert (vgl. Tabelle 5.3).

Tabelle 5.3: *Zahl der relevanten Parteien, die über 2% der Stimmen enthielten*

	1946/47	Um 1960	Um 1970	Um 1980	Um 1990	1998/99
Australien	3	4	4	4	4	6
Belgien*	4	5	6	6	6	6
Dänemark	5	7	5	11	8	10
Deutschland	8	3	4	3	5	5
Finnland	7	8	7	8	8	7
Frankreich	5	7	6	5	5	7
Griechenland				4	3	5
Großbritannien	3	3	3	3	3	4
Irland	6	5	3	3	5	7
Island	4	4	5	5	5	5
Italien	6	7	7	8	(1992) 10	(1996) 6
Kanada	4	4	4	3	5	5
Luxemburg	4	4	5	5	7	5
Neuseeland	2	3	3	3	5	7
Niederlande	6	6	10	8	5	6
Norwegen	6	7	6	7	7	7
Österreich	3	4	3	3	5	5
Portugal			(1975) 5	3	4	4
Schweiz	7	7	9	8	7	5
Schweden	5	5	5	5	8	7
Spanien				6	5	4

* *in Belgien wurden die beiden ethnischen Varianten einer Partei zusammengezählt*

5.1 Fragmentierung und Mäßigung des Pluralismus

Fragmentierung der Parteiensysteme setzte sich aber nicht notwendiger Weise in Instabilität auf der Regierungsebene um. Neue Parteien entstanden in Hülle und Fülle. Aber nur wenige rückten auch in das Zentrum der koalitionsfähigen Parteien vor, wie die Grünen in Belgien und Deutschland, die Demokraten '66 in Holland. Die FPÖ als alte Partei hat sich selbst und das österreichische Parteiensystem völlig umgekrempelt. Der Anschein spricht für permanenten Parteienwandel. Langfristig gesehen, ließ sich auch die Gegenthese vertreten, daß Parteiensysteme einem Trägheitsgesetz unterlägen (Wolinetz 1988: 313).

Die Transformation der Diktaturen in Süd- und Osteuropa und die Konsolidierung neuer Parteiensysteme in diesen Wellen zeigte, daß es vor allem auf die Koalitionsmuster ankam. Über die Konsolidierung entschied auch, ob eine effektive Regierung zustande kam, und ob die Ablösung einer Koalition durch eine andere das demokratische "only game in town" nicht tangierte. Die Mystik des Zweiparteiensystems und die Verklärung des mit ihm verbundenen relativen Mehrheitswahlrecht ist überwunden. Aber noch immer ist der Wettbewerb im System eine normativ wünschbare Forderung der Demokratie. Es genügt nicht, daß um Wählerstimmen konkurriert wird. Die Wählerstimmen müssen sich auch alternativ in Regierungen umsetzen, die für eine Weile ihre Policy-Vorstellungen umsetzen können. In Transformationsssystemen kam es anfangs nur in Ausnahmen zu einem klaren Wettbewerbssystem. Dennoch ist an der vierten osteuropäischen Welle der Demokratisierung bemerkenswert, wie häufig der Wechsel von den demokratischen Umbrella-Parteien zu den Postkommunisten und umgekehrt ohne Schwierigkeiten vollzogen werden konnte. Dies hatte mit der Kontinuität der Eliten und politischen Kräfte zu tun. Die neuen Führungsgruppen nach faschistischen Systemen haben in Italien und Deutschland eine lange Dauerherrschaft errichten können, weil die faschistischen Eliten keinerlei Kontinuität hatten. Das war nach 1989 anders. Die mittleren Kader haben in der "Revolution der stellvertretenden Abteilungsleiter" (A. Kolosi) in allen Parteien überwogen.

Maurizio Cotta (1995: 83) hat eine erste Variante dieses Schemas vorgelegt. Es zeigt sich, wie schnell die Einordnung osteuropäischer Staaten überholt ist, so daß einzelne Länder hier häufig zweimal auftauchen. Die Parteiensysteme transformieren sich hinsichtlich der Regierungs- und Koalitionsmuster bereits nach wenigen Jahren. Die vier Typen Cottas wurden hier auf fünf erweitert und einzelne Zuordnungen anders vorgenommen.

Immerhin zeigt sich, daß das vielfach demokratietheoretisch gewünschte Wettbewerbsmodell in der dritten und vierten Demokratisierungswelle erfreulich häufig auftauchte. In Osteuropa war es freilich vor allem in Albanien, in Bulgarien und der Slowakei noch mit so vielen Turbulenzen verbunden, daß der Wettbewerb eher einem Deadlock zwischen neuen und alten Eliten glich. Das Wettbewerbsmodell zeigt in der Rechten noch kein klares Bild, sondern ist vom Koalitionszerfall bedroht, wie in Polen, Ungarn oder Bulgarien. Der wechselnde Mehrheitsbeschaffer der Partei der Türken stört die Berechenbarkeit des Wettbewerbsspiels.

Tabelle 5.4: *Regierungs- und Koalitionsmuster in Transformationssystemen*

Bedeutungsschwäche der Parteien im semi-präsidentiellen System mit charismatischer Führung	Große Koalition und Reconciliations-Koalition (oversize)	Wettbewerbsparteiendemokratie mit Alternierung	Hegemonie der neuen System-Gruppierung	Kontinuität einer gewandelten Ancien-Régime-Partei in hegemonialer Position
Frankreich (5. Rep.) Rußland und andere GUS-Staaten	Frankreich (bis 1947) Österreich (bis 1966) Spanien (70er Jahre)	Australien Deutschland Griechenland Portugal Spanien (90er Jahre) Ungarn Bulgarien Albanien Polen (seit 1993) Litauen (seit 1992) Slowakei	Italien (bis 1994) Frankreich (1959–1981) Japan Tschechien (bis 1996) Ungarn (bis 1994) Litauen (bis 1992)	Rumänien (bis 1996) Zentralasiatische GUS-Staaten

Der Eifer in der Klassifikation von Parteiensystemen hat seit Sartori abgenommen. Fast alle Parteiensysteme der westlichen Welt gehören in der Ära der professionalisierten Wählerparteien zu den gemäßigt pluralistischen Systemen. Fundamentaloppositionen wie im polarisierten Pluralismus treten zwar noch auf. Aber auf der Linken sind sie schwach, soweit sie postkommunistisch wurden, und wenn sie libertär-links sind, wie viele Grüne Parteien, so hörten sie rasch auf, Fundamentaloppositionen zu sein. Der Polarisierungsgrad wurde schon Ende der 80er Jahre (Smith in: Mair/Smith 1989) mit den konzentrischen Ringen um eine "party system core", ein Gravitationszentrum des Parteiensystems gemessen. Nur große gemäßigte Parteien konnten diese Funktion erfüllen. Häufig waren es in Kontinentaleuropa die Christdemokratischen Parteien, gelegentlich erschienen nur solche "Kern-Parteien" im System als wirkliche Volksparteien. Die holländische CDA und die österreichische ÖVP haben einiges von dieser Funktion verloren durch einen Niedergang der Stimmen. Die italienische DC ging sogar praktisch unter (1994). Aber auch kleinere Parteien konnten diese Kernparteien darstellen, wie die FDP vor dem Aufstieg der Grünen. Die Kernparteikonzeption ist vor allem auf die Koalitionsbildung gerichtet. Wo ein fragmentiertes Parteiensystem häufig eine zentrale Partei nach dem Gravitationsprinzip begünstigt, weil ein Mehrheitsprinzip schlecht anwendbar ist, wie in Finnland, Dänemark oder Norwegen, können linksliberale Ex-Agrarparteien diese Funktion einnehmen (vgl. von Beyme 1999: 354ff).

Um die Kernparteien hat man in Vielparteiensysteme besonders koalitionsfähige Parteien geschart gesehen. In Italien waren das bis 1994 etwa die Republikaner und Sozialdemokraten. In einem dritten weiteren Ring befinden sich die "second choice-Parteien", denen aber allgemeine Koalitionsfähigkeit zuerkannt wird. In einem Außenkreis sind die extremistischen Parteien angesiedelt, überwiegend sind es heute rechtsextremistische Gruppen. Aber auch von ihnen ist einigen der Vorstoß in den dritten Kreis gelungen, wie der FPÖ in Österreich oder den umbenannten Neofaschisten in Italien. Was in der dritten und vierten französischen Republik der "ewige Sumpf des Zentrismus" genannt wurde, breitete sich auf weitere Kreise der Parteien aus. Das Zentrum wandelt sich (Daalder 1984). Mangels extremistischer Systembedrohung entsteht gelegentlich sogar ein "Extremismus der Mitte", der sich in radikalen Ansichten und Maßnahmen niederschlägt, vom Umweltschutz bis zur Ausländerpolitik.

2. Die Wiedergewinnung der Autonomie der Parlamentsfraktion gegenüber der Parteiorganisation

In keinem Bereich der Parteienforschung muß der Autor frühere Thesen (1982, 1984) so stark zurücknehmen wie in der Entwicklung des Verhältnisses von Partei und Fraktion. Die Ideologisierung und Mobilisierung der 70er Jahre hatte den Schluß nahe gelegt, die Parteien außerhalb des Parlaments gewännen an Boden. Was Ende der 70er Jahre nicht falsch war, erweist sich in den 90er Jahren als überholt. Die Entwicklung von den Massen- und Volksparteien zu professionalisierten Wählerparteien hat den Fraktionen in den meisten Ländern wieder mehr Autonomie gegen Steuerungsversuche von außen verschafft.

Die Fraktionen sind sowohl in der Parteien- als auch in der Parlamentsforschung vielfach zu kurz gekommen. Ein Standardwerk über den Vergleich der Arbeitsweise von Parlamenten erwähnte die Fraktionen nur unter dem Gesichtspunkt der Muster parlamentarischer Entscheidungen. Drei Typen des Verhaltens wurden für westliche Demokratien unterschieden:

- das individualistische Abstimmungsverhalten der Abgeordneten mit geringem Einfluß der Parteien (USA);
- ein Gegenüber von Regierung und Opposition mit größerer Parteidisziplin (Großbritannien, Bundesrepublik, Italien, Kanada);
- Vielparteienkoalitionen ohne scharfe Trennung von Regierung und Opposition (Dänemark, Finnland, Niederlande). In diesem Typ ist die Fraktionsdisziplin nicht notwendigerweise niedriger als im zweiten Typ. Regelmäßigkeiten des Abstimmungsverhaltens zeigen sich auf der Rechts-Links-Skala, gelegentlich auch im Konflikt zwischen Stadt und Land (Aydelotte 1977: 179).

Ein Zusammenhang zwischen der Zahl der Parteien und dem Grad der inneren Disziplin der Fraktionen scheint nicht zu bestehen. Im Vielparteiensystem mit zahlreichen kleinen Gruppen, in denen soziale und ideologische Homogenität theoretisch leichter realisierbar sein müßte, ist die Parteidisziplin keineswegs am größten. Es war eher umgekehrt. Je zahlreicher die Parteien, um so individualistischer war das Verhalten der Abgeordneten in ihnen (Frankreich, Italien, Schweiz).

Der Grad der Abhängigkeit der Fraktionen von der außerparlamentarischen Partei ist in einigen Ländern durch die Regelung des Verhältnisses von Exekutive und Legislative in der Verfassung vorprogrammiert. Wo eine *Unvereinbarkeit* von Abgeordnetenmandat und Ministeramt besteht, sind Partei- und Fraktionsvorsitz notwendigerweise zu trennen (Frankreich, Niederlande). Dies stärkt in der Regel die Unabhängigkeit der Fraktion gegenüber der Partei. Frankreich folgte der Regel jedoch nicht. Es gilt als das Land der klassischen Dominanz der Partei über die Fraktion. Offensichtlich wirkt die Inkompatibilität nicht allein auf das Verhältnis Partei-Fraktion ein. Das semipräsidentielle System – getragen von zwei Mehrheiten – schwächte das Parlament generell, so daß die Schwäche der Parteiorganisation in ihm nicht verwundern. Wenn das Parteiensystem noch zusätzlich stark fragmentiert ist und die Regierungsbildung nur nach langwierigen Verhandlungen der Parteien zustande kommt, wird die Unabhängigkeit der Fraktionen im System noch zusätzlich gestärkt (Niederlande).

Anfangs hat auch die Genesis der Partei eine Rolle für das Kräfteverhältnis zwischen Partei und Fraktion gespielt. Die bürgerlichen Parteien der Ära der Honoratiorenparteien sind vorwiegend aus parlamentarischen Fraktionen hervorgegangen. Dennoch war ihre Existenz anfangs mit dem Geruch des nicht ganz Legalen umgeben. Ihre Treffpunkte lagen daher nicht zufälligerweise außerhalb des Parlaments, in den französischen Klubs oder in den Wirtshäusern, nach denen sich die Fraktionen des Paulskirchenparlaments 1848/49 benannten. Die ersten Premierminister parlamentarischer Regime konnten sich selten auf eine kohärente

5.2 Autonomie der Parlamentsfraktion

Parteigruppierung stützen, sondern mußten die Unterstützung suchen, wo sie sie fanden. Dabei setzten sie Mittel zur Mehrheitsbildung ein, die hart am Rande der Korruption lagen (Walpole in England, Guizot in Frankreich, Depretis in Italien).

Die Legalisierung der Fraktionen wurde zuerst dort erreicht, wo sich Regierungs- und Oppositionsgruppen klar getrennt gegenüberstanden. Wo das individualistische Abstimmungsverhalten so lange überwog wie in Frankreich, ist die Legalisierung der Fraktionen besonders spät erfolgt – in Frankreich erst 1910 im Reglement der Kammer, als die Bestellung der Ausschüsse durch Fraktionen vorgesehen wurde. In Deutschland und Finnland tauchten die Fraktionen nicht einmal im Parteiengesetz auf. Erst spät gingen die Fraktionen auch in die Verfassungstexte ein (Italien 1947, Art. 72,3; Portugal 1976, Art. 183; Spanien 1978, Art. 67,3).

Die Fraktionszugehörigkeit determiniert nach empirischen Untersuchungen das Verhalten der Abgeordneten weit mehr als jede andere Variable, die Abhängigkeit der Abgeordneten von bestimmten Interessengruppen nicht ausgenommen.

Mit der Festigung der Parteiorganisation entsprachen die Fraktionen im Parlament überwiegend den Parteien, die im Lande organisiert sind. Das war in frühparlamentarischen Systemen nicht immer so. Noch in der Vierten Französischen Republik schlossen sich unterschiedliche Gruppen der Mitte zu Fraktionen zusammen, die wenig mit den Namen der Parteien zu tun hatten, unter denen sie im Wahlkampf angetreten waren. In Rußland war das in den 90er Jahren ebenso.

Durch die Fraktionsdisziplin ist das freie Votum der Abgeordneten in der modernen Demokratie nur noch in Ausnahmefällen möglich, vor allem bei weltanschaulich umstrittenen Streitfragen, die schwer mit Majorisierung zu lösen sind, wie bei Abstimmungen über die Abschaffung der Todesstrafe (Neuseeland 1950, Großbritannien 1964, Kanada 1976), bei Abtreibungsgesetzen (Großbritannien 1967, Frankreich 1974 und in vielen anderen Ländern zu wiederholten Malen), bei der Abschaffung der Diskriminierung von Homosexualität (Großbritannien 1966). Wegen der besonderen Gewissenskämpfe vieler Abgeordneter ist in solchen Fragen die Abstimmung von den Fraktionen meist freigestellt worden.

In allen übrigen Fällen ist die Fraktion und nicht das Parlament oder das "Parlament minus die Regierung" wegen des hohen Maßes an Homogenität des Verhaltens die sinnvollste Analyseeinheit. Nur in wenigen Situationen spielt das Parlament als ganzes noch die Rolle, die es einst im konstitutionellen System des 19. Jahrhunderts hatte. Nicht das Parlament, sondern allenfalls die Opposition übt die Kontrollfunktion aus, und im modernen Parlamentarismus mit einer Verschränkung zwischen Mehrheitsgruppe und Regierung ist die Kontrollfunktion des Parlaments nicht zufälligerweise stark geschwächt worden. Nur noch selten gibt es Ausschüsse, in denen auch der Hinterbänkler das Gefühl haben kann, frei von Vorentscheidungen seiner Partei zu sein und die Regierung nach Belieben und ohne Partei- und Koalitionsrücksichten angreifen zu können, nach dem Diktum "Du packst den Minister und grillst ihn, grillst ihn in einer Allparteienatmosphäre" (A. King). Nicht einmal Untersuchungsausschüsse schaffen jedoch heute noch diese Allparteienatmosphäre auf der Basis freier Abgeordneter.

Das Kräfteverhältnis von Partei und Fraktion ist historisch von der Art der Entstehung der Partei vordeterminiert gewesen. Die *Komiteepartei* in Duvergers Parteientypologie war überwiegend eine Fraktionspartei, während die *Sektionspartei*, die außerhalb des Parlaments entstand, eher eine *Mitglieder-* und *Parteiführungspartei* war. Die Fraktion war der außerparlamentarischen Partei untergeordnet. In Parteien, die als demokratische Protestparteien entstanden, hat man versucht, die Fraktion in den zentralen Gremien der Partei nicht zu stark werden zu lassen. Ihre Mitwirkung bei Parteitagen war vor allem in den linken Parteien der romanischen Länder Beschränkungen unterworfen. Auch die Fraktionshierarchie, die sich in großen Parteien zunehmend herausbildete, versuchten die frühen Parteien zu bekämpfen. Bei der SPD hat man anfangs die Parlamentarier im sächsischen Landtag noch nach dem Rotationsprinzip reden lassen, um Spezialistentum zu vermeiden. Die Abgeordneten wurden der Partei gegenüber rechenschaftspflichtig gemacht. In der Zeit der Sozialistengesetze ist jedoch die Fraktion der SPD gegen die Intentionen der Partei gestärkt worden, da die Parteitage der Partei in jener Zeit nur im Ausland stattfinden konnten.

Die Unterschiede zwischen den bürgerlichen und den sozialistischen Parteien in bezug auf das Verhältnis von Partei und Fraktion haben sich in der Ära der Wählerparteien weitgehend verwischt. Schon Duverger (1977. 212) hat seine Typologie der Machtbeziehungen zwischen Partei und Fraktion nicht als zeitlos verstanden. Er unterstellte eine Entwicklung von der Dominanz der Fraktion zu einer Vormachtstellung der außerparlamentarischen Parteiorganisation in allen Systemen. Die Demokratisierungswelle der sechziger und siebziger Jahre hat diesen Trend, den Duverger voraussah, vorübergehend verstärkt. Die Reideologisierung der Parteien führte vorübergehend zu einer Aufwertung der Parteitage und ihrer Beschlüsse und förderte ein "strategisches Verständnis" von Politik (W. Hennis) auch gegenüber den Fraktionen. Marxistisch orientierte Parteien sahen die Fraktion immer in Abhängigkeit von der Partei, aber auch eine zunächst kaum marxistisch geprägte Arbeiterpartei, wie die Großbritanniens, hat die Parteitagsdemokratie zunehmend gegen die bis in die siebziger Jahre ungebrochene Vormachtstellung der Fraktion eingesetzt. Unter der Führung des linken Flügels um Tony Benn wurde im Oktober 1979 die Entmachtung der Fraktion vorangetrieben. Die Wahlprogramme sollten künftig vom Parteivorstand verfaßt werden, die Unterhausfraktion verlor ihr traditionelles Mitspracherecht, und der Parteichef

5.2 Autonomie der Parlamentsfraktion

sollte nicht mehr von der Fraktion, sondern von einem größeren Kollegium nach dem Vorschlag des Parteivorstandes gewählt werden.

Das Verhältnis von Partei und Fraktion wurde durch den *Faktionalismus* in der Partei mitgeprägt. In der Labourparty waren die Flügel die Exponenten im Kampf um die Stellung der Fraktion. Die Gemäßigten wollten die Fraktion relativ autonom halten, die Radikalen kämpften für die "Souveränität des Parteitages" (Minkin 1980: 9). Selbst in der von Flügelkämpfen zerrissenen DC Italiens wurde die außerparlamentarische Partei durch Fraktionskämpfe vielfach gestärkt. Die "correnti" konnten sich häufig eher in der außerparlamentarischen Partei als in der Fraktion einigen, und die außerparlamentarische Partei hat auch deshalb versucht, die Fraktion zu schwächen, um den Faktionalismus wirksamer zu bekämpfen.

Nur in den USA hat die innerparteiliche Gruppenbildung im Parlament wenig Rückkopplung in der Gesamtpartei, und selbst der Präsident muß seine "legislative Führerschaft" vielfach auf Umwegen realisieren. Das dualistisch angelegte präsidentielle System ist jedoch atypisch für das Verhältnis von Partei und Fraktion in sonstigen repräsentativen Demokratien.

In Ländern mit Inkompatibilität zwischen Abgeordnetenmandat und Ministeramt wird die Fraktion gestärkt – es sei denn, ein mächtiger Präsident im semipräsidentiellen System wie in Frankreich oder gar in Rußland, unterminiert die Macht des Parlaments insgesamt. Die Niederlande sind das klassische Beispiel eines Systems, in dem die Fraktion dominant blieb (Koole 1992: 256). Eine Reautonomisierung der Fraktion mußte nicht stattfinden, wo ein Parteiensystem im ganzen immer relativ lockere Beziehungen zu den Ministern aus ihrer Partei unterhielt.

Im internationalen Vergleich sind fünf Typen unterschieden worden: Fraktionsdominanz (Großbritannien), Parteidominanz (Frankreich), integrative Struktur (Deutschland), funktionale Autonomie (USA), Dominanz der Faktionen in der Partei (Japan) (Helms 1999: 22). Die Differenzen können nicht mehr – wie einst bei Duverger – noch mit Rechts-Links-Positionen erklärt werden (rechts: Fraktions-, links: Partei-Dominanz). Die ideologischen Familien nähern sich an, ebenso wie ganze Länder. Von Italien (spätestens ab 1994) bis Schweden ist eine Bewegung zu mehr Autonomie der Fraktion konstatiert worden. Die gemeinsame Ursache ist die Entwicklung der professionalisierten Wählerpartei, der Ausbau der Fraktionsstäbe, die Abnahme der Ideologie und Mobilisierungskraft der alten Maschinen, die Panebianco (1988) noch gleichberechtigt neben die elektorale Profipartei stellte.

Wo die Fraktionen seit dem Beginn der 5. Republik (vorher war in der "République des camarades" eher das Gegenteil der Fall) traditionell schwach sind, könnten sie durch die Bekämpfung der Ämterkumulation gestärkt werden, welche das Abgeordnetenmandat zum Lobbyismus für regionale Interessen verkommen läßt und wegen der Kumulierung der Verpflichtungen keine professionalisierte Abgeordnetentätigkeit entstehen läßt. In Frankreich waren 1998 von 576 Abgeordneten der Nationalversammlung nur 47 nicht auch noch regionale oder kommunale Amtsträger, meist Bürgermeister (in 308 Fällen) (S.Z. 16.2.1968). Periodisch versuchte die französische Regierung gegen diese Mißbräuche anzugehen – zuletzt Jospin 1998, – vergebens. Die Unvereinbarkeit von Amt und Mandat in der 5. Republik hat im *"cumul des mandats"* zu neuen Formen der Machtanballung geführt. Nicht einmal die Inkompatibilität funktioniert in vorhergesehener Weise. Das System der Stellvertreter führt dazu, daß ein Minister, der sein Mandat niederlegt, dieses wiedererhalten kann, weil dann sein "suppléant" zurücktritt, um dem Exmandatsträger wieder eine Chance zu geben – vorausgesetzt, die beiden sind einander noch verbunden.

Das Machtverhältnis zwischen Partei und Fraktion hat sich in der *Ära der Volksparteien* in fast allen westlichen Demokratien vorübergehend zu Ungunsten der parlamentarischen Partei verschoben. Dafür gibt es mehrere Erklärungsgründe:

(1) Mit dem Prozeß der *"Etatisierung" der Parteien* und mit der Übernahme immer neuer Funktionen der Parteien wird die Fraktion überfordert, und die außerparlamentarische Partei gewinnt an Gewicht. Der Ausbau der politischen Planung auch in den Parteien stärkt eher die Parteiapparate als die Fraktionen. Auch die staatliche Parteienfinanzierung (vgl. Kap. 5.3) nutzt den Parteien. Nur in wenigen Ländern wurden anfangs in erster Linie die Fraktionen finanziell unterstützt.

(2) Die *innerparteiliche Demokratisierung*, verbunden mit einer neuen Hinwendung zu programmatischen Grundsatzdiskussionen, stärkte die Parteitage gegenüber den Fraktionsberatungen. Soweit die Folge dieser Entwicklung eine wachsende Fraktionierung war, wurde die Macht der Fraktion über die einzelnen Abgeordneten noch zusätzlich gestärkt, um die Flügelbildung nicht zur Gefahr für die Regierungsmehrheit werden zu lassen. In Deutschland wurde nicht nur die Fraktionsdisziplin beschworen, sondern sogar Koalitionsdisziplin verlangt, um die SPD-FDP-Koalition gegen ihre Dissenter zu retten.

(3) Die *Reideologisierung* hat in einigen Parteien vorübergehend neue Frontstellungen zwischen Partei und Fraktion ergeben. In Großbritannien führte dieser Konflikt 1981 zur Spaltung der Labourparty. Der linke Parteiflügel wollte in einer Parteireform die Abgeordneten der "Reselektion" unterwerfen und der Fraktion die Wahl des Parteiführers entwinden. Ein Vermittlungsvorschlag des

5.2 Autonomie der Parlamentsfraktion

Parteivorsitzenden Michael Foot, welcher der Fraktion die Hälfte der Stimmen im Wahlgremium für den Parteiführer lassen wollte, scheiterte. Im März 1981 wurde ein Schlüssel angenommen, nach dem die Gewerkschaften 40%, die Fraktion und die Ortsvereine je 30% der Stimmen erhielten. Dies war für die sozialdemokratische Arbeitsgemeinschaft in der Partei das Signal zum Austritt und zur Konstituierung der Gruppe als neue Partei. In Deutschland haben Konflikte mit dem linken Flügel der Fraktion der SPD bei den Antiterrorgesetzen und bei umstrittenen Fragen wie dem Nachrüstungsbeschluß der NATO vorübergehend noch die Fraktion gestärkt. Im Triumvirat von Kanzler, Parteichef und Fraktionsführer erwies sich Herbert Wehner häufig als der durchsetzungsfähigste. Aber auch in der SPD hatte man die endgültige Balance im Machtverhältnis zwischen Partei und Fraktion noch nicht gefunden.

(4) *Abnehmende Margen der Regierungsmehrheit* im Patt der beiden Lager verstärkten den Druck auf den einzelnen Abgeordneten. Auch in Schweden fiel einem einzelnen Abgeordneten gelegentlich eine Schlüsselrolle zu, wie im Fall von Ture Königson, einem Abgeordneten der Liberalen, der als Gewerkschafter das sozialdemokratische Projekt der Volkspension unterstützte und sich im bürgerlichen Lager einer förmlichen Kampagne gegen seine Person ausgesetzt sah (Back 1972: 155). Langfristig stärkte das eher die Fraktion als die Partei.

(5) Der *Machtzuwachs des Regierungschefs* im modernen Premierministersystem hat die Partei vorübergehend gegenüber der Fraktion gestärkt. Die Parteiführer hatten auf gut inszenierten Parteitagen meist weniger Widerstand gefunden als in den Fraktionssitzungen. Der Parteiführer wurde zunehmend von Parteitagen gewählt, nicht mehr von Fraktionen wie in den frühen Honoratiorenparteien.

In der *Ära der professionalisierten Wählerparteien* gewannen die Fraktionen wieder an Macht. Selbst bei den Grünen, in der auf Parteitagen eine lautstarke Basis versucht hatte, die Parlamentarier an die ideologische Kandarre zu legen und durch Rotationsvorschriften die Verselbständigung der Fraktion zu verhindern, trat um 2000 ein Wandel ein. Joschka Fischer und der Realo-Flügel verlangten Parteireformen, welche die Unvereinbarkeit von Mandat und Parteiamt lockerten, um die Autonomie der grünen Führung zu stärken In der PDS wurde in April 2000 eine Reform der Partei, die auch der Fraktion mehr autonomen Handlungsspielraum geben sollte, noch von der Mehrheit der Delegierten abgelehnt. Aber auch in dieser postkommunistischen Partei konnte man sich auf die Dauer dem Sog nach Reautonomisierung der Fraktion nicht verschließen.

Ein Minimum an Einfluß der Partei außerhalb des Parlaments ist Folge der fortschreitenden *Demokratisierung* der Parteien. Demokratisierung und Parlamentarisierung der Parteien verliefen jedoch nicht immer in einem harmonischen Gleichschritt. Die Bundesrepublik zeigte das prekäre Gleichgewicht zwischen Fraktion und Parlament. In der Ära Adenauer war die Fraktion noch Erfüllungsgehilfe der Regierung. In der großen Koalition 1966–69 wurde die Regierung weitgehend von den Fraktionen gesteuert. Wenn Parteien nicht an der Macht sind, können sie die Fraktion bevormunden, wie die SPD unter Schumacher, oder aber sie zum eigentlichen Entscheidungszentrum der Partei werden lassen, wie die SPD seit Godesberg auf dem Weg zur Volkspartei. In allen Parteien haben die Fraktionen in der Entwicklung von der Volkspartei zu den professionell gesteuerten Wählerparteien wieder an Autonomie gewonnen.

- Dies ist einmal die Frucht der *Professionalisierung der parlamentarischen Elite*. Die Partei auf ihren Parteitagen wird von dieser zunehmend beherrscht. Im Medienzeitalter wurde die Regie von oben immer perfekter.
- Die *Etatisierung der Parteienfinanzierung* (Kap. 4.3) hat in allen parlamentarischen Demokratien zur *Ausweitung der Stäbe* geführt. Diese Ausweitung kam den Fraktionen weit mehr zugute als der zentralen Parteiorganisation (Kap. 3.4).
- Die Fraktionen sind in den 80er und 90er Jahren stärker in das Vorstadium der Gesetzgebung eingebunden (von Beyme 1997:132ff). Vorbereitungsrunden und runde Tische, Hearings und Vorbesprechungen beim Regierungschef – überall sind die parlamentarischen Eliten eingeschaltet, auch wenn sie nicht die Planung der Gesetzgebung selbst vornehmen. Aber auch die Ressorts müssen sich mit den Fraktionen und den Ausschußvorsitzenden ihrer Regierungsparteien stärker absprechen als früher. Die *wissenschaftliche Vorbereitung* von Maßnahmen – zum Teil gesetzlich oder durch die Verfassungsgerichte gefordert im Namen von "Umweltverträglichkeit" oder "Sozialverträglichkeit" als reduzierte Gemeinwohlformeln – kann schon von den Fraktionen kaum hinreichend mitvollzogen werden. Die Parteizentralen sind dazu ganz sicher nicht im Stande. Die Durchparlamentarisierung der modernen Demokratien hat langfristig die Fraktionen wieder mit mehr Autonomie versehen als in den Epochen der Parteienentwicklung, da die Ideologie ein größere Rolle spielte.

Es gibt keine unilineare Entwicklung im Verhältnis vor Partei und Fraktion. Wellen der Reideologisierung können das prekäre Gleichgewicht jederzeit stören. Im ganzen aber hat in den professionalisierten Wählerparteien das Gewicht der Fraktionen wieder zugenommen.

3. Die Ausweitung der Koalitionsfähigkeit der Parteien und die Annäherung der Policy-Positionen

Auf den ersten Blick hat die wachsende Fragmentierung in vielen Parteiensystemen durch die Etablierung neuer Parteien die Regierbarkeit im Parteienstaat beeinträchtigt. Doch der Anschein trügt. Die Koalitionsfähigkeit vieler Gruppen war in der Ära der Massenparteien und noch in der Periode der Volksparteien nicht gegeben. Ende der 90er Jahre waren in der Ära der professionalisierten Wählerparteien nur noch die rechtsextremistischen Parteien von der Koalitionsbildung ausgeschlossen. Aber auch dieser stille Konsens des "Verfassungsbogens" der Parteien bröckelt, wie man an Italien seit 1994, in Österreich seit 2000 und im flämischen Teil Belgiens sehen konnte. Der Druck der Gewerkschaften gegen eine Koalition mit dem bürgerlich-liberalen Venstre, wie er in Dänemark noch 1978 ausgeübt wurde, ist im neuen Jahrhundert kaum noch denkbar. Die Koalitionsverhandlungen sind keine Schachpartie mehr, bei der die Zuschauer von außen eingreifen und willkürlich Figuren auf dem Spielfeld verrücken können.

Im ganzen ist die Koalitionsbildung in parlamentarischen Systemen in der Ära der professionalisierten Wählerparteien einfacher geworden. Der Wähler entscheidet über die Regierungszusammensetzung weit häufiger als in der Zeit der Massen- und Klassenparteien, in der ein Patt zwischen den Lagern häufig zu langwierigen Verhandlungen nach dem Gravitationsprinzip zwang, welches die Kräfte der Mitte begünstigte (vgl. von Beyme 1999: 509). Leidlich eindeutige Indikationen durch den Wähler haben die Regierungsbildung in über der Hälfte der Fälle seit 1946 bereits durch den Wahlakt entschieden. Damit wird nur noch in einer Minderheit der Fälle das Regierungsbündnis erst nach den Wahlen hinter verschlossenen Türen von den Parteieliten ausgehandelt, wie es vor allem in den Niederlanden noch geschieht, wo sogar ein "informateur" eingeschaltet wird, wenn die Gespräche einer Vorklärung bedürfen.

Durch die Demokratisierung der Parteien sind die Koalitionsbildner den Wählern gegenüber stärker verantwortlich gemacht worden. Die Regeln der Regierungsbildung werden damit zunehmend durch die Wahlkampfpolitik vordefiniert. Der Wählerwille, auf den sich demokratische Parteien vielfach berufen, ist freilich in fragmentierten Vielparteiensystemen aus dem Wahlergebnis oft nicht heraus zu interpretieren. Nur eine Minderheit von kleineren Parteien legte ihre Koalitionsabsichten vor der Wahl so klar fest, wie es die deutsche FDP oder früher die australische Country Party taten. Die Bürde einer rationalen Entscheidung ist in solchen Koalitionen für den Wähler nicht leicht zu tragen. Rationales Verhalten kann strategisches Wählen verlangen, bei dem der Wähler die Partei seiner Erstpräferenz übergeht, um mit der Stimme für eine Zweitpräferenz die wahrscheinlichste Koalition zu begünstigen. Im System einer dominanten Sozialdemokratie kann es rational sein, konservativ zu wählen, auch wenn man die Zentrumspartei vorzieht, um die Linke von der Macht fernzuhalten (de Swaan 1973: 291). Weil die Zentrumspartei in Schweden von allen bürgerlichen Gruppen am leichtesten für ein Bündnis mit den Sozialdemokraten zu gewinnen war, mußte ein Anhänger dieser Partei ihr die Stimme vorenthalten, wenn er eine bürgerliche Koalition vorzog.

Die Rechenhaftigkeit des Verhaltens ist in der Zeit der ideologisierten Massenparteien vielfach diskriminiert worden. Im Zeitalter der entideologisierten Volksparteien hat die Individualisierung der Bürger sich von weltanschaulichen Loyalitäten jedoch vielfach freigemacht. Auf der Elitenebene war ein solches rationales Verhalten bei der Koalitionsbildung schon früher üblich. Der "volatile" Wähler der 90er Jahre hat sich den Eliten angepaßt, ist aber zugleich bereiter, die "Repräsentation von oben" durch die Führung professionalisierter Parteieliten zu akzeptieren.

Die multipolaren Koalitionssysteme, die einst vor allem in Belgien, Italien, Finnland und in den Niederlanden untersucht wurden (Laver/Schofield 1991:136) sind in der Ära der professionalisierten Wählerparteien seltener geworden. In diesem Modell waren die Regierungen schon immer relativ kurzlebig. Die Dauer der Regierungen hängt von der *Zahl der Parteien* in einer Koalition nicht unwesentlich ab (vgl. Matrix). Nur die Niederlande wichen von dieser Regel ab und schafften auf Grund eines stabilen Elitenkonsenses eine beachtliche Regierungsdauer trotz der großen Zahl der Parteien in den Koalitionen.

Mit der Herausbildung der Wählerparteien haben die alternierenden Regierungen seit den 80er Jahren zugenommen (vgl. Tabelle 5.7). Selbst in den neuen Demokratien Osteuropas wurden Regierungswechsel überraschend schnell und problemlos vollzogen. Das postkommunistische Comeback in Litauen (1992), Polen (1993), Ungarn (1994) oder Estland (1995) hat die kaum stabilisierten Demokratien nicht gefährdet. Dies zeigte an, daß den Postkommunisten, soweit sie sich sozialdemokratisierten, die Koalitionsfähigkeit zuerkannt wurde, trotz aller Vorbehalte bei vielen Wählern.

Die *parlamentarische Basis* der Parteikoalitionen hat sich weitgehend normalisiert. "Normal" heißt nicht unbedingt, daß die Koalitionen den *minimum-size*-Prinzipien der Rational Choice-Koalitionstheorien entsprechen. Die Mehrheit der Koalitionen in stark fragmentierten Parteiensystemen entsprechen nicht dem Grundsatz, daß eine Koalition in der Stärke der Abgeordneten, die hinter ihr stehen, nicht nennenswert über 51% gehen sollte, um den Nutzen für die Partei zu maximieren. Aber die *Minderheitenregierungen* (außer in Dänemark, Norwegen und Schweden) haben nicht zugenommen. Auch die *übergroßen Koalitionen* (oversized coalitions) sind nicht häufiger geworden (Ausnahmen: Österreich

5.3 Koalitionsfähigkeit und Annäherung der Policy-Positionen

bis 2000, Belgien, Finnland und Griechenland) (Daten bei von Beyme 1999: 464ff.).

Die Leistungen der Parteiendemokratie sind häufig an Stabilitätskriterien gemessen worden. Regierungsstabilität schien vor allem für neue Demokratien nach Turbulenzen der Konsolidierungsphase als ein hoher Wert. Die Niedergangshypothesen hinsichtlich des Parteienstaats müßten angesichts wachsender Apathie und Fluktuation der Wähler und angesichts der wachsenden Fragmentierung der Parteiensysteme unterstellen, daß diese "neue Unordnung" die Regierungsstabilität beeinträchtigt. Erstaunlicher Weise ist das Gegenteil der Fall: in fast allen parlamentarischen Demokratien hat die Regierungsstabilität in den 80er Jahren und Anfang der 90er Jahre zugenommen (vgl. Tabelle 5.6). Ausnahmen stellen Deutschland, Frankreich, Irland und Österreich dar. In den neuen Demokratien in Südeuropa (Griechenland, Portugal, Spanien) hat sich die Stabilität der Regierungen erwartungsgemäß stabilisiert. Das war in den 50er Jahren in den wieder errichteten Demokratien Frankreich und Italien nicht anders. Nur Deutschland und Österreich hatten aufgrund traumatischer Belastungen von Anfang an auf Stabilität gesetzt, Deutschland durch die Vorherrschaft der Unionsparteien, Österreich durch die großen Koalitionen bis 1966.

Mit dem Aufstieg des Policy-Ansatzes in der Politikwissenschaft in den 70er und 80er Jahren wurde die rein institutionelle Analyse der Parteien überwunden. Von Duverger bis Sartori hatte ein eher antisoziologischer Ansatz die Parteienforschung dominiert. Die quantitative Erforschung von Staatstätigkeit begann sich der Parteien anzunehmen. Sie begnügte sich bald nicht mehr damit, die Politikresultate anhand von Indikatoren nach Ländergruppen durchzurechnen. Es wurden auch intervenierende Variablen, etwa die Institutionen (z.B. die Differenz, die eine existierende oder nicht existierende unabhängige Zentralbank macht) in die Betrachtung mit einbezogen. Der apolitische Zug der Makroforschung wurde unter dem Einfluß eher links stehender Forscher mehr und mehr auf die Parteien zugespitzt. Für einen Normalbürger muß die Frage, ob Parteien für das Politikergebnis von Bedeutung sind, als klassisches Pseudoproblem der Wissenschaftler erscheinen. Jeder weiß doch, daß Parteien wichtig sind, sonst würde die Mehrheit der Bürger nicht zur Wahl gehen. Politiker im Wahlkampf sind ebenfalls von der Devise überzeugt: parties matter. Nur selten freilich ist ein Politiker so selbstbewußt, auf die Frage, was sich ändert, wenn er morgen die Wahl gewinnt, wie Frau Thatcher zu antworten: "alles". Deutsche Kanzler müssen wegen der Koalitionsrücksichten und der Politikverflechtungsfallen im föderalen System vorsichtiger sein. Von Gerhard Schröder hörte man am Vorabend seines Sieges nur, daß "nicht alles anders, aber vieles besser" werden sollte. Aber auch ein solches Statement geht davon aus, daß Parteien die Politikergebnisse ändern können. Der Blick des Neoinstitutionalismus hat jedoch dazu geführt, daß

Parteien als Institutionen nicht mehr isoliert, sondern in der Wirkung mit anderen Institutionen zusammen gesehen werden (Huber u.a. 1993; Schmidt 1996). Parteien entfalten ihre Wirkungen vor allem in bestimmten institutionellen Konfigurationen (Alvarez u.a. 1991).

Im Zentrum der wissenschaftlichen Erforschung der Frage *"do parties matter?"* stand seit jeher der Sozialstaat. Die starken Erfolge skandinavischer Länder wurden anfangs vielfach aus der Armut peripherer Länder erklärt, die als Agrarstaaten Anpassungsschwierigkeiten an die Industriegesellschaft hatten. Später verlagerte sich die kausale Erklärung auf die sozialen Grundlagen der Wählerschaft und die Parteien, welche die Arbeiterklasse repräsentierten. Dabei kam es gelegentlich zu gewagten Hypothesen. Die Frage mußte beantwortet werden, warum in Schweden die Sozialdemokratie stärker war als in Dänemark. Der Policy-Ansatz half sich mit einer Erklärung vom Output des Systems her. Die SAP Schwedens wurde für erfolgreicher erklärt, weil ihre Sozial- und Wohnungsbaupolitik erfolgreicher war (Esping-Andersen 1975). Die Gefahr der tautologischen Erklärung tauchte damit auf: Die Arbeiterparteien Skandinaviens entstanden aus den Forderungen der Massen nach bestimmten Politiken. Diese wurden dann von den Arbeiterparteien an der Macht erwartungsgemäß auch geliefert.

Tabelle 5.5: *Parteifragmentierung und Dauer der Regierungen 1946–1994*

		Zahl der Parteien in der Koalition		
		Überdurchschnittlich (über 2,5)	mittel (1,5 bis 2,5)	Unterdurchschnittlich (bis 1,5)
Dauer der Regierungen	Überdurchschnittlich (über 30 Monate)	Niederlande	Australien Deutschland Irland Luxemburg Österreich	Canada Großbritannien
	mittel (24–29 Monate)	Australien		Neuseeland Schweden
	Unterdurchschnittlich (unter 24 Monaten)	Belgien Finnland Frankreich Italien	Dänemark Norwegen	

Quelle: von Beyme 1999: 478

5.3 Koalitionsfähigkeit und Annäherung der Policy-Positionen

Tabelle 5.6: *Dauer der Kabinette*

	Zahl der Regierungen	Dauer nach Monaten	1940er Jahre	1950er Jahre	1960er Jahre	1970er Jahre	1980–94
Australien	27	22.4	23.3	31.8	17.6	19.3	24.5
Belgien	32	17.7	10.2	21.5	32.0	13.6	16.2
Dänemark	30	20.0	29.0	18.8	22.5	17.4	19.1
Deutschland	18	31.8	49.0	49.0	26.6	31.7	26.3
Finnland	42	13.5	19.7	10.5	17.7	11.7	22.8
Frankreich	47	12.3	5.1	8.6	24.2	21.2	15.8
Griechenland	41	11.6	6.7	10.7	5.7	17.5	26.3
Großbritannien	19	30.6	55.0	25.3	26.7	31.4	35.3
Irland	21	30.2	42.5	31.0	34.0	33.0	23.0
Italien	48	12.1	10.5	12.0	15.0	10.3	12.8
Japan	38	15.9	9.4	13.6	24.0	18.0	15.2
Kanada	20	29.9	32.0	31.3	25.2	30.0	32.6
Luxemburg	13	43.2	52.0	28.6	60.0	60.5	60.0
Neuseeland	22	28.5	31.0	27.5	33.8	23.6	28.6
Niederlande	20	30.1	35.0	32.5	32.0	30.5	30.8
Norwegen	24	25.0	36.0	30.0	26.6	23.8	21.7
Österreich	19	32.6	29.3	32.0	27.0	39.2	34.5
Portugal	15	14.2	--	--	--	7.3	23.5
Schweden	24	25.7	24.7	21.6	30.0	25.4	27.0
Spanien	7	31.5	--	--		21.5	36.5

Quelle: von Beyme 1999: 509

Ein weiteres Problem war die enge Auswahl der Fälle. Der Blick auf das skandinavische Wohlfahrtswunder verdeckt die transnationalen Differenzen. Harold Wilensky (1981) war einer der ersten, die die Frage aufwarfen, ob die christdemokratischen Parteien auf dem Boden einer katholischen Soziallehre nicht in ähnlicher Weise den Sozialstaat förderten wie die sozialistischen Parteien. Die quantitativen Befunde waren nicht eindeutig. Der sibyllinische Ausweg der Interpretation: Die Sozialausgaben wachsen am stärksten in den Ländern, in denen Christdemokraten und Sozialdemokraten häufig koalieren, oder dort, wie sie alternierend an der Macht sind und sich jeweils "gefälligkeitsdemokratisch" mit sozialen Angeboten überbieten müssen. Eindeutige Ergebnisse brachten die quantitativen Studien auch deshalb nicht, weil sie nicht intervenierende Variablen berücksichtigten wie die Existenz eines Bundesstaats, die Art der Opposition (kooperativ oder konfliktorisch), und der Einfluß von Gewerkschaften, die mit den Parteien konkurrieren.

Tabelle 5.7: *Alternierende Regierungen und Koalitionen*

Länder	Jahrzehnte					
	1940er	1950er	1960er	1970er	1980er	1990er
Australien	1946			1972, 1975	1983	1996
Belgien		1954, 1958		1974	1982	1998
Dänemark		1950, 1953	1968	1971, 1973, 1975	1982	1993
Deutschland			1969		1982	1998
Frankreich		1958			1981, 1986, 1988	1993
Griechenland				1974	1981, 1989	1993, 1997
Großbritannien	1945	1951	1964	1970, 1974, 1979		1997
Irland	1948	1951, 1954		1973, 1977	1981, 1982, 1987	1994, 1997
Italien						1994, 1996
Japan						1993, 1994
Kanada		1957	1963	1979	1980, 1984	1993
Luxemburg				1974, 1979		
Neuseeland	1949	1957	1960	1972, 1975	1984, 1989	
Norwegen			1963, 1965	1971, 1972, 1973	1981, 1986, 1987	1990, 1997
Österreich				1970	1983	
Schweden				1976	1982	1991, 1994
Spanien					1982	1996

Quelle: von Beyme 1999: 515

5.3 Koalitionsfähigkeit und Annäherung der Policy-Positionen

Später wurden die Ideen in der Politik von diesem Forschungszweig wieder entdeckt. In der Ära der Volksparteien spielten spätmarxistische Positionen noch eine gewisse Rolle in der Diskussion. Keynesianer glaubten an die erfolgreiche Steuerung der Ökonomie durch die Politik. Neomarxisten hielten dies für eine Illusion. Der empirische Mainstream der Forschung kam hingegen zu dem Kompromiß in der "Hypothese der partiellen Steuerung" (Schmidt 1983: 16). In der Ära der professionalisierten Wählerparteien schließlich spielten die großen Steuerungsdebatten kaum noch eine Rolle. Aber auch in den 90er Jahren gab es noch Studien, die stark verallgemeinerten (Pennings/Lane 1998, Kap 4): bürgerliche Regierungen produzieren höhere Defizite im Staatshaushalt und höhere Staatsschulden als linke Regierungen. Dafür bevorzugen sie niedrigere Steuern. Nicht einmal dies ist im Zeitalter von "New Labour" noch gesichert. Andere Studien (z.B. Boix 1998) kamen zu der Daumenregel, daß linke Parteien die öffentlichen Ausgaben erhöhten und rechte Regierungen die Steuern senkten, um Investitionen anzuregen. Seit Ende der 90er Jahre versuchten dies auch linke Regierungen, wie die von Blair und Schröder. Ob die alten Regeln langfristig vielleicht weiter gelten, kann erst in einigen Jahren abgeschätzt werden, wenn die Erfolge des Strategiewechsels der Sozialdemokraten meßbar geworden sind.

Ein großer Teil der "Do-Parties-Matter-Literatur" der 70er und 80er Jahre ist beim Übergang von den Volksparteien zu den professionalisierten Wählerparteien nicht weniger obsolet geworden als die Studien über Parteiorganisation (vgl. Kap. 4.1). Ein Meilenstein der Forschung war Esping-Andersens: "Three Worlds of Welfare Capitalism" (1990). Es wurden drei Idealtypen von Wohlfahrtsstaaten herausgestellt, die vor allem an Indikatoren wie "Dekommodi-izierung" (Schutz gegen Marktkräfte und Einkommensausfälle), dem Anteil der Fürsorgeleistungen an den Sozialausgaben, dem Anteil privater Ausgaben für Alter und Gesundheit an den Gesamtausgaben, der Anzahl der nach Berufsgruppen differenzierten Sicherungssysteme, der Umverteilungskapazität und der Vollbeschäftigungsgarantie gemessen wurden. Dem Autor stand das sozialdemokratische Modell Skandinaviens am nächsten. Notfalls wurden die Variablen so ausgewählt, daß diese Vorliebe wissenschaftlich bestätigt wurde. Der weite historische Rahmen hat jedoch die Kurzatmigkeit vieler früherer Arbeiten überwunden. Die historischen Exkurse zu den drei Modellen wurden gelegentlich für interessanter gehalten als die quantitativ-komparative Untersuchung der 18 OECD-Länder (Kohl 1993: 80). Im Vergleich zu diesem Modell kamen das liberale Modell der Angelsachsen und das konservative Modell Mitteleuropas (das hauptsächlich an Deutschland exemplifiziert wurde) weniger gut weg. Südeuropa wurde ausgeblendet. Die besondere Konfiguration von Machtressourcen, Handlungsrestriktionen und Strategiewahlen haben bei den Spätkommern der Demokratie unter sozialistischer Herrschaft in Südeuropa ein völlig neues Licht auf "sozialdemokratische

Politik" geworfen. Der Politik- und Programmwechsel unter sozialistischen und sozialdemokratischen Parteien nach dem Abschied von der keynesianischen Illusion einer möglichen Feinsteuerung der Wirtschaft vollzog sich in Europa erstaunlich synchron (Merkel 1993: 397, 399). Mit der Krise der Finanzierbarkeit des Sozialstaats waren schon in der späten Ära der Volksparteien Zweifel an der sozialdemokratischen Strategiefähigkeit aufgetaucht. Die Wohltaten eines lang anhaltenden Aufschwungs waren nicht in Sicht. Die Hoffnung, mit klassischen sozialdemokratischen Strategien weiter erfolgreich sein zu können, schwand. Die Notwendigkeit die weltwirtschaftlichen Rahmenbedingungen mit Europäisierung und Globalisierung zu akzeptieren, mutete den sozialdemokratischen Parteien die resignative Selbstbeschränkung zu, daß künftig allenfalls ein "Sozialismus in einer Klasse", aber keine radikal-egalitäre Umverteilungspolitik mehr möglich sein werde (Scharpf 1987: 336).

Der Ansatz Esping-Andersens mußte erweitert werden. Die drei Welten wurden auf vier erweitert. Es wurden *"families of nations"* entdeckt. Sie waren stark von der Geschichte und der politischen Kultur geprägt, vor allem durch gewachsene Aushandlungsmuster in Konflikten. Auch bei unterschiedlicher Verfassungsmechanik haben die USA, Großbritannien und die anderen Westminstermodelle einerseits und die drei vorwiegend deutschsprachigen Länder andererseits gewisse Ähnlichkeiten entwickelt. Die skandinavische Familie zeichnete sich durch eine stark ideologische Komponente hinsichtlich der Wünschbarkeit hoher öffentlicher Ausgaben aus. Die kontinentale Nationenfamilie – falls es das gibt – war stark auf soziale Transfers ausgerichtet. Religiöse Faktoren beeinflußten solche Strategiewahlen. Aber in allen Systemen waren nach diesen Befunden die typischen Merkmale in der Frühzeit und Boomzeit der klassischen Moderne ausgeprägter als in der Spätzeit (Castles 1998: 318ff.).

Ein großer Forschungszweig wurde rasch in Spezialbereiche ausdifferenziert. Der *Sozialstaat* aber blieb das Zentrum der Bemühungen. Mit rein sozioökonomischen Ansätzen ließ sich die Höhe der Sozialleistungsquote in der westlichen Welt nicht erklären. Schmidt (1998: 240) kombinierte sie anhand von Indikatoren wie Seniorenquote, Arbeitnehmerquote, Sozialismusvariable mit politischen Faktoren wie der Existenz von Föderalismus, dem Alter der jeweiligen Demokratie und der Existenz starker Links- und Zentrumparteien an der Regierung. Der letzte Faktor war für diese Skizze der relevanteste. Er bewirkte in diesem Erklärungsmodell eine um 6.91 Punkte höhere Sozialleistungsquote. Parties do matter!

Auch auf anderen Bereichen wurden die Parteien als relevant für das Ergebnis der politischen Entscheidungen erkannt: linke Regierungen drehten stärker an der *Steuerschraube* und wurden auf der Einnahmenseite vergleichsweise unabhängiger als rechte Regierungen. Sie verschuldeten sich zwar auch, aber nach einer Untersuchung in geringerem Maße (Wagschal 1996: 254). In anderen Bereichen

5.3 Koalitionsfähigkeit und Annäherung der Policy-Positionen

mußten herkömmliche Hypothesen revidiert werden. Galt in der Ära der Volksparteien in den 70er Jahren die Daumenregel, daß eine hohe Regierungsbeteiligung der linken Parteien zu geringerer *Arbeitslosigkeit* führte, so wurde diese Annahme im Lichte der Daten der 80er Jahre problematisch (Busch 1995: 180). Sachzwänge von außen, die durch die Entwicklung der Weltwirtschaft entstanden, haben die Wahlmöglichkeiten von Parteien an der Regierung eingeschränkt. Die Globalisierung anonymer Finanzmärkte begrenzte die Steuerungsoptionen jeder Regierung ein – unabhängig von ihrer Parteicouleur. Der Keynesianismus, der in der Ära der klassengebundenen Massenparteien entstand und in der Ära der Volksparteien eigentlich erst systematisch eingesetzt wurde, war auf eine Gesellschaft zugeschnitten, die nicht mehr existierte. Die alten stabilen Familienstrukturen, die geordneten Berufslaufbahnen und transparenten Arbeitsmärkte, die vornehmlich männlich geprägt waren, waren erodiert. Sozialpolitik konnte sich nicht mehr überwiegend auf nicht im Arbeitsmarkt integrierbare Problemgruppen beschränken wie Alte, Kranke und Behinderte.

Vergleichende Studien über Arbeitsmarktangebote haben ergeben, daß in den deutschsprachigen Ländern Frauen, Ausländer, Junge und Alte mehr als in anderen Völkerfamilien den Rückzug aus dem Arbeitsmarkt in alternative Lebensformen akzeptiert haben (von Rhein-Kress in: Castles 1993: 166). Das galt für die 1980er Jahre. Wie aber kann dieser Ansatz erklären, daß plötzlich in den 90er Jahren dies nicht mehr so ist, jedenfalls nicht in Deutschland? Da Deutschland vor Österreich und der Schweiz in den Arbeitslosenraten liegt, könnte wieder eine singuläre Erklärung gefunden werden, die wenig mit den Parteien zu tun hat (außer insofern, daß Grüne und PDS die Frauen und Problemgruppen mobilisieren, sich nicht vom Arbeitsmarkt verdrängen zu lassen)?

Das klassische schwedische Modell mit seiner Besessenheit, die Arbeitsquote zu steigern, ist durch seinen Erfolg untergraben worden. Nur konservative Ideologen zogen daraus den Schluß, die Frauen müßten wieder an den Herd zurückgedrängt werden. Realisten haben selbst in Deutschland nach der Vereinigung rasch eingesehen, daß die Frauenerwerbsquote in Ostdeutschland sich nicht der früheren Frauenerwerbsquote in Westdeutschland anpassen wird – sondern umgekehrt. "Postmoderne" Politikstrategien versuchten nicht mehr, die hohe Erwerbsquote zu drücken. Sie wird in der flexiblen Dienstleistungsgesellschaft sogar gebraucht. Aber sie muß flexibilisiert werden und Erwerbstätigkeit und Familienarbeit in sinnvoller Weise verbinden.

Es wird hier nicht erneut der Versuch riskiert (vgl. von Beyme 1984: 404ff.), die Profis des transnationalen Policy-Vergleichs gegen sich aufzubringen. Eine hoch spezialisierte Ingroup bleibt einerseits gern unter sich, was sie andererseits nicht hindert, einander erbarmungslos zu kritisieren. Keine zwei Forscher, die einander bescheinigen, die richtigen Daten und die angemessenen statistischen

Methoden eingesetzt zu haben (ein krasser Fall: Beck/Katz 1995 gegen Janoski/Hicks 1994). Materien, die eine methodologische Hochrüstung verlangen, schaffen zwangsläufig solche Konfliktsyndrome. Man fühlt sich an die Sinologie erinnert. Nie traf ich zwei Sinologen, die einander bescheinigten, daß der andere Kollege auch gut chinesisch könne. Die Suche nach harten Methoden wird ständig verfeinert und den Konkurrenten wird gern "soft ware" unterstellt. Die umgangssprachigen Rückübersetzungen der Ergebnisse lassen sich gleichwohl nicht vermeiden und sie zeigen vielfach eher bescheidene Resultate. Das Suffizienzprinzip wird nahegelegt – ähnlich wie einst beim Rüstungswettlauf. Manche These der Do-Parties-Matter-Forschung läßt sich durch den Vergleich von Zeitreihen mit einem unbewaffneten Auge erkennen.

Nimmt man die Daten der Entwicklung von 1980 bis 2000 (Tabelle 5.8), als die Volksparteien sich zu professionalisierten Wählerparteien fortentwickelten, so scheint der Faktor Wachstum am wenigsten von den jeweiligen Parteien an der Macht beeinflußt zu werden. Die Konjunkturzyklen fragen wenig nach Weltanschauungen, auch wenn Regierungsideologien Krisen und Booms ein wenig beeinflussen können. Vielfach schien in der Ära der Volksparteien die sozialdemokratische Innovation des Wohlfahrtsstaates an Zeiten des Aufschwungs gebunden zu sein. Als sie vorüber waren, wurde das Ende der Ära der Sozialdemokratie und des "sozialdemokratischen Konsenses", welcher der Ära der Volksparteien zugrunde lag, voreilig für beendet erklärt. Das Wachstum des Bruttoinlandprodukts ließ unvermutete Variationen zu: Frankreich zeigte, daß die angeblich wachstumshemmenden Wirkungen einer sozialistischen Vorherrschaft sich unter Mitterand nicht bestätigten. Aber auch die Hoffnung, daß sozialistische Vorherrschaft die Arbeitslosigkeit in den Griff bekommen würde, erwies sich als trügerisch. Das brutale neoliberale Experiment Margaret Thatchers in Großbritannien in den 80er Jahren hat zwar erwartungsgemäß die Staatsquote gesenkt, aber die Abgabenquote konnte nicht im erhofften Maße verringert werden. Bei der Reduktion der Staatsschulden zeigten sich zwischen 1985 und 1990 sichtbare beachtliche Erfolge. Die Labourregierung Blairs seit 1997 versuchte jedoch nicht mehr – wie frühere Labourregierungen der klassischen Moderne – den Stabilitätskurs der Vorgängerregierung zu revidieren. Da die "Ausforstung" des Wohlfahrtsstaats unter Thatcher gründlich erfolgt war, hatte Blair sogar die Möglichkeit, einige bescheidene Wohlfahrtsmaßnahmen wieder einzuführen. Die Ausgangslage war somit ungleich günstiger als ein Jahr später, als Schröder mit der SPD in Deutschland an die Macht kam. Die christdemokratische Regierung – zum Teil bedingt durch die finanziellen Lasten der deutschen Wiedervereinigung – hatte nicht hinterlassen, was man von einer konservativen Gruppierung in der Ära der Wählerparteien hätte erwarten müssen. Schröders Amtsantritt war belastet durch die Notwendigkeit der Sanierung des Renten- und Steuersystems, die

5.3 Koalitionsfähigkeit und Annäherung der Policy-Positionen

gerade für die Klientel seiner Partei schwer zu akzeptieren war. In Deutschland hat die christdemokratische Dauerherrschaft die Inflation erwartungsgemäß gesenkt. Aber für die Parteienunterschiede war der Befund wenig aussagekräftig. Schmidts SPD-Regierung hatte bis 1982 schon eher das Hauptziel der Konkurrenzpartei (Preisstabilität) erreicht als die genuin sozialdemokratischen Ziele wie Vollbeschäftigung und Ausbau des Sozialstaats. Das Wachstum blieb auch unter Kohl bescheiden. Nur der Vereinigungsboom nach 1990 bescherte dem Land – und einigen umliegenden Nachbarn – einen verlängerten Wachstumszyklus. Die Arbeitslosenquote stieg noch rasanter als in der Ära Schmidt. Die Staatsausgaben wurden unfreiwillig durch die Vereinigung in alte SPD-Höhen geschraubt, ohne daß man dies der christlich-liberalen Koalition als Strategiefehler ankreiden könnte. Sie wurde durch taktische Notwendigkeiten in der Vereinigungskrise zu dieser Politik gezwungen. Die Union hat paradoxerweise die sozialdemokratischste "aktive Arbeitsmarktpolitik" des letzten Vierteljahrhunderts betrieben, weil Arbeitsbeschaffungsmaßnahmen noch größere Einbrüche des ostdeutschen Arbeitsmarkts verhindern mußten. Die Staatsschuldenquote blieb dennoch im Vergleich zu sozialdemokratisch regierten Wohlfahrtsstaaten auch unter Schmidt bis Anfang der 80er Jahre im Mittelfeld. Um 1995 stiegen die Staatsschulden in Prozent des BIP vor allem durch die Vereinigung, waren aber immer noch keine ernste Bedrohung für Deutschlands "Maastrichtfähigkeit".

Die Maastricht-Kriterien führten um 1990 in vielen europäischen Ländern zu gewaltigen Anstrengungen der Sanierung der Haushalte und der Eindämmung von Inflationsraten. Die Maßnahmen lagen im Trend der neoliberalen Welle, die Kanada und die USA – wie bei der Entwicklung der Staatsschulden deutlich wird – in noch stärkerem Maße erfaßt hatte als die europäischen Nachzügler. Italien ist jedoch – neben Belgien – der spektakulärste Fall, daß Kernländer der EU sich maastricht-fähig rechneten und auf nachsichtige Nachbarn stießen, die nicht gewillt waren, ihre Prinzipientreue über die Loyalität zu den Erstunterzeichnern der Römischen Verträge zu stellen. Die Inflation wurde von 6,3% (1990) auf 1,5% (2000) auch in Italien herunter gefahren. Die Staatsausgaben wurden beträchtlich gesenkt. Nur bei den Staatsschulden – wiederum vergleichbar mit Belgien – war die Sanierungspolitik Italiens nur von bescheidenen Erfolgen gekrönt. Aber Thatchers Großbritannien lud die kontinentalen Länder kaum zur Nachahmung ein. Die Roßkur hatte beim Wachstum nur vorübergehende Erfolge (um 1985). Bei der Senkung der Arbeitslosigkeit spielte die Entmachtung der Gewerkschaften eine Sonderrolle. Kein kontinentales Land hat Anlaß, die Gewerkschaften so hart in ihrem Einfluß zu schwächen. Die Folgen dieser Politik sind in den Slums von Liverpool und Ost-London zwar sichtbar, tauchen aber in den Indikatoren zur Politikevaluierung kaum auf.

In den kontinentalen und skandinavischen Ländern – vor allem jenen mit konkordanzdemokratischen Traditionen – wurden die Verbände und der Korporatismus, die einst das Wachstum des Wohlfahrtsstaats gefördert hatten, zum Teil zum Vehikel des geordneten Rückzugs aus dem überregulierten Sozialstaat. Schweden, einst das große Vorbild des Wohlfahrtsstaats, wurde zum neuen Vorbild eines behutsamen Abbaus der Sozialstaatlichkeit (Jochem 1998: 228).Aber der tripartistische Korporatismus – einst Garant des sozialen Friedens – konnte gelegentlich auch in sein Gegenteil verkehrt werden, in eine Festung des Immobilismus, der auf die Dauer soziale Konflikte schüren half. Die Reaktion, den Korporatismus wegen dieser Gefahren über Bord zu werfen, war kein Ausweg aus der Sackgasse. Er konnte zur Konsensfindung im Rückzug umfunktioniert werden. Es zeigte sich einmal mehr, daß der Korporatismus ohne den dritten staatlichen Akteur und die Parteien, die hinter den großen Interessengruppen den gefundenen Konsens politisch umsetzten, keine günstigen Ergebnisse erzielen kann. Auch in diesem Punkt kam es zu Bekräftigung des Leitmotivs dieses Forschungszweiges: parties matter!

Zwischen einem traditionalistischen sozialdemokratischen Modell mit einem stagnierenden Arbeitsmarkt, bei hohen sozialen Sicherungsstandards und begrenzter Spreizung des Einkommens und einem britischen Modell mit flexiblem Arbeitsmarkt bei geringer sozialer Sicherung und einem höheren Anteil von Bürger unterhalb der Armutsgrenze, strebte "New Labour" einen "dritten Weg" an. Er beherrschte inzwischen den programmatischen Diskurs sozialdemokratischer Führer in Europa, die nicht mehr auf den alten Konsens der öffentlichen Briefwechsel von Palme, Kreisky und Brandt in den 70er Jahren rekurrieren konnten. Es wird aber bezweifelt (Merkel 2000: 288), daß aus dem Modell Blair ein Modell entsteht, das für ganz Europa Vorbild werden kann. Gelegentlich wird die Sozialdemokratie des Kontinents auf der Suche nach neuen Gerechtigkeitsmodellen mit Hohn überschüttet wie "Sozialklimbim im Ausverkauf" (Niejahr 2000: 21). Der neue Eklektizismus der Gerechtigkeitskonzeptionen wird nach einer rein sozialdemokratischen Mischung wohl vergebens Ausschau halten. Der Minimalkonsens normativer Ideen hat sich bei den großen "Volksparteien" in der Ära der professionalisierten Wählerparteien weiter angenähert. Der Konsens hat sich von Gerechtigkeit schlechthin auf "Sozialverträglichkeit" oder "Umweltverträglichkeit" reduziert.

Nach drei Jahren Regierung Blair ist es zu früh, ein erfolgreiches neues Modell des dritten Weges zu feiern. Vorerst wurden daher eher kleinere Länder als Modell akzeptiert, wie Schweden, Dänemark, die Niederlande oder gelegentlich auch Österreich. Die Niederlande sind geradezu zu einem "holländischen Wunder" hochstilisiert worden. Nur hier sind in den 90er Jahren – auch nach der groben Tabelle einiger Indikatoren deutlich sichtbar – positive Ergebnisse auf fast

5.3 Koalitionsfähigkeit und Annäherung der Policy-Positionen

allen Ebenen nachzuweisen. Ein Land ohne die schwedische Erfahrung mit aktiver Arbeitsmarktpolitik hat unter Kok die hohe Erwerbsquote bei Lohnverzicht und Abkehr von der Vollzeitbeschäftigung auf die Fahnen geschrieben (Visser/Hemerijck 1998: 242) und damit in Europas parlamentarischen Demokratien die niedrigste Arbeitslosenquote erzeugt (2000: 4,1% – fast Schweizer Niveau). Obwohl die Niederlande sich nicht als exportierbares Land fühlten, sind Teile der Konsensfindungsmechanismen imitierbar, vorausgesetzt, der Staat gibt klare steuernde Vorgaben für die Richtung des Konsenses.

Ein Vergleich dieses Prozesses im Hinblick auf die Parteien an der Macht steht noch aus. Er läßt sich auch erst sinnvoll durchführen, wenn die Folgen der Hau-Ruck-Anpassung an die Maastricht-Kriterien verarbeitet worden sind, und eine normale Entwicklung wieder eingetreten ist. Die Daten über die Gesundung einiger Ökonomien stoßen noch immer auf Zweifel. Wenn selbst ein Land wie Griechenland im Jahr 2000 seine Anstrengungen vermehrte, in die Ingroup der Euro-Länder aufgenommen zu werden, sind Vergleiche der jeweiligen Parteien an der Macht nicht sehr erhellend. Es läßt sich jedoch vermutlich schon jetzt die These vertreten, daß mit der ideologischen Annäherung der Parteien, mit der Verbreiterung der Koalitionsfähigkeit der Parteien und dem Druck der Europäisierung und Globalisierung die Bewältigung der Politiken in Europa ähnlicher geworden sind. Dies kann nicht als Folge der Entstehung der professionalisierten Wählerpartei aufgefaßt werden. Aber der neue postmoderne Typ einer Partei fördert Parteieliten, die weniger ideologische Scheuklappen anlegen als in früheren Verlaufsmodellen. Fundamentale ideologische Alternativen können kaum noch aufgebaut werden. Die Grünen auf der Linken und die Populisten auf der Rechten haben bei aller Kritik an der "Eurokratie" ihre grundsätzliche Ablehnung der Europäisierung längst aufgegeben. Haiders FPÖ hat brav die europafreundlichen Sätze unterschrieben, die der österreichische Bundespräsident von ihr bei Absegnung der Koalition mit den Christdemokraten verlangte. In der postindustriellen Dienstleistungsgesellschaft werden zwar die Programmalternativen von den Parteien medienwirksam inszeniert. Aber auch die beste Image-Strategie kann nicht verschleiern, daß die Forderungsprofile der koalitionsfähigen Parteien zusammengerückt sind. Man muß nicht mit Luhmann die systemevolutionistische Notwendigkeit zur Profilierung von Regierung und Opposition unterstellen. Aber es bleibt wahrscheinlich, daß die Demokratie auch künftig nicht ohne ihre Lebenslüge auskommt, daß die Parteidifferenzen wesentlich sind. Wahlen würden sonst sinnlos.

Tabelle 5.8: *Gesamtwirtschaftliche Daten im internationalen Vergleich: Do parties matter?*

Länder	Jahr	Wachstum BIP im Vergleich zum Vorjahr (real)	Inflation: Verbraucherpreise in % zum Vorjahr	Arbeitslosenquote	Leistungsbilanz	Staatsquote: Staatsausgaben in % BIP	Abgabenquote: Steuern und Sozialabgaben in % BIP	Staatsschuldenquote in % BIP
Belgien	1980	4,3	6,4	7,9	-4,2	37,8	43,7	78,2
	1985	1,0	5,7	12,3	0,9	61,0	46,9	120,2
	1990	3,0	3,3	8,7	1,9	53,5	44,0	125,7
	1995	2,3	2,1	12,9	4,2	53,6	46,0	130,8
	2000	2,2	1,4	10,9	4,3	49,9	(97) 46,5	109,9
Dänemark	1980	-0,4	10,7	7,0	-3,7	56,2	45,5	44,7
	1985	4,3	4,3	8,9	-4,6	59,3	49,0	74,9
	1990	1,2	2,7	9,4	1,0	56,0	48,7	65,8
	1995	3,0	1,1	10,1	1,1	59,3	51,4	69,4
	2000	2,0	2,6	5,8	-1,0	53,4	52,2	48,0
Deutschland	1980	1,0	5,8	3,3	-1,7	49,0	Alte 40,4	31,5
	1985	2,0	1,8	8,2	2,7	48,0	Län- 40,3	41,5
	1990	5,7	2,7	6,4	3,3	46,1	der 38,5	43,2
	1995	1,7	1,7	9,4	-0,8	50,9	42,1	58,3
	2000	~2,5	~1,5	~10,2	k.A.	47,0	41,0	60,0
Finnland	1980	5,3	11,2	4,7	-2,7	38,1	36,9	14,1
	1985	3,4	5,6	5,0	-1,4	42,2	40,8	16,3
	1990	-0,5	5,8	3,2	-5,1	44,5	45,4	14,4
	1995	3,9	0,2	15,4	4,0	55,1	46,1	56,9
	2000	3,6	1,5	10,0	6,1	46,9	47,3	44,7
Frankreich	1980	1,6	13,3	6,3	-0,6	46,1	41,7	30,9
	1985	1,9	5,8	10,2	-0,1	52,1	44,5	38,6
	1990	2,5	2,8	8,9	-0,8	49,8	43,7	40,2
	1995	2,1	1,6	11,6	0,7	51,3	44,5	52,5
	2000	2,6	1,1	10,8	2,6	53,6	46,1	59,4
Griechenland	1980	1,8	21,9	2,8	-5,5	30,4	29,4	22,9
	1985	3,1	18,3	7,8	-8,1	42,9	35,1	47,8
	1990	0,0	19,9	7,0	-4,3	48,2	37,1	90,1
	1995	2,1	8,9	10,0	-2,5	48,3	40,8	110,1
	2000	3,5	2,4	10,1	-2,9	41,1	k.A.	103,5

5.3 Koalitionsfähigkeit und Annäherung der Policy-Positionen

Großbri-	1980	-2,2	16,2	6,1	1,2	43,0	35,1	54,0
tannien	1985	3,8	5,2	11,6	0,6	44,0	37,5	59,4
	1990	0,6	7,7	5,9	-3,6	41,8	36,5	39,1
	1995	2,8	2,9	8,6	-0,5	44,4	35,6	52,2
	2000	1,6	2,4	7,3	-0,1	41,1	35,3	46,2
Irland	1980	3,1	18,6	7,3	-10,7	48,2	32,6	72,7
	1985	3,1	5,0	16,8	-3,8	51,0	36,4	104,6
	1990	8,5	2,1	12,9	-0,8	39,0	34,8	97,2
	1995	11,1	2,1	12,2	2,7	37,6	33,8	78,9
	2000	6,7	2,8	5,9	0,0	31,5	34,8	40,1
Italien	1980	4,1	20,4	7,7	-2,2	42,1	30,4	58,1
	1985	2,8	9,3	8,6	-1,0	51,3	34,5	83,0
	1990	2,2	6,3	9,1	-1,6	54,0	39,2	105,4
	1995	2,9	5,7	12,0	2,4	52,7	41,3	125,3
	2000	2,2	1,5	11,9	2,2	48,5	44,9	115,6
Kanada	1980	1,5	10,0	7,5	-0,4	38,6	32,0	44,0
	1985	5,4	3,8	10,5	-1,6	46,0	33,1	63,1
	1990	0,3	4,1	8,2	-3,4	46,7	36,0	71,5
	1995	2,6	1,2	9,5	-0,8	46,4	36,0	96,7
	2000	4,7	2,0	7,7	-1,9	41,5	(96) 36,8	81,6
Nieder-	1980	0,9	6,9	4,6	-1,7	55,8	45,2	46,9
lande	1985	3,1	2,4	9,2	3,3	57,1	41,1	71,5
	1990	4,1	2,2	6,0	3,2	54,1	44,6	78,8
	1995	2,3	1,4	7,1	6,0	51,3	43,8	78,6
	2000	2,4	2,0	4,1	5,9	47,7	43,4	66,1
Nor-	1980	4,2	10,0	1,7	1,9	43,8	42,7	47,6
wegen	1985	5,2	5,9	2,6	4,9	41,5	43,3	34,6
	1990	2,0	4,7	5,2	3,2	49,7	41,8	32,4
	1995	3,8	2,4	4,9	3,3	47,6	41,5	41,1
	2000	2,6	2,3	4,0	6,3	47,0	42,5	35,4
Öster-	1980	2,9	6,4	1,6	-2,1	48,1	40,3	37,3
reich	1985	2,7	3,3	4,2	-0,1	50,4	42,4	49,8
	1990	4,6	3,5	4,7	0,7	48,6	41,0	57,9
	1995	1,7	1,5	5,9	-2,3	52,6	42,3	69,4
	2000	2,6	1,2	6,1	-2,1	49,0	44,4	62,9
Portugal	1980	4,6	21,6	8,0	-4,3	23,6	25,1	32,8
	1985	2,8	19,4	8,7	1,5	40,2	27,6	57,0
	1990	4,4	12,4	4,7	-0,2	40,6	30,9	65,3
	1995	2,9	4,5	7,2	-0,2	44,5	34,9	65,9
	2000	3,2	2,3	5,0	-4,7	43,5	34,5	56,0

Schweden	1980	1,7	13,8	2,0	-3,5	60,1	48,8	44,3
	1985	1,9	7,0	2,8	-1,1	63,3	50,0	66,7
	1990	1,4	9,9	1,7	-2,7	59,1	55,6	44,3
	1995	3,9	2,7	7,7	2,1	65,6	49,5	78,0
	2000	2,8	1,0	5,3	1,8	58,5	53,3	61,6
Spanien	1980	1,3	15,7	11,5	-2,4	32,2	23,9	18,3
	1985	2,6	7,1	20,9	1,6	40,2	28,5	50,8
	1990	3,7	6,5	15,7	-3,7	42,5	34,2	50,6
	1995	2,7	4,7	22,7	6,0	42,5	34,0	66,0
	2000	3,3	2,2	16,2	-1,9	40,5	35,3	65,3
USA	1980	-0,5	10,4	7,2	0,1	31,4	26,9	37,0
	1985	3,6	3,7	7,2	-3,0	35,5	26,0	49,4
	1990	1,2	5,1	5,6	-1,6	35,2	26,7	55,3
	1995	2,3	2,3	5,6	-1,6	34,9	27,9	62,2
	2000	2,0	1,8	4,4	-3,5	32,2	(96) 28,5	51,7

Quelle: BMF: Finanzbericht 2000

Konklusion: Party Change – Faktoren des Wandels von den Volksparteien zu den professionalisierten Wählerparteien

Angesichts des Wandels der Parteien in den 90er Jahren wurde das statische Bild der älteren Parteienforschung aufgegeben, und die Dynamik der Änderungen in Parteien und Parteiensystemen rückten ins Blickfeld. Die normative Vorstellung einer klassischen Partei ging verloren. Die Volksparteien waren seit Kirchheimer als Depravationstyp gedacht worden. Zum Ehrentitel hatte sich die Bezeichnung allenfalls bei zentristischen Parteiführern entwickelt. Die professionalisierte Wählerpartei stand anfangs noch als Typ der alten Massenpartei gegenüber.

Auch in der vierten Phase der Parteienentwicklung des 20. Jahrhunderts müssen wir uns davor hüten, zu unterstellen, jede Epoche habe einen überall auffindbaren universalen Parteityp entwickelt. Die Gefahr schien bei der Konstruktion einer "Kartellpartei" (Katz/Mair 1995) gegeben. Dieser Typ ist rasch in Frage gestellt worden (Koole 1996: 520), weil er zu statisch angelegt ist. Nicht alle Parteien gehören zum Kartell – mit Ausnahme des gemeinsamen Interesses, das eine politische Klasse konstituiert, das gemeinsame Interesse von Rechtspopulisten bis zu den Grünen, daß die Parteien staatlich unterstützt werden.

In den Parteiensystemen koexistieren archaische Weltanschauungsparteien und neu ideologisierte Gruppen neben reinen Rahmenparteien, die allein dem Machtgewinn und Machterhalt dienen. Dennoch sind alle Typen von Parteien dem Sog des sozialen Wandels und seiner Rückwirkung auf die Wähler- und Parteienebenen ausgesetzt. Wer als Partei machtrelevant überleben will, muß sich an die Logik des Parteiensystems anpassen. Niemand hat das konfliktreicher erfahren als die Grünen. Je nach Epoche hat sich durchaus ein dominanter Typ von Partei entwickelt. Wo Parteien eine große Kontinuität erlangten, wie die SPD – die in vielen Theorien – von Michels bis Duverger und Kirchheimer – als die "Urpartei" galt, an der man sich kritisch abarbeitete – waren die Übergänge von Typ zu Typ fließend und von besonderen inneren Krisen begleitet. Eine Partei, die vom Marxismus zum Godesberger Programm vorstieß, hatte größere Anpassungsschwierigkeiten als ein Kanzlerwahlverein, der erst langsam in eine Massenpartei hineinwuchs.

1. Die Ära der ideologisierten Massenparteien

Die politischen Parteien in westlichen Systemen entwickelten ihre Organisation im Rhythmus der Schritte zur Demokratisierung der Systeme. Erst als das allgemeine Wahlrecht – oder Formen einer erweiterten Möglichkeit zur Partizipation breiter Volksmassen – erkämpft war, konnten sich *organisierte Massenparteien* entwickeln. In den USA im Zeitalter von Jacksons Demokratisierungsimpetus nach 1830 und in Großbritannien seit den Wahlreformen von 1832 entstanden die ersten Parteien im modernen Sinn. Die herrschenden konservativen und liberalen Kräfte verloren schrittweise ihre alte Machtbasis, die ihnen einst erlaubt hatte, weitgehend ohne den Transmissionsriemen formaler Parteiorganisation ihren Willen auf die Zentren der Macht zu übertragen. Sie mußten nun wie die Gruppen der bis dahin Unterprivilegierten, die ihre Macht erschütterten (Arbeiterparteien, Christlich-Soziale, Bauernparteien), ebenfalls moderne Organisationsformen für ihre Partei finden.

Für diese Phase der Parteienentwicklung wurde von Ostrogorski bis Michels ein "ehernes Gesetz" entwickelt, nach dem den Parteien eine Entwicklung zu immer mehr Bürokratie und zu oligarchischen Strukturen nachgesagt wurde. Obwohl die Parteien auch heute noch große Demokratiedefizite in ihrer Binnenstruktur aufweisen, ließ sich kein geradliniger Prozeß der Oligarchisierung feststellen. Die Bürokratisierung der Parteimaschinen, welche die frühen Parteitheoretiker beobachtet hatten, war eher der hilflose und kaum vorbereitete Versuch der Parteien, dem Ansturm der Wählerschaft, die plötzlich durch die Wahlrechtserweiterung integriert werden mußte, zu kanalisieren. Die prognostizierte Bürokratisierung der Parteien konnte sich nicht ungehemmt fortsetzen, weil die Parteien auf enge Grenzen der Organisierungsbereitschaft der Bürger stießen. Der Organisationsgrad, der im Zeitalter der großen ideologischen Weltdeutungen durch die Parteien sprunghaft angestiegen war, sank wieder. Die Parteien hatten keine negativen Sanktionen zur Verfügung wie manche Verbände, und positive Sanktionen wirkten nicht für die Masse der Mitglieder, die keine politische Karriere anstrebte, sondern nur für kleine Eliten, die Politik zum Beruf machten oder durch Politik ihre Karrieren in der Verwaltung zu fördern hofften. Die Parteien waren für die Mitgliederwerbung weitgehend auf die Werbekraft ihrer Ideologie und ihres Programms angewiesen.

2. Die Ära der Volksparteien

Der Niedergang der Parteien wurde in der *Ära der Volksparteien* mit mehreren Prozessen zu belegen versucht:

Konklusion

- Die *Funktion der Zielfindung* wurde in den Augen mancher Betrachter von den entideologisierten Volksparteien nicht mehr zufriedenstellend wahrgenommen. In der Tat nahm die Werbekraft der Ideologien in der Mitte des 20. Jahrhunderts ab. Die Parteien verloren einen Teil der Erziehungs- und Sozialisationsfunktion an die Medien. Der politisch Interessierte mußte nicht einer Partei beitreten, um sich über ihre Arbeit zu informieren. Gleichwohl erwies sich die These vom "Ende der Ideologie" als eine Vereinfachung. Sie war noch kaum aufgestellt, als eine neue Welle der Re-Ideologisierung in den Parteien der westlichen Demokratien entstand. Der Gesamtprozeß führte nicht zu einer Entideologisierung, sondern die Ideologien wurden kompetitiver und handlungsrelevanter. In der Epoche des Alternativradikalismus der großen Glaubenssysteme blieben die großen Alternativen wenig handlungsanleitend. Trotz der Heftigkeit der verbalen Auseinandersetzungen sprachen die Parteien selten vom gleichen Thema. Zwischen der Konzeption eines traditional und religiös geprägten Lebens bei den etablierten Gruppen und der Zukunftsvision einer sozialistischen Gesellschaft, die ihre Herausforderer propagierten, gab es im 19. Jahrhundert kaum Politikfelder, über welche die Lager handlungsorientiert debattieren konnten. Die weltanschaulichen Elemente der Programmatik sind inzwischen operationalisiert worden. Sie wurden erst damit wettbewerbsfähig. Es konnte erstmals auf der gleichen Ebene über Alternativen diskutiert werden. Nach der Durchsetzung einer Alternative konnte die Gegenkonzeption begründeter zur Evaluierung eines politischen Konzepts beitragen als mit dem früheren globalen "nein". Das bedeutet freilich nicht, daß die Parteien in den Wahlkämpfen nicht immer noch einen Teil der alten Neigung bewahrten, sich auf ihre programmatischen Steckenpferde zu kaprizieren und der Auseinandersetzung mit den Lieblingsthemen des Gegners aus dem Wege zu gehen.

- Der Wandel der Programmatik war nicht denkbar, ohne einen Wandel der Funktion der Interessenartikulation. Die Bande zwischen Parteien und den sozialen Säulen, die sie einst in der Zeit ihrer Entstehung getragen hatten, lokkerten sich. In vielen Ländern wurden die sozialen und regionalen Hochburgen abgebaut. Die Parteien verschanzten sich weniger in ihren Hauptzielgruppen und in deren organisatorischer Infrastruktur. Der Wahlkampf wurde landesweit wettbewerbsorientiert. Da die traditionelle Parteienidentifikation abnahm, mußten sich die Parteien mehr um ihre Wähler kümmern. Sie taten dies in weniger patronisierender Art als die frühen Parteimaschinen, die Ostrogorski beschrieben hat. Die Parteieliten kümmern sich um ihre Wähler nicht nur durch individuellen Einsatz. Sie tun es weit mehr im Kollektiv und ver-

halten sich wie "Profimannschaften" im Sport, "die Wahlstimmen in einer eigenartigen Fernsehliga einspielen". (W.-D. Narr).
- Die *Mobilisierungsfunktion* der Parteien gegenüber den Bürgern wurde weniger erfolgreich wahrgenommen als früher. Der Organisationsgrad nahm ab, selbst in Ländern, in denen die Parteimitgliedschaft in absoluten Zahlen noch zunahm. In den USA wurde zunehmend ein Niedergang der Parteiorganisation verzeichnet; Parteireformen im Kandidatenaufstellungsprozeß mit de Stärkung der Amtsbewerber und der nationalen Partei haben die lokalen und regionalen Parteien geschwächt. Die Klubbewegung, der neue Fundamentalismus, der Aktivismus für eine "neue Politik" schwächen die Parteiorganisation noch zusätzlich. Die Amateur-Politiker voller neuer moralischer Impulse arbeiteten eher mit einzelnen genehmen Kandidaten als mit ganzen Parteien zusammen. In Europa zeigten sich ähnliche Tendenzen, aber die traditionelle Organisationsstärke im Vergleich zu den amerikanischen Parteien hat hier noch nicht zu einer vergleichbaren Erosion der Parteiorganisation geführt. In einigen Ländern, wie in Frankreich und in den damals neuen Demokratien Griechenland, Portugal und Spanien, kam es sogar erstmals zu einem Prozeß der Revitalisierung demokratischer Parteien. Auch dort, wo kein Aufschwung der Organisationsbereitschaft unter den Wählern festzustellen war, verringerte sich die Bereitschaft zum stärkeren politischen Engagement nicht generell, sondern verlagerte sich in andere Bereiche und auf neue Gruppen. Selbst neue unkonventionelle Formen politischer Betätigung sind jedoch von Parteien nach einiger Zeit immer wieder kanalisiert worden. Die Mobilisierung der Bürger zur Teilnahme an Wahlen wurde von den Parteien immer noch in zufriedenstellender Form geleistet. Die Wahlbeteiligung blieb relativ hoch mit wenigen Ausnahmen (Schweiz, USA), selbst dort, wo die Wahlpflicht aufgegeben wurde (1970 in Holland).
- Die *Elitenbildungs- und Rekrutierungsfunktion* wurde von den Parteien exklusiver wahrgenommen als in jeder früheren Epoche der Parteiengeschichte. Der unabhängige Abgeordnete, die unabhängige Bürgerbewegung haben das Parteienprivileg nicht aus den Angeln heben können. Die Sozialisationsfunktion gegenüber der Masse der Parteimitglieder hatte abgenommen. Die Sozialisationsfunktion gegenüber den Eliten hingegen wurde intensiviert. In vielen Parteien waren kommende Eliten einem langwierigen Prozeß der Bewährung in Parteiämtern und Abgeordnetenmandaten ausgesetzt, ehe sie in die höchsten Exekutivämter zugelassen wurden. Mit Ausnahme der USA und den semi-präsidentiellen Systemen (Finnland, Frankreich) spielten nichtparteigebundene Minister kaum noch eine Rolle.

Angesichts der wachsenden Patronagemacht und der Unterstützung der Parteien aus dem Staatshaushalt in einer größeren Reihe von Ländern sahen viele Analytiker der Parteien wachsende Gefahren für ihre innere Demokratisierung drohen. Im ganzen hat sich jedoch trotz aller Demokratisierungsdefizite keine geradlinige Tendenz zur autoritären Oligarchie fortgesetzt. Im Gegenteil, es wird den Parteien vielfach vorgeworfen, daß ihre Fähigkeit abnehme, die Kontrolle über Parlamentarier, Aktivisten, Mitglieder und Wähler auszuüben, die sie einst wahrgenommen haben. Viele dieser Klagen fußen allzusehr auf amerikanischen Erfahrungen.

Noch immer gilt das Wort, daß Demokratie weniger *in* den Parteien als im Wettbewerb *zwischen* den Parteien stattfindet. Die Entideologisierung hat auch positive Rückwirkungen auf die Demokratisierung gehabt. Bei allen Klagen über moderne "Waschmittelwahlkämpfe" sollte nicht übersehen werden, daß heute keine verschworenen Glaubensgemeinschaften mehr in die Schlacht geführt werden, die man straff oligarchisch organisieren kann. Innerparteiliche Konflikte nehmen zu, Programme werden offener diskutiert als in früheren Parteien, wo es vor allem bei linken und christlichen Parteien immer eine Tendenz gab, die "Hauptverwaltung für ewige Wahrheiten" dem Zugriff der Laienmehrheit zu entrücken. Fraktionsbildung in der Partei wurde zwar immer noch beargwöhnt, aber weniger scharf diskriminiert als in frühen Epochen der Parteiengeschichte. Die Demokratisierung hat auch die alte Kluft zwischen Partei und Fraktion partiell überbrückt. Das Gleichgewicht zwischen den beiden Säulen der Macht der Parteien blieb labil. Die Demokratisierung wirkte jedoch nur vorübergehend in Richtung einer zunehmenden Priorität der außerparlamentarischen Parteiarbeit.

Schließlich wurden die Parteien zunehmend für die angebliche *Unregierbarkeit* in der modernen Demokratie verantwortlich gemacht, weil sie in komplexen Industriegesellschaften kaum noch stabile Mehrheitsregierungen sicherstellen könnten. Es ließ sich nicht nachweisen, daß die Regierungsstabilität abgenommen hat. Sie ist nach dem Zweiten Weltkrieg höher als zwischen den Weltkriegen. Einige Systeme kämpfen noch immer mit Minderheitsregierungen, aber nicht häufiger als früher (vor allem in Dänemark, Finnland, Italien), und zudem hat sich nicht nachweisen lassen, daß Minderheitsregierungen in jedem Falle gleichzusetzen sind mit einer ineffizienten Regierungspraxis (Strom 1990). Der Immobilismus der Regierungskoalitionen hat in den siebziger Jahren eher abgenommen; alternierende Regierungen haben wieder zugenommen. Auffallend ist dabei jedoch, daß die Margen zwischen den Blöcken der Linken und der Rechten so klein sind, daß eine Politik aus einem Guß, die einige Kontinuität entwickelt, in kaum einem Lande je möglich wird. Der Zwang zu wechselnden Koalitionen erschwert auch die Zurechnung von Politik-Entscheidungen für einzelne Parteien in den meisten europäischen Ländern. Gleichwohl gibt es Anzeichen dafür, daß die Herrschaft von Parteien durchaus von Einfluß auf das Resultat des politischen Prozesses ist, weniger gemessen an quantifizierbaren Indikatoren wie Arbeitslosenquoten, Inflationsraten, Staatsverschuldung oder Budgetansätzen als an den qualitativen Prioritäten, die einzelne Parteien setzen.

Diese Zusammenfassung über die wichtigsten Funktionen verdeckt die Tatsache, daß die Parteien in der Ära der Volksparteien weit mehr Funktionen ausübten als vorher. Damit wuchs die Tendenz zur Überforderung, zumal ihre Organisation nicht stabiler geworden ist. Weite Politikbereiche, die man früher eher als unpolitisch definierte, sind in die Agenden der Parteien aufgenommen worden. Die Spezialisierung der Parteien – Resultat früherer ideologischer Einseitigkeiten – ist abgebaut worden. Moderne Parteien müssen zu allen Problemen Stellung nehmen. Sozialisten können nicht mehr in attentistischer Haltung mit der Hoffnung auf ein kommendes sozialistisches System partielle Verschlechterungen der Lebensbedingungen zähneknirschend hinnehmen. Christdemokraten können sich nicht mehr auf Familien- und Erziehungspolitik spezialisieren wie in der Kampfzeit gegen den laizistischen Staat, und die Liberalen können nicht mehr ihren Laizismus, die Freihandelslehre und eine allgemeine humanistische Gesinnung pflegen, ohne zu den Details der Sozialpolitik Stellung zu nehmen, die ihnen einst ideologisch fernlag. Was an Geschlossenheit der Vision verloren ging, ist an Wettbewerbsorientierung hinzugekommen. Sensibilisierte Bürger, die sich in Bürgerinitiativen, Protestbewegungen oder durch anomisches Verhalten organisieren, tragen ständig neue Programmpunkte an die Parteien heran. Wo die Kartellbildung der etablierten Parteien dazu zu führen droht, daß diese sich nur noch zum Schein in "Mützen" und "Hüte" aufteilen, sorgen neue Formen unkonventionellen Verhaltens der Bürger dafür, daß keine politische Erstarrung eintritt.

Die Beschränkung der politischen Beteiligung auf das Wahlverfahren ist für die Außenkontrolle der Parteien und die Einengung auf stabilitätskonforme Politik und absatzstrategische Kalküle, die sich dem "Diktat der Grenzwähler" zu beugen haben, verantwortlich gemacht worden. Die Durchbrechung dieser begrenzten Rationalität der Parteien durch neue unkonventionelle Formen der Partizipation in außerparlamentarischen Oppositionen, Bürgerinitiativen und "public interest groups" birgt jedoch neue Gefahren, wenn die mehrheitlichen Entscheidungsregeln von militanten Gruppen nicht mehr akzeptiert werden, ohne welche die moderne Demokratie zu keiner Entscheidung kommen kann, und die "Gemeinwohlanmaßung" einzelner Gruppen nur noch auf Ausbau von Vetopositionen, kaum noch auf Mitwirkung an neuen Kompromissen und Lösungen gerichtet ist. Hier liegen auch Gefahren für die Gleichheit der Partizipation verborgen, deren Förderung einer der wichtigsten Beiträge der Parteien in der Entwicklung der modernen Demokratie war. Die Partizipation in unkonventionelleren und lockeren Organisationsformen ist selektiver und punktueller als in den Parteien.

Konklusion

Die neuen Bürgerbewegungen bemühen sich zwar, in "Advokatenplanung" auch für die bisher kaum teilnehmenden Gruppen zu sprechen, können aber nicht immer die "konkret allgemeinen Interessen", auf die sie sich berufen, auch in der Akzeptierung durch die Mehrheit politisch wirksam verallgemeinern. Daher wird die Aggregationsleistung der Parteien auch künftig für die moderne Demokratie nicht überflüssig, selbst wenn Teile der Interessenartikulation heute weniger *in den* Parteien als *gegenüber den* Parteien ausgeübt werden.

Es war daher zu früh, das "Ende der Parteien" zu proklamieren. Die "partizipatorische Revolution" seit Ende der sechziger Jahre hat bisher nicht zu einer geradlinigen Abnahme der Partizipation in Parteien und Wahlen in allen westlichen Demokratien geführt, wie sich an den Zahlen für Wahlbeteiligung und der Mitgliederentwicklung (Kap. 2.2) zeigen läßt. Nicht einmal in einzelnen Ländern ist der Trend einheitlich. In einem krisengeschüttelten Land wie Italien haben bis 1994 die Christdemokraten und Kommunisten sich erstaunlich gut aus alten organisatorischen Verkrustungen gelöst und neue Organisationsformen entwickelt, während dieses einer Partei wie dem PSI weniger gelang, selbst als die Miglieder- und Wählerzahlen wieder stiegen. Nur der PCI/PDS profitierte dauerhaft von dieser Innovation.

3. Die Ära der professionalisierten Wählerparteien

Parteien hatten in der normativen Theorie der Politik immer einen geringen Stellenwert (vgl. von Beyme 1978). Dieses Dilemma schien sich mit der Konstitutionalisierung der Parteien in der Ära der aufkommenden Volksparteien zu bessern. Mit der Entstehung der professionalisierten Wählerparteien seit den 80er Jahren aber ist die Antiparteienkritik wieder härter geworden. Mißbräuche des Parteienstaats, Korruption und exzessive Selbstalimentierung der Parteieliten aus dem Staatshaushalt bilden den Nährboden. Nicht nur populistische Horrorszenarien verstärken die Kritik. Selbst ein amtierender Bundespräsident in Deutschland hat den Parteieliten vorgeworfen, nur ein Professionalisierungskriterium entwickelt zu haben, die Fähigkeit, einander auf unfaire Weise zu bekämpfen.

Den etablierten Nomenklatur-Parteien ist ein ähnliches Ende wie den kommunistischen Parteien des Ostblocks prophezeit worden (Savelli 1992: 170). Der Untergang der Parteien hat nicht stattgefunden. Er schien am plausibelsten am Ende der Ära der Volksparteien als zwei konkurrierende Entscheidungsfindungsmuster den Parteienstaat auszuhöhlen begannen, der Korporatismus und die neuen sozialen Bewegungen.

(1) Die *Korporatismustheorien* sahen in der Parteienforschung eine grobe Verkennung der realen Kräfte der Entwicklung, die großen Korporationen. Philippe Schmitter hat die Parteienforscher einmal mit einem betrunkenen Seemann verglichen, der auf dem Heimweg zum Schiff seinen Kabinenschlüssel unter einer Laterne sucht, an der er sich schwankend festhält, obwohl er eigentlich wissen müßte, daß er einen langen Weg zurückgehen müßte, um den Schlüssel zu finden. Es zeigte sich freilich, daß die Korporatismusmode an eine Spätphase der klassischen Moderne gebunden war, als die Steuerungsfähigkeit des Staates noch zu funktionieren schien. Sie funktionierte aber nur in Zeiten, da die Parteien hinter den Organisationen standen, welche die Regierung zu Konsensfindung einlud.

Der Korporatismus war vielfach sektoral beschränkt. In der Einkommenspolitik hatte er einen Schwerpunkt, aber selbst in dieser Arena, in der die Dreiecksbeziehung zwischen staatlichen Akteuren und Tarifpartnern am leichtesten funktioniert, ist für die klassische Epoche des Korporatismus, die 70er Jahre, festgestellt worden, daß die Expanison des Wohlfahrtsstaates nicht in erster Linie Resultat neokorporativer Arrangements war, sondern das Ergebnis einer bewußten programmatischen Zielsetzung bestimmter Parteien (Armingeon 1983: 231). Der Verfasser hat schon immer die These vertreten, daß Korporatismus nur funktioniert, wenn zwei große Volksparteien ihn einerseits stützen, andererseits die Ergebnisse von Verhandlungen sozialer Organisationen legislatorisch umsetzen. Philippe Schmitter (1999) hat unlängst dem Autor, der zu den Skeptikern der Tragweite von Korporatismustheorien gehört hatte, ein freundliches Ätsch ... ätsch zugerufen. Die Parteien – vor allem in den Neodemokratien – seien keine Torhüter der Regierungszitadelle mehr. Längst sind Experten und Interessen durch die Seiteneingänge der Zitadelle erobert worden und die Parteien, soweit sie in Funktion sind, noch von altem Kapital zehren, daß sie in ihrem "heroischen Zeitalter" akkumuliert haben. Ihre Funktionen den Wahlwettbewerb zu strukturieren, symbolische Identität anzubieten, Regierungen zu bilden und Interessen zu aggregieren, scheinen sie immer weniger zu erfüllen. In den Netzwerken der Interessengruppen, Bürokratien und Politiker hat man in der Zitadelle der Entscheidung jedoch in Europa und selbst in Amerika die strukturierende Hand des "legislativen Leviathan" in Form der Parteien wieder entdeckt (von Beyme 1997: 92ff). Parteien haben oft gegenüber den organisierten Interessen eine patronisierende Haltung angenommen und sich für gemeinwohlnäher definiert (von Beyme 2000) als die anderen Organisationen. Tatsache bleibt jedoch, daß die Parteien durch die Suche nach bindenden Entscheidungen im System stärker auf die Berücksichtigung vieler Interessen achten und somit kompromißbereiter sein müssen.

(2) Die *neuen sozialen Bewegungen* schienen die Hoffnungsträger einer von dunklen Systemmächten kolonialisierten Lebenswelt zu sein. Sie profitierten von der Abnahme der Bindungswirkung aller Großorganisationen von den Kirchen bis zu Gewerkschaft und Parteien. Aber sie litten an ihrer eigenen Botschaft. Sie konnten selbst keine Organisationsmacht auf Dauer stellen und blieben die ewigen Jacquerien des Organisationswesens, die von der organisatorischen Revolution zeugen, ohne sie je herbeiführen zu können. Sie waren keineswegs bedeutungslos. Sie haben aber nur im Bündnis mit etablierten Organisationen und Parteien ihre Gesichtspunkte in der öffentlichen Debatte durchsetzen können.

Eine *organisationstheoretische Perspektive* zeigt, daß die alte *Arbeitsteilung zwischen Bewegungen und Verbänden,* die im 19. Jahrhundert vorherrschte, nicht wiederkehren wird. Intentional soll es bei den neuen sozialen Bewegungen überhaupt keine Arbeitsteilung geben. De facto stellt sie sich jedoch wieder her, auf der Gruppenebene durch die flexible Kooperation von Bewegungen mit alten und neuen Interessengruppen, und alten und neuen Parteien; auf der individuellen Ebene durch die Zunahme eines komplementären politischen Verhaltens, das nicht mehr so leicht von Großorganisationen, auch nicht von neuen sozialen Bewegungen, steuerbar ist wie bei den alten, sozialstrukurell verankerten und subkulturell abgeschirmten sozialen Bewegungen. Selbst thematisch zeigt sich eine gewisse Arbeitsteilung, weil die neuen sozialen Bewegungen an den Themen materieller Politik ein geringeres Interesse zeigen und auf diesen Gebieten durchaus Bündnisse mit anderen etablierten Gruppen eingehen.

Eine Gefährdung der territorial gegründeten Repräsentation moderner parlamentarischer Demokratie durch die Forderungen der neuen sozialen Bewegungen, die *Autonomie statt Repräsentation* fordern, ist so wenig als säkularer Trend festzustellen wie die Aushöhlung der territorialen Repräsentation durch die funktionale Repräsentation im Neokorporatismus, die gelegentlich als zweites Gefährdungsmoment herausgestellt worden ist. Es läßt sich weder ein stabiles soziales Milieu feststellen, das den neuen Bewegungen und Parteien neuen Typs einen dauerhaften Vorteil gegenüber dem zerfallenden sozialen Milieu der alten Parteien bietet, noch läßt sich bisher die lineare Erklärung neuer sozialer Bewegungen im Sinne alter fortschrittsgläubiger Stadienlehren erhärten. Die Beschleunigung der Einbindung in die Themen und Mechanismen bestehender Gesellschaften ist so groß, daß zu befürchten steht, daß die epochalen Wandlungen im Sinne der Änderung von Spielregeln und Politikinhalten bei den neuen sozialen Bewegungen eher geringer werden als in den Epochen ideologisch versäulter Bewegungen der Vergangenheit.

In den 80er Jahren schienen die neuen sozialen Bewegungen einen neuen linken Aufbruch zu signalisieren. In den 90er Jahren kam es eher am rechten Rand zu einer neuen "*stillen Konterrevolution*" durch populistische Rechtsextremisten. Dennoch blieben die Kernparteien im System erhalten – mit Ausnahme der "Democrazia Cristiana" in Italien, auch wenn die Christdemokratie, die diese Funktion in einigen Ländern gehabt hatte, selbst in anderen Ländern starke Einbußen erlitt, wie in Belgien und den Niederlanden (vgl. Kap. 3.2). Die marginalen Parteien gelangten nicht in den Kern der koalitionsfähigen Parteien, außer einigen ehemals linken Grünen. Koalitionsfähig wurden nur die umbenannten Neofaschisten Italiens und die FPÖ. Letztere hatte aber vor dem Rechtsruck unter Haider schon zu den Kernparteien im System gehört. Die etablierten Parteien gingen nicht nur nicht unter – wie viele Doomsday-Szenarien geunkt hatten – sondern zeigten eine erstaunliche Anpassungsfähigkeit an die neuen Themen und die Organisationsformen der konkurrierenden Systeme der Interessenartikulation. Die Party-decline-Literatur kann den Niedergang an vielen Faktoren festmachen, kommt aber paradoxer Weise immer wieder zu dem Schluß: es gibt keine Alternative (vgl. Webb 1995: 318).

Die Parteien schienen an Mitgliedern und Wählern zu verlieren. Sie gewannen jedoch an Einfluß in Politik und Gesellschaft. Sie penetrierten weite Bereiche der Gesellschaft in der Ära der Volksparteien. In der Epoche der professionalisierten Volksparteien wurde dereguliert. Parteien müssen sich langsam aus Bereichen zurückziehen, in die sie nicht gehören: Medien, öffentliche Unternehmen oder Schulleitungen. Die professionalisierten Parteieliten sind den Pendants unter den Wirtschaftsführern vergleichbar, die ihre Unternehmen zwar fusionieren, aber den Gemischtwarencharakter abbauen, der sich in vielen Großunternehmen angesammelt hatte.

Wenn die Parteien sich auf ihre Domäne besinnen, bleibt dennoch eine starke Parteiimprägnation des politischen Systems übrig. Das Englische verwendet das Wort *"partyness"*, in den romanischen Sprachen (Belgien und Italien) ist eher von *Partitocrazia* oder *partitocracie* die Rede. Diese ist vor allem in parlamentarischen Systemen stark entwickelt, aber es wird auch durch das Wahlrecht gefördert, das über den Grad der Unabhängigkeit der Abgeordneten entscheidet. Die quantitative Forschung hat die Variablen für ein partitokratisches System zu messen versucht. Als Indikatoren galten: Prozentsatz der Minister aus dem Parlament (außer bei Inkompatibilität so hoch, daß die Unterschiede nicht genug ins Gewicht fallen), Anteil der Parteiorganisationen an der Auswahl der Minister, Abgeordneten und Beamten (schwer zu quantifizieren), Länge des Regierungsbildungsprozesses und Zahl der Kabinettsauflösungen, die nicht durch Parteien verursacht wurden (leicht zu quantifizieren, aber wenig erklärungskräftig). Letzteres scheint mir kaum zu gewichten, seit Wahlen die Hauptursache sind, parlamentarische Voten selten wurden und der Koalitionszerfall in der Regel durch Parteiintrigen ausgelöst wird (vgl. Kap.5.3). Das sind nur die Schlüsselvariablen. Faktoren, die die Parteivorherrschaft im System begünstigen und darüber hinaus

Konklusion

vom Individualismusgrad der Bürger bis zum Grad des Korporatismus im System beeinflussen können, wurden in die Rechnung einbezogen. Die Rangfolge, die erstellt wurde, bestätigte, daß Belgien und Italien weit oben auf der partyness-Skala rangieren (quod erat demonstrandum, wenn Belgier und Italiener zusammenarbeiten) (Deschouwer u.a. 1996) Die sonstige Rangfolge ist jedoch wenig einleuchtend. Immerhin bleibt die klassifikatorische Vorarbeit der quantitativen Forschung anregend, auch für eine eher qualitative Argumentation. Die Quantitativisten müßten entscheidende Ursache für Partitokratie nennen, damit ein Reformprozeß einsetzen kann, der die Macht der Parteien eindämmt. Aber nicht einmal diese Vorarbeit wird geleistet.

Diese Art von Forschung beantwortet letztlich die Frage nicht, wieviel "*partyness*" gut ist. Zu wenig ist sicher schlecht, wie die semipräsidentiellen Systeme von Frankreich bis Rußland zeigten, zuviel kann auch delegitimieren, wie Deutschland, Italien und Belgien demonstrierten. Man kann Mißbräuche nicht abstellen, wenn die Variablen nicht gewichtet werden. Die wichtigsten Faktoren für die Beantwortung der Frage, wo muß Parteiherrschaft abgebaut werden, wurden in den meisten Studien nicht einmal genannt. Der Grund ist vermutlich, daß die Daten schwer zu ermitteln sind (z.B. parteilich imprägnierte Selektionsprozesse von Schuldirektoren bis zu Rundfunkintendanten). Die Dauer von Kabinettsbildungsprozessen kann man sich vornehmen zu verkürzen, aber die kleinste zusätzliche Fragmentierung des Parteiensystems durch Wählerentscheidungen macht selbst Prozesse im genuin parteipolitischen Bereich kaum kontrollierbar. Eines ist jedenfalls eine sichere Korrelationsvermutung: je ausgeklügelter und zahlreicher die Variablen im Computer, um so irrelevanter das Ergebnis für mögliches politisches Handeln.

Die Parteieliten agieren auf der *Systemebene* durch ein gemeinsames Interesse an der Absicherung ihrer Organisation und ihrer persönlichen Einkommen als *politische Klasse* – interessiert an dem, was Marx die "Dieselbigkeit der Revenüe" nannte. Aber schon Marx erkannte, daß dieses Kriterium noch keine Klasse im Bewußtsein konstituiert. Das gilt für die *politische* Elite, weil sie auf der *Handlungsebene* ihre Differenzen herausstellt und wettbewerbsorientiert agiert (vgl. von Beyme 1995). Trotz des losen Geredes über die politische Klasse bleibt der Begriff politische Elite der Oberbegriff. Er wird am besten im Plural benutzt, da auf der Handlungsebene viele Gruppen dazu gehören, die nicht "von der Politik leben", aber "Politik machen", wie Interessengruppen oder Ministerialbeamte. Im Netzwerk der Entscheidungen gehören sie zur politischen Elite ohne der politischen Klasse anzugehören. Vor allem die Interessengruppen haben gänzlich andere Interessen als die Berufspolitiker und engagieren sich sektoral und selektiv.

Die Selbstreinigungsmechanismen der Demokratie führen dazu, daß möglichst unbelastete Teile der politischen Klasse die Initiative übernehmen und Mißbrauch und Korruption durch politische Maßnahmen und Ämterwechsel eindämmen. Sie können freilich nicht dauerhaft die Tendenz zum Machtmißbrauch abbauen. Die Gelegenheiten und die Summen um die es geht, sind zu verlockend und stellen systemische Konstanten dar. Auf der Akteursebene aber können sie immer wieder durch Annäherung der Institutionen an die Ideale des Gemeinwesens dauerhafte Entlegitimierung der Demokratie durch den Parteienstaat verhindern.

Die Welle der Korruptionsfälle und der Vergehen gegen die Vorschriften der Parteienfinanzierung führten dazu, daß die Parteien als letzte Bastion der Grenzüberschreitung langsam dereguliert werden. Die Überdehnung der Rekrutierungsfunktion durch Patronage von Parteileuten bis in Schulen, öffentliche Betriebe und Rundfunkräte der öffentlichen Medien muß langsam abgebaut werden.

Mit dieser Formulierung weist sich das Argument als ein normatives aus. Normative politische Theorie erlebte ein *Revival* und wurde in den 90er Jahren auch von den Empirikern nicht mehr nur belächelt. Aber die Anerkennung von normativen Aussagen – neben analytischen über empirisch gefundene Zusammenhänge und prognostischen über die wahrscheinliche Fortentwicklung des Analysierten – entbindet nicht von empirischer Forschung.

Welche Faktoren bewirken den notwendigen Wandel der Parteien? Diese Frage ist beim Übergang von den Honoratiorenparteien zu den ideologisierten Massen- und Klassenparteien kaum empirisch gestellt, sondern allenfalls ideologisch-normativ postuliert worden. Erst bei der Entstehung der Volksparteien kam die neue Unterdisziplin "Parteiwandel" wirklich auf. Aber nur eine Minderheit der Parteienforscher wurde davon erfaßt, denn nur eine Minderheit nahm die Entwicklung von Volksparteien wahr. Vor allem in den angelsächsischen und skandinavischen Ländern schien die Debatte keinen großen Sinn zu machen. Überall wo die Parteiensysteme stark fragmentiert waren, von Finnland bis Italien, ließen sich allenfalls in einzelnen Parteien dieser Länder, wie bei der italienischen Christdemokratie, ein paar Tendenzen zur Catch-all-party ausmachen. Es ist daher kein Zufall, daß die eigentliche Debatte des *"Party Change"* erst mit dem Übergang von den Massen- und Volksparteien zu den professionalisierten Wählerparteien einen breiteren Raum einnahm.

4. Determinanten des Parteienwandels

Der rastlose Modernisierungsprozeß hat Parteien unter Anpassungsstreß gesetzt. Kurz nachdem die Lipset/Rokkan-These (1967) über die "eingefrorenen Parteiensysteme" in die Debatte getreten war, wurden dramatische Wandlungen sichtbar. Einige sind durch die Rebellion von 1968 ausgelöst worden. Diese Wandlungstendenzen – Reideologisierung, hektische Mobilisierung, Politisierung des öffentlichen Diskurses scheinen jedoch im Rückblick wie das letzte Aufbäumen der Werte der klassischen Moderne in der Sphäre der politischen Partizipation. Dauerhafte Wandlungen waren eher jene, die gerade von der Protestbewegung kritisiert worden waren. Schlagwortartig wurden solche Tendenzen auch in den Medien angeprangert: *"Soziale Milieuparteien"* wurden zu *"Tendenzbe-trieben"*. Die Wählerblöcke, die Parteien einst kommandierten, wurden zu lose verkoppelten Koalitionen, die nicht mehr ideologische Kreuzzüge führten, sondern medienorientierte Imagekampagnen unternahmen (vgl. Plasser 1987: 43).

Mit der Mediatisierung der Parteien wurde auch die Forschung ähnlich kurzfristig auf überspitzte Thesen ausgerichtet. "Niedergang der Parteien" und "Parteienverdrossenheit" wurde aus kleinen Schwankungen der Unterstützung geschlossen. Journalisten erklärten jede Wählerfluktuation von drei Prozent gern als eine "Erdrutschwahl". Für den historisch orientierten Wissenschaftler ist eher verwunderlich, wie langsam sich die Parteienlandschaft dauerhaft ändert. In der ersten Landtagswahl nach den CDU-Finanzskandalen im Jahr 2000 wurde diese Partei nur mit 2% Minus abgestraft. Die Fluktuation, die von Wahl zu Wahl gemessen wird, vollzieht sich weitgehend innerhalb der linken und rechten Blöcke. Dennoch wäre ein *"nothing-new-under-the-sun-Approach"* an die Parteien angemessen. Es wurde Zeit, über *party change* nachzudenken.

Die behavioralistische Forschung erkannte vergleichsweise wenig Wandel, weil die verbliebenen weltanschaulichen Differenzen ernst genommen wurden, wie die einstigen ideologischen Kreuzzüge. Sie kam daher zum Schluß, daß von *Entideologisierung* nicht die Rede sein könne. Man kann das Engagement der Bürger für bestimmte Politikinhalte, die auf einer Rechts-Links-Skala meßbar sind, für eine Widerlegung der Entideologisierungshypothese halten. Aber nur ahistorische Verabsolutierung der Umfrageinstrumente verkennt, daß es ein Unterschied ist, ob das ideologische Engagement von bürgerkriegsartigen Schlachten der Parteianhänger auf der Straße in der Zeit der ideologisierten Massenparteien stattfindet oder zivil und sektoral begrenzt als Engagement der Bürger einem Konflikt "Erhaltung von Arbeitsplätzen" versus "Umweltschutz".

"Decline of partisanship" wird von diesem Zweig der Forschung immerhin zugegeben (Schmitt/Holmberg 1995: 110). Die Fragmentierung der Parteien kann zunehmen und dennoch nimmt die Polarisierung im System ab. Die Parteienidentifikation läßt sich nicht mehr schön rechnen (Kap. 5.1). Sie nahm in allen wichtigen Ländern ab. In den neuen Demokratien nach 1989 entstand sie nur schleppend. Die Abkopplung der Bürger von den traditionellen politischen Insti-

tutionen hat gewichtige Folgen für das Innenleben der Parteien wie für das Leben der Parteien untereinander im Wettbewerb des Parteiensystems.

Der Forschungszweig, der den Parteiwandel ins Zentrum rückte, entstand vor allem beim Übergang von den Volksparteien zu den professionalisierten Wählerparteien. Dabei wurde das Hauptaugenmerk – wie bei Sartori (1976) – eher auf den Wandel der Parteiensysteme gelegt und weniger auf die Dynamik des internen organisatorischen Wandels der Parteien und der ideologischen Parteienfamilien gerichtet. Als das Problem erkannt worden ist, wurde es vielfach unter der Rubrik "Niedergang der Parteien" behandelt. Der Niedergang wurde an den sinkenden Mitgliederzahlen, der erhöhten Volatilität der Wähler und der abnehmenden Parteienidentifikation der Wähler festgemacht. Bei soviel Niedergang mußte man sich nach zwei Jahrzehnten wundern, daß der Einfluß der Parteien im System nicht abgenommen hat. Er hatte sogar noch zugenommen. Man konnte dies einerseits durch wachsende *Etatisierung* der Parteien im System der Kartellparteien erklären (Katz/Mair 1995), andererseits mit der Enttäuschung, daß die neuen sozialen Bewegungen als Hoffnungsträger nicht zur dauerhaften Konkurrenz der Parteien geworden waren.

Die verspätete Rezeption des Wandels in der Parteienforschung lag nicht nur an der mangelnden Trennschärfe der üblichen Begriffe, wie Massen-, Kader- oder Catch-all-Parteien. Hauptproblem war, daß diese Typen in verschiedenen Parteiensystemen nebeneinander existierten. Die Wandlungen der Parteien wurden ja durchaus wahrgenommen, aber sie wurden oft vorschnell – quasi journalistisch – zu dauerhaften Veränderungen hoch stilisiert. Gewaltige Einbrüche von Parteiensystemen durch das Auftreten einer neuen Gruppe – wie in Dänemark 1973 – wurden dramatisiert. Einige Jahre später mußte man kleinlaut zugeben: "*plus ça change – plus c'est la même chose*". Inzwischen wurde Party change zu einem Gebiet der Parteienforschung, unter den der Wandel von Regeln, Strukturen, policies, Strategien und Taktiken subsumiert worden ist (Harmel/Janda 1994).

Umstritten war das Movens des Wandels: passen sich Parteien ihrer sozialen Umwelt an oder generieren sie den Wandel aus sich heraus, z.B. durch Austausch der Eliten und durch Erneuerung der Organisation?

Eine empirische Sicht, welche die historische Dimension nicht aus den Augen verliert, wird schnell darauf gestoßen, daß diese Alternative ahistorisch ist. Bei Duverger war die Entwicklung von der Rahmen- oder Kaderpartei zur Massenpartei durch das Wachstum der Mitglieder erklärt worden. Dieses seinerseits schien Folge der Universalisierung des Wahlrechts nach dem ersten Weltkrieg. Kirchheimer, der den nächsten Schritt des Wandels, von der klassenbewußten Massenpartei zur Allerwelts- und Volkspartei beschrieb, hat einen anderen Faktor für entscheidend gehalten: die Entideologisierung – denn die Mitglieder waren ja noch da, ja einige bürgerliche Parteien wie die Christdemokraten in Deutschland und Italien wurden erst in der Phase relativer Entideologisierung zu Massenparteien. Organisatorische Faktoren, welche die Kirchheimer-These stützten, war die Behauptung, daß der Prozeß der Entideologisierung zur Schwächung der Mitglieder und zur Stärkung der Parteivorstände führe. Während die Klassenbindungen zwischen Führung und Mitgliedern schwächer wurde, mußte die Führung nach einem künstlich organisierten Äquivalent des traditionellen Bindekitts suchen und fand ihn in der Erschließung neuer Finanzquellen, vor allem jene aus dem Staatshaushalt, durch die zunehmende Selbstdarstellung in den Medien, die nicht mehr von den Parteien organisiert wurden und durch Kooperation mit vielen Organisationen – ohne die alte Privilegierung der Kooperation einer großen Zubringerorganisation. In diesem Punkt waren die Liberalen schon immer relativ "postmodernere" Parteien gewesen, weil sie die großen Zubringerorganisationen nicht besaßen. Die Differenzen der Organisation in einzelnen Parteienfamilien zeigten, daß die evolutionären Stadien der Parteienentwicklung sich nicht verallgemeinern lassen (Panebianco 1988: 239f).

Die Alternative externer oder interner Wandel wurde rasch aufgegeben. Es zeigte sich, daß ein bloßer Wechsel in der Parteiführung für Innovationen nicht ausreichte, wenn nicht externe Ereignisse und Anpassungsdruck hinzutraten. Das *bottom-up*-Prinzip, die Beeinflussung der Parteien durch die gesellschaftliche Umwelt, steht neben einem *top-down*-Prinzip, nach dem die Parteien ihre Umwelt gestalten. *"Representation from above"* (Esaiasson/Holmberg 1996) hatte sich auch bei den Parteien im Parlament vielfach gezeigt. Die Veränderungen können entweder *machtorientiert* oder *zielorientiert* vor sich gehen (Harmel/Janda 1994:280). Die zielorientierten Veränderungen treten vor allem dann ein, wenn eine Partei spürt, daß sie ihre Ziele im Parteienwettbewerb nicht durchsetzen konnte. Vor allem in der Analyse der neuen sozialen Bewegungen wurde der Erfolg solcher Gruppen mit dem Ressourcenansatz erklärt. Als Ressourcen galten Eliten und organisatorisches Potential. Auch bei den etablierten politischen Gruppierungen ließ sich dieser Ansatz zur Erklärung benutzen. Die Innovationsbereitschaft der Parteiführung reicht nicht aus, wenn nicht das organisatorische Potential und die günstigen Umweltbedingungen hinzutreten (Wilson 1980: 544). Hinsichtlich der Zieländerungspolitik der Parteien wurde in der Party Change-Literatur die Unterscheidung aus der Rational Choice-Debatte übernommen, daß Parteien entweder Ämter maximieren oder nach maximaler Beeinflussung der öffentlichen Politik streben (Strøm/Müller 1999: 6f). Die Logik der beiden koalitionstheoretischen Ansätze – Ämtersuche oder Policy-Orientierung – kann kombiniert werden, wenn die Neigung von Parteien untersucht wird, bestimmte Ämter zu pachten (vgl. von Beyme 1999: 461). Leider laufen die verschiedenen Bereiche der Parteienforschung nebeneinander her, so daß sie sich gegenseitig nicht hinreichend befruchten. Die Party Change-Literatur bleibt hinter den Ergebnissen der Koalitionsforschung zurück und kam vielfach zu Binsenweisheiten wie: taktische Anpassungen werden häufiger vorgenommen als Revisionen der Zielvorstellungen, da neue Programme einen hohen Kosten- und Zeitaufwand für eine Partei bedeuten. In demokratischen Parteien haben die Mitglieder über Parteitage ein gewisses Mitspracherecht bei Programmänderungen. Taktische Anpassungen hingegen können die Parteivorstände ohne Konsultation der Basis vornehmen (vgl. Kap. 5.3).

In der Postmoderne ist der Gegensatz von machtsuchenden und policyorientierten Parteien zugunsten der ersteren verschoben worden. "*Power versus power of belief*" schien die neue Konfrontation und ein Ländervergleich. Lawson (1993: 300) ging in den 90er Jahren davon aus, daß die Machtsuche auch innerhalb der Parteien immer wichtiger werde gegenüber der Realisierung von programmatisch überhöhten Policies. Vermutlich ist diese Dichotomie zu schematisch. Auch politische "Macher" müssen vorgeben, eine bestimmte Politik zu vertreten. Allenfalls in Deutschland könnte man im Licht der Entlarvung des "Systems Kohl" fragen, ob die These nicht richtig ist. Schon früher wurde erkannt: der Kanzler ließ die programmatisch orientierten Fraktionen streiten und zog in einer Art Koordinationsdemokratie die Resultante aus dem Konflikt, die er zur verbindlichen Richtlinie erklärte, wenn ihm die innerparteilichen Schlachten – medienwirksam inszeniert – langsam parteischädigend erschienen. Sein Nachfolger Schröder (seit 1998) galt auf andere Weise auch als reiner Macher und Machtingenieur, der sich als Kanzlerkandidat erst durchsetzte, als die Programmfraktionen (Scharping versus Lafontaine) abgewirtschaftet hatten und der Ruf nach klarer Führung erschallte. Dennoch hatte er in einigen Punkten der Innenpolitik (Modernisierung der Marktwirtschaft) so klare Vorstellungen, wie Kohl sie allenfalls in der Außenpolitik gehabt hatte (deutsche Einbindung in Europa).

In dieser Konzeption scheint Anpassung an die Bedingungen des Machterwerbs die treibende Kraft des Parteiwandels zu sein. Aber auch äußere Faktoren tragen zum "party change" bei. Bei den Umweltbedingungen des Wandels von Parteien sind Einschnitte im Verfassungsleben durch "*constitutional engineering*" die Faktoren, die am schnellsten einen Wandel bewirken. Das zeigte sich etwa im Übergang zum semipräsidentiellen System der fünften französischen Republik. Aber schon Wahlrechtsänderungen wie in Neuseeland 1993 können fundamentale Änderungen der Parteien bewirken. Bei anderen Faktoren ist ein *time lag* in der Anpassung an Umweltänderungen der Parteien festzustellen. Sozioökonomische Veränderungen schlagen nur sehr langfristig auf das Parteiensystem durch. Andernfalls müßten Agrarparteien in Westeuropa längst ausgestorben sein. Die skandinavischen Zentrumsparteien haben jedoch durch einen Funktionswandel hin zu radikal-liberalen und umweltpolitischen Organisationen ihr Überleben erstaunlich gut gesichert. Themenwanderung und "Themenklau" hat gerade bei Umweltfragen gezeigt, wie schnell die etablierten Organisationen auf die Herausforderungen der neuen Umweltparteien reagierten und diese dazu zwangen, sich kurz nach ihrem take-off einem Zielwandel zu verschreiben, der die Ziele um Friedens- , Frauen- und Sozialpolitik erweiterte. Für die meisten Parteien sind drastische Stimmenverluste ein Schockerlebnis, das zum Wandel führt. Einige Parteien können sich solche Einbrüche leisten, weil ihre Selbstdefinition nicht auf Stimmenmaximierung ausgerichtet ist. Auch in Systemen mit Prozenthürden kann eine kleine Partei aus Überlebensrücksichten gezwungen werden, sich dem Wandel zu verschreiben. Aber selbst unter solchen Stress-Bedingungen blieb der Wandel gelegentlich aus, wie man an den deutschen Liberalen zeigen konnte. "Defeat" als "the mother of party change" (Harmel u.a. 1995: 3) wirkte bei der FDP erst spät, obwohl sie Ende der 90er Jahre aus fast allen Landtagen ausscheiden mußte. Die Klassifikation von Wahlergebnissen (katastrophal, enttäuschend, tolerabel, erfreulich und triumphal) deutet auf eine nicht sehr exakt abgegrenzte Fünferskala. Es dürfte schwer fallen, Korrelationen von quantitativ nicht sinnvoll abgrenzbaren Wahlresultaten und einem erst recht nicht quantifizierbaren organisatorischen Wandel empirisch herzustellen.

Daher bleibt es meist in der Party Change-Literatur bei Typologien, für die dann empirisch-anekdotisch Beispiele geboten werden. Die Stimuli für internen organisatorischen und ideologischen Wandel lassen sich zudem schwer isolieren. Als intervenierende Variablen werden die Existenz von Faktionen (Appleton/Ward 1997: 348) und eine rege innerparteiliche Demokratie, die Zieldiskussionen auf groß inszenierten Parteitagen liebt, als innovationsfördernd angesehen (Harmel u.a. 1995). Aber schließlich reagieren diese Elemente der Parteiorganisation auch vor allem auf Wahlergebnisse und Wandlungen in der Wettbewerbssituation im Parteiensystem. Die Unionsparteien in Deutschland haben mit rechten Parolen auf den Aufstieg der rechtsradikalen Republikaner reagiert. Als die Gefahr gebannt schien, konnten sie wieder ihren Mythos von der "Partei der Mitte" pflegen. Zentralistische Parteien gelten als weniger innovativ als dezentralisierte und fragmentierte Parteiorganisationen (Epstein 1982: 201). Die Behauptung läßt sich empirisch nicht halten. Wo Führungsspitzen den Wandel wollen, können sie ihn in einer zentralisierten Partei besser durchsetzen, wie etwa die SPD unter Willy Brandt gezeigt hat. Eine weitere wichtige Variable ist die Frage, ob eine Partei an der Macht ist oder längere Durststrecken als Oppositionspartei hinter sich hatte .In Dänemark förderte die Oppositionsrolle auch die Innovationsbereitschaft (Bille 1997: 388). Es zeigte sich auch an der Labourparty unter Blair, daß ein tiefgreifender Wandel möglich wurde. Die lange Oppositionszeit der SPD in der Ära Kohl hat hingegen nicht annähernd die gleiche Bereitschaft zur Innovation geschaffen. Vielleicht könnte dies damit erklärt werden, daß im deutschen System der Leidensdruck für Oppositionsparteien geringer ist, weil sie sich immer noch mit ihren Machtpositionen in vielen Länderregierungen trösten können.

Die Party Change-Forschung ist ein Feld mit vielen Hypothesen und wenigen gesicherten Ergebnissen. Die Entwicklung der professionalisierten Wählerpartei ist noch zu kurz, und in vielen Ländern und Organisationen nicht abgeschlossen. Keiner der vier hier behandelten Typen hat je eine ganze Epoche und alle wichtigen Länder mit ihren Parteien umfaßt. Der Wandel der Parteien ist ein komplexer Vorgang auf mehreren Ebenen. *Sozialer Wandel*, wie die Individualisierung und die Abkopplung der Individuen von sozialstrukturellen Determinanten, die Entstehung der Dienstleistungsgesellschaft und der Mediengesellschaft hat seine Rückwirkung auf der Wählerebene von der Entideologisierung und der Abnahme von Vertrauen in die Eliten und der Parteiidentifikation bis zur Zunahme der Wahlenthaltung und der Fluktuation der Wählerstimmen. Die Parteien versuchen gegen diese Tendenzen ihre organisatorischen Antworten zu finden, wie einer Flexibilisierung der Policy-Orientierung, die Kommerzialisierung der Wahlkämpfe und die Medienorientierung der Parteien.

Auf der *Ebene der Parteiorganisation* führen diese sozialen Prozesse mit ihren Rückwirkungen auf die Wähler zu Abnahme der Mitgliedschaft, Dealignment von Parteien und Verbänden, Nivellierung der sozialen Zusammensetzung der Parteien. Auch diesen Prozessen stehen die Parteien nicht hilflos gegenüber: eine stärkere Konzentration auf die Wähler, Förderung des Realignments zu den Verbänden, Professionalisierung der Führung, Etatisierung der Parteienfinanzierung, Bildung von Stützpunkten in gesellschaftlichen Institutionen und Betonung der Meinungsresponsivität statt der sozialen Repräsentanz. Ausnahmen sind zur Zeit vor allem die Frauenquoten. Auf der Ebene des politischen Systems werden Tendenzen wie Fragmentierung des Parteiensystems, Konkurrenz von sozialen Bewegungen und Mäßigung des Pluralismus in den Systemen und damit Verstärkung der Konkurrenz um bestimmte Positionen im Spektrum oder auf der Rechts-Links-Skala durch weitere Anpassungsschritte beantwortet, wie die Autonomisierung der Fraktionen und die Annäherung der Policy-Positionen.

"Wer viele Gründe nennt, hat keinen zureichenden Grund" sagte Kant. Moderner ausgedrückt: die Jagd nach der unabhängigen Variable geht weiter. Quantitative Parteienforscher widmen sich ihr und kommen je nach Land, Parteifamilie und Zeitraum zu konträren Ergebnissen. Die populäre Literatur hingegen arbeitet mit holistischen Spekulationen.

Der jüngste Typ in einer Abfolge von idealtypisch konzipierten Organisationsformen der Parteien ist nicht zufällig noch recht ungesichert. Nicht wenige Parteienkritiker begnügen sich damit, die neueren Tendenzen bloß als "Amerikanisierung" wahrzunehmen. Eine funktionalistische Betrachtung wird in der neuen

Rahmenpartei weniger diffusionistisch direkte amerikanische Einflüsse als die Entstehung funktionaler Äquivalente auf bestimmten Stufen der politischen Entwicklung sehen. Dabei überwiegt die Neigung, die Entwicklungstendenzen zu verteufeln, wie dies seit Ostrogorski und Michels bis Kirchheimer in der Parteientheorie schon immer üblich war. Gelegentlich haben ehemalige Linke, die einst gegen die gesichtslosen Volksparteien wetterten, nach dem Scheitern der Reideologisierung der Linken schließlich bei den Grünen die professionelle Rahmenpartei aus der Not eine Tugend definiert. Häufiger sind es die technokratischen Stimmenmaximierer, die den Wandel normativ beschwören und traditionalistische Gegner, welche die "Amerikanisierung" der Parteien als Schreckgespenst verketzern. Es ist daher wahrscheinlich, daß die Auseinandersetzung auch künftig stark normativ geführt wird. Um so wichtiger ist die Suche nach empirischen Gründen für den Wandel der Parteien. Einigkeit herrscht in der ernstzunehmenden Literatur über Parteiwandel immerhin über eines: wenn die Parteien aufgrund der Krisen, die sie nicht unverschuldet produzieren, untergingen, würden sie wieder erfunden werden, wie Italien nach 1994 gezeigt hat.

Literatur

J. Alber: Vom Armenhaus zum Wohlfahrtsstaat. Analysen zur Entwicklung der Sozialversicherung in Westeuropa. Frankfurt, Campus 1982
U. von Alemann: Parteien. Reinbek, Rowohlt 1995
U. von Alemann: Das Parteiensystem der Bundesrepublik Deutschland. Opladen, Leske & Budrich 2000
H.E. Alexander: Financing Politics. Washington, Congressional Quarterly Press 1976
H.E. Alexander (Hrsg.): Comparative Political Finance in the 1980s. Cambridge, Cambridge University Press 1989
R.M. Alvarez/G. Garret/P. Lange: Government Partisanship, Labor Organization and Macroeconomic Performance. American Political Science Review vol. 85 Nr.2 1991: 539-556
C. Anckar: Size and party System Fragmentation. Party Politics, Bd. 6, Nr. 3 2000: 305-328
N. Andrén: State Support for Political Parties. Scandinavian Political Studies 1968: 221-229
E. Anners: Den socialdemokratiska maktapparaten. Stockholm, Askild & Kärnekull 1975
Ch.K. Ansell/M.St. Fish: The Art of Being Indispensable, Noncharismatic Personalism in Contemporary Political Parties. Comparative Political Studies, Bd. 32, Nr. 3, 1999: 283-312
A.M. Appleton/D.S. Ward: Party Response to Environmental Change. A Model of Organizational Innovation. Party Politics, Bd. 3, Nr. 3 1997: 341-362
A. Arian/S.H. Barnes: The Dominant Party System. A Neglected Model of Democratic Stability. Journal of Politics 1974: 592-614
K. Armingeon: Neo-Korporatistische Einkommenspolitik. Eine vergleichende Untersuchung von Einkommenspolitik in westeuropäischen Ländern in den 70er Jahren. Frankfurt, Haag & Herchen 1983
H.H. von Arnim: Die Partei, der Abgeordnete und das Geld. Main, v. Hase & Köhler 1991
H.H. von Arnim: Vom schönen Schein der Demokratie. München, Droemer 2000
D. Avnon: Parties Laws in Democratic Systems of Government. The Journal of Legislative Studies, Bd. 1, Nr. 2, 1995: 283-300
W.O. Aydelotte (Hrsg.): The History of Parliamentary Behavior. Princeton, Princeton University Press 1977

P.E. Back: Det svenska partiväsendet. Stockholm, Almqvist & Wiksel 1972

S.H. Barnes: Party Democracy and the Logic of Collective action. In: W.J. Crotty (Hrsg.): Approaches to the Study of Party Organization. Boston, Allyn & Bacon 1968: 103-138

S.H. Barnes/M. Kaase: Political Action. Mass Participation in Five Western Democracies. London, Sage 1979

St. Bartolini: Collusion, Competition and Democracy. Journal of Theoretical Politics, Bd. 11 1999: 435-470

St. Bartolini u.a.: Parties and Party Systems. A Bibliographical Guide on CD-Rom. London, Sage 2000

St. Bartolini/P. Mair (Hrsg.): Party Politics in Western Europe. London, Frank Cass 1984

St. Bartolini/P. Mair: Identity, Competitions and Electoral Availability: The Stabilisation of European Electorates 1885-1985. Cambridge, Cambridge University Press 1990

J. Beaufays: Les partis catholiques en Belgique et aux Pays.Bas 1918-1959. Brüssel, Bruylant 1973

N. Beck/J.N. Katz: What to do (and not to do) with time-series cross-section data. APSR, Bd. 89, Nr. 3, 1995: 634-647

T. Beichelt: Demokratische Konsolidierung und politische Institutionen im postsozialistischen Europa. Diss. Heidelberg 2000

St. Berglund/U. Lindström: The Scandinavian Party System(s) in Transition. EJPR 1979: 187-204

Bericht zur Neuordnung der Parteienfinanzierung. Köln, Bundesanzeiger 1983

H. Betz: Radical Right-Wing Populism in Western Europe. Basingstoke, Macmillan 1994

H.G. Betz/St. Immerfall (Hrsg.): The New Politics of the Right. Neo-Populist Parties and Movements in Established Democracies. Houndsmill, Macmillan 1999

K. von Beyme: Partei, Faktion. In: O. Brunner u.a. (Hrsg.): Geschichtliche Grundbegriffe. Historisches Lexikon der politisch-sozialen Sprache in Deutschland. Stuttgart, Klett-Cotta 1978, Bd. 4: 677-733

K. von Beyme: Parteien in westlichen Demokratien. München, Piper 1982, 1984 2. Aufl.

K. von Beyme (Hrsg.): Right-wing Extremism in Western Europe. London, Frank Cass 1988

K. von Beyme: Die politische Klasse im Parteienstaat. Frankfurt, Suhrkamp 1995, 2. Aufl.

K. von Beyme: Theorie der Politik im 20. Jahrhundert. Von der Moderne zur Postmoderne. Frankfurt, Suhrkamp 1996, 3. Aufl.

K. von Beyme: Rechtsextremismus in Osteuropa. In: J.W. Falter u.a. (Hrsg.): Rechtsextremismus. Opladen, Westdeutscher Verlag 1996: 423-442

K. von Beyme: Der Gesetzgeber. Der Bundestag als Entscheidungszentrum. Opladen, Westdeutscher Verlag 1997

K. von Beyme: Die parlamentarische Demokratie. Opladen, Westdeutscher Verlag 1999

Bilancio consuntivo del PCI. 1980

L. Bille: Leadership Change and Party Change. The Case of the Danish Social Democratic Party 1960-1995. Party Politics, Bd. 3, Nr. 3: 379-390

R.L. Blanco Valdés: Los partidos políticos. Madrid, Tecnos 1997, 2. Aufl.

N. Bobbio: Rechts und Links. Gründe und Bedeutungen einer politischen Unterscheidung. Berlin, Wagenbach 1994

C. Boix: Political Parties, Growth and Equality: Conservative and Social Democratic Strategies in the World Economy. Cambridge, Cambridge University Press 1998

O. Borre: Electoral Instability in Four Nordic Countries 1950-1977. Comparative Political Studies 1980: 141-171

N. Bosanquet/P. Townsend (Hrsg.): Labour and Equality. A Fabian Study of Labour in Power. London, Heinemann 1980

F. Bronner/R. de Hoog: Een kognitive kaart van den Nederlands politieke partijen. Acta politica 1976: 33-53, 206-218

D. Broughton/M. Donovan (Hrsg.): Changing Party Systems in Western Europe. London, Pinter 1999

E.C. Browne/P. Rice: A Bargaining Theory of Coalition Formation. British Journal of Political Science 1979: 67-87

I. Budge u.a. (Hrsg.): Party Identification and Beyond. Representations of Voting and Party Competition. London, Wiley 1976

I. Budge/D.J. Farlie: Explaining and Predicting Elections. London, Allen & Unwin 1983

I. Budge u.a. (Hrsg.): Ideology, strategy and party Change. Spatial Analysis of Post-War Election Programmes in Nineteen Democracies. Cambridge, Cambridge University Press 1987

I. Budge/K. Keman: Parties and Democracies. Coalition Formation and Government Functioning in Twenty States. Oxford, Oxford University Press 1990

W. Bürklin: Konzept und Fakten. Zur Notwendigkeit der konzeptionellen Fundierung der Diskussion der politischen Richtungsbegriffe "Links" und "Rechts". PVS 1982: 339-345

W. Bürklin: Grüne Politik. Opladen, Westdeutscher Verlag 1984

A. Busch: Preisstabilitätspolitik. Politik und Inflationsraten im internationalen Vergleich. Opladen, Leske & Budrich 1995

D. Butler/D. Stokes. Political Change in Britain. New York, St. Martin's 1976

M. Caciagli: Die dramatische Umwandlung und das ungewisse Schicksal der italienischen Parteien. In. W. Merkel/A. Busch (Hrsg.): Demokratie in Ost und West. Für Klaus von Beyme. Frankfurt, Suhrkamp 1999: 455-474

F.G. Castles (Hrsg.): The Impact of Parties. London, Sage 1982

F.G. Castles (Hrsg.): The Comparative History of Public Policy. Oxford, Polity 1989
F.G. Castles (Hrsg.): Families of Nations. Patterns of Public Policy in Western Democracies. Aldershot, Dartmouth 1993
F.G. Castles: Comparative Public Policy. Cheltenham, Edward Elgar 1998
F.G. Castles/P. Mair: Left-Right Political Scales. Some ‚Expert' Judgements. EJPR, Bd. 12, Nr. 1, 1984: 73-88
F.G. Castles/R.D. McKinlay: Public Welfare Provision. Scandinavia and the sheer futility of the sociological approach to politics. BJPS 1979: 157-171
K.H. Cerny (Hrsg.): Scandinavia at the Polls. Washington, AEI 1977
M. Cotta. Structuring the New Party Systems after Dictatorship Coalitions, Alliance, Fusions and Splits during the Transition and Post-Transition State. In: G. Pridham/P. Lewis (Hrsg.): Stabilising Fragile Democracies. London, Routledge 1995: 69-99
M. Cotta: On the Relationship between Party and Government. Siena, Centro di Ricerca sul cambiamento politico Nr. 6, 1999
F.W.S. Craig: British General Election Manifestos 1900-1974. London, Macmillan 1975, 2. Aufl.
I. Crewe. Partisan Dealignment in Britain 1964-1974. British Journal of Political Science 1977: 129-190
R. Cuperus/J. Kandel (Hrsg.): Transformation in Progress. European Social Democracy. Amsterdam, Wiardi Beckman Stichting 1998
H. Daalder: In Search of the Center of European Party Systems. APSR, Bd. 78, Nr. 1, 1984. 92-109
H. Daalder (Hrsg.): Party Systems in Denmark, Austria, Sweden, the Netherlands and Belgium. London, Pinter 1987
A. Day: Political Parties of the World. Harlow, Longman 1988
K. Deschouwer: Politieke partijen en Belgie. Antwerpen, Kluwer 1987
K. Deschouwer u.a. (Hrsg.): Partitocracies between crisis and reform: The case of Italy and Belgium. Res Publica, special issue, Bd. 28, Nr. 2, 1996
A. De Swaan: Coalition Theories and Cabinet Formations. Amsterdam, Elsevier 1973
L. de Winter (Hrsg.): Non-State Wide Parties in Europe. Boulder, Barcelona, Instituto de Ciencia Politica 1994
T.M. Dietz: Die grenzüberschreitende Interaktion grüner Parteien in Europa. Opladen, Westdeutscher Verlag 1997
T.M. Dietz: Similar but Different? The European Greens Compared to Other Transnational Party Federations. Party Politics, Bd. 6, Nr. 2, 2000: 199-210
G. Djupsund/L. Svåsand (Hrsg.): Partiorganisasjoner: studier i strukturer og processer i finske, norske og svenske partier. Åbo, Åbo Academy Press 1990
A. Downs: An Economic Theory of Democracy. New York, Harper & Row 1957
H.M. Drucker (Hrsg.): Multiparty Britain. London, Macmillan 1979
M. Duverger. Die politischen Parteien. Tübingen, Mohr 1959 (frz. Les partis politiques. Paris, Colin 1976, 9. Aufl.)

J. Elleinstein. Le P.C. Paris, Grasset 1976
L. Epstein. Political Parties in Western Democracies. London, Pall Mall 1980, 2. Aufl.
L.D. Epstein: What happened to the British Party Model? APSR, Bd. 74, Nr. 1, 1980: 9-22
P. Esaiasson/S. Holmberg: Representation from Above. Members of Parliament and Representative Democracy in Sweden. Aldershot, Dartmouth 1996
G. Esping-Andersen: Social Class, Social Democracy and the State. Comparative Politics 1978: 42-58
G. Esping-Andersen: Politics against Market. The Social Democratic Road to Power. Princeton, Princeton University Press 1985
G. Esping-Andersen: The Three Worlds of Welfare Capitalism. Cambridge, Polity 1990
W. Falke: Die Mitglieder der CDU. Berlin, Duncker & Humblot 1982
J.W. Falter: War die NSDAP die erste deutsche Volkspartei? In: M. Prinz/R. Zitelmann (Hrsg.): Nationalsozialismus und Modernisierung. Darmstadt, Wissenschaftliche Buchgesellschaft 1991: 21-47
J.W. Falter u.a. (Hrsg.): Rechtsextremismus. Ergebnisse und Perspektiven der Forschung. Opladen, Westdeutscher Verlag (PVS-Sonderheft 27) 1996
M. Finger/S. Hug: Green Politics in Switzerland. EJPR, Bd. 21, 1992: 289-306
O.W. Gabriel u.a. (Hrsg.): Parteiendemokratie in Deutschland. Bonn, Bundeszentrale für Politische Bildung 1997
M. Gallagher/M: Marsh (Hrsg.): Candidate Selection in Comparative Perspective. London, Sage 1988
G. Galli: I bipartitismo imperfetto. Bologna, Il Morlino 1966
P. Gerlich/W.C. Müller (Hrsg.): Zwischen Koalition und Konkurrenz. Österreichs Parteien seit 1945. Wien, Braumüller 1983
B. Girvin: The Right in the Twentieth Century: Conservatism and Democracy. London, Pinter 1994
M. Greven: Parteimitglieder. Opladen, Leske & Budrich 1987
F. Grotz: Politische Institutionen und post-sozialistische Parteiensysteme in Ostmitteleuropa. Opladen, Leske & Budrich 2000
E. Gruner: Die Parteien in der Schweiz. Bern, Francke 1977, 2. Aufl.
A.B. Gunlicks: Campaign and Party Finance at the State Level in Germany. Comparative Politics 1980: 211-223
A.B. Gunlicks (Hrsg.): Campaign and Party Finance in North America and Western Europe. Boulder, Westview 1993
R. Harmel/K. Janda: Parties and their Environments. Limits to Reform? London, Longman 1982
R. Harmel/K. Janda: An Integrated Theory of Party Goals and Party Change. Journal of Theoretical Politics. Bd. 6 1994: 259-287

R. Harmel u.a.: Performance, Leadership, Factions and Party Change. An Empirical Analysis. West European Politics, Bd. 18, H. 1, 1995: 1-33

R. Harmel/L. Svåsand: The Influence of New Parties on Old Parties' Platforms. Party Politics, vol. 3, No. 3, 1997: 315-340

R.Y. Hazan: Center Parties and Systemic Polarization. Journal of Theoretical Politics, Bd. 7, Nr. 4, 1995: 421-445

K. Heidar: The polymorphic nature of party membership. EJPR, Bd. 25, 1994: 61-86

A. Heidenheimer (Hrsg.): Comparative Political Finance. Lexington, Heath 1970

A. Heidenheimer/F.C. Langdon: Business Associations and the Financing of Political Parties. Den Haag, Nijhoff 1968

L. Helms: Right-wing Populist Parties in Austria and Switzerland. West-European Politics, Bd. 20, Nr. 2, 1997: 37-52

L. Helms (Hrsg.): Parteien und Fraktion. Ein internationaler Vergleich. Opladen, Leske & Budrich 1999

D. Herzog: Die Führungsgremien der Parteien. In: O.W. Gabriel u.a. (Hrsg.): Parteiendemokratie in Deutschland. Opladen, Westdeutscher Verlag 1997: 301-322

D. Herzog u.a.: Abgeordnete und Bürger. Opladen, Westdeutscher Verlag 1990

Th. Hetz: Parteifamilien in Westeuropa. Heidelberg, Mag. Diss. 1998

S. Hix/C. Lord: Political Parties in the European Union. Houndsmill, Macmillan 1997

S. Holmberg. Riksdagen representerar svenska folket. Lund, Studentlitteratur 1974

E. Huber u.a.: Social Democracy, Christian Democracy, Constitutional Structure and the Welfare State. American Journal of Sociology, vol. 99, 1993: 711-749

J. Huber/R. Inglehart: Expert Interpretations of Party Space and Party Location in 42 Societies. Party Politics, Bd. 1, Nr. 1, 1995. 73-111

S. Hug: Studying the Electoral Success of new Political Parties. Party Politics, Bd. 6, Nr. 2, 2000: 187-197

P. Ignazi: Il polo escluso. Profilo del Movimento Sociale Italiano. Bolgna, Il Mulino 1994

P. Ignazi: The Crisis of Parties and the Rise of New Political Parties. Party Politics, Bd. 2, Nr. 4 1996. 549-566

R.E.M. Irving: The Christian Democratic Parties of Western Europe. London, Allen & Unwin 1979

F. Jacobs (Hrsg.): Western European Political Parties. A Comprehensive Guide. Harlow, Longman 1989

D. Jahn: Der Einfluß von Cleavage-Strukturen auf die Standpunkte der skandinavischen Parteien über den Beitritt zur Europäischen Union. PVS, Bd. 40, H. 4, 1999: 565-590

K. Janda: Political Parties. A Cross-National Survey. New York, Free Press 1980

K. Janda: Comparative Political Parties: Research and Theory. In: A.W. Finifter (Hrsg.): Political Science. The State of the Discipline. Washington, American Political Science Association 1993: 163-192

K. Janda u.a.: Changes in Party Identity. Evidence from Party Manifestos. Party Politics, Bd. 1, Nr. 2, 1995: 171-196

Th. Janoski/A. Hicks (Hrsg.): The Comparative Political Economy of the Welfare State. Cambridge, Cambridge University Press 1994

A.T. Jenssen: All That is Solid Melts into Air: Party Identification in Norway. Scandinavian Political Studies, Bd. 22, Nr. 1, 1999: 1-27

S. Jochem: Die skandinavischen Wege in die Arbeitslosigkeit. Kontinuität und Wandel der nordischen Beschäftigungspolitik im internationalen Vergleich. Opladen, Leske & Budrich 1998

R.W. Johnson: The Long March of the French Left. London, Macmillan 1981

W. Kaltefleiter/K.H. Naßmacher: Das Parteiengesetz 1994. Reform der kleinen Schritte. ZParl., 1994, H. 2: 253-262

Ch. von Katte. Die Mitgliedschaft von Fremden in politischen Parteien der Bundesrepublik Deutschland. Zugleich eine Darstellung der amerikanischen Rechtslage. Berlin, Duncker & Humblot 1980

R. Katz (Hrsg.): Party Government: European and American Experiences. Berlin, De Gruyter 1987

R. Katz: Party as linkage: A vestigial function? EJPR, Bd. 18, 1990: 143-161

R. Katz/P. Mair (Hrsg.): Party Organizations. London, Sage 1990

R. Katz/P. Mair: The Evolution of Party Organizations in Europe. American Review of Politics, Bd. 14, 1993: 593-617

R. Katz/P. Mair (Hrsg.): How Parties Organize. London, Sage 1994

O. Kirchheimer: The Transformation of West European Party Systems. In: J. LaPalombara/M. Weiner (Hrsg.): Political Parties and Political Development. Princeton, Princeton University Press 1966: 177-200

H. Kitschelt. The Transformation of European Social Democracy. Cambridge, Cambridge University Press 1994

H. Kitschelt. The Radical Right in Western Europe. Ann Arbor, University of Michigan Press 1995, 1997

H. Kitschelt: Formation of Party Cleavages in Post-Communist Democracies. Party Politics, 1995, Bd. 1, Nr. 4: 447-472

H.-D. Klingemann u.a.: Parties, Policies and Democracy. Boulder, Westview 1994

H.-D. Klingemann/D. Fuchs (Hrsg.): Citizens and the State. Oxford, Oxford University Press 1995

O. Knutsen: The Strength of the Partisan Component of Left-Right Identity. Party Politics vol. 4, No. 1, 1998: 5-32

J. Kohl: Staatsausgaben in Westeuropa. Frankfurt, Campus 1985

J. Kohl: Der Wohlfahrtsstaat in vergleichender Perspektive. Anmerkungen zu Esping-Andersen's "The Three Worlds of Welfare Capitalism". Zeitschrift für Sozialreform Bd. 39, 1993: 67-82

R. A. Koole: De opkomst van de moderne kaderpartij: veranderende partijorganisatie in Nederland 1960-1990. Utrecht, Het Spectrum 1992

R. Koole: Cadre, Catch-all or cartel? A Comment on the Notion of the cartel Party. Party Politics, Bd. 2, Nr. 4, 1996: 507-523

A. Körösenyi: Stable or fragile Democracy? Party System in Hungary. Government and Opposition 1993: 87-104

K.D. Krause: Public Opinion and Party Choice in Slovakia and the Czech Republic. Party Politics, Bd. 6, Nr. 1, 2000: 23-46

A.P.M. Krouwel: The catch-all party in Western Europe 1945-1990. Amsterdam, Diss., Vrije Universiteit 1999

M. Laakso/R. Taagepera: The ‚Effective' Number of Parties. Comparative Political Studies, Bd. 12, Nr. 1, 1979: 3-28

R. Lagoni: Die politischen Parteien im Verfassungssystem der Republik Irland. Frankfurt, Athenäum 1973

Ch. Landfried: Parteifinanzen und politische Macht. Baden-Baden, Nomos 1994, 2. Aufl.

J. Laponce: Left and Right. The Topography of Political Perceptions. Toronto, Toronto University Press 1981

P.J. Larmour: The French Radical Party in the 1930s. Stanford, Stanford University Press 1964

M. Laver/W.B. Hunt: Policy and Party Competition. New York, Routledge 1992

M. Laver/K.A. Shepsle: Making and Breaking Government. Cambridge, Cambridge University Press 1996

K. Lawson (Hrsg.): How Political Parties Work. Westport, Greenwood 1994

K. Lawson/P.H. Merkl (Hrsg.): When Parties Fail - Emerging Alternative Organizations. Princeton, Princeton University Press 1988

Z. Layton-Henry: Conservative Politics in Western Europe. London, Macmillan 1982

A. Lijphart: Democracies in Plural Societies. New Haven, Yale University Press 1977

A. Lijphart: Democracies. Patterns of Majoritarian and Consensus Government in Twenty-One Countries. New Haven, Yale University Press 1984

S.M. Lipset/St. Rokkan (Hrsg.): Party Systems and Voter Alignments: Cross-National Perspectives. New York, Free Press, London, Collier-Macmillan 1967

P. Lösche: ‚Lose verkoppelte Anarchie'. Zur aktuellen Situation von Volksparteien am Beispiel der SPD. APuZ, B 43, 1993: 34-45

P. Lucardie: Prophets, Purifiers and Prolocutors. Towards a Theory on the Emergence of New Parties. Party Politics, Bd. 6, Nr. 2, 2000: 175-185

W. Luthardt: ‚Krise' der Volksparteien - oder ‚Differenzierung' und ‚Verfestigung' im bundesdeutschen Parteiensystem. Journal für Sozialforschung, Bd. 31, 1991, H.2: 127-145

P. Mair: The Autonomy of the Political. The Development of the Irish Party System. Comparative Politics 1979: 415-465

P. Mair: Party System Changes. Approaches and Interpretations. Oxford, Clarendon 1997, 1998

P. Mair/C. Mudde: The Party Family and its Study. Annual Review of Political Science. Bd. 1, 1998: 211-229

P. Mair/W.C. Müller/F. Plasser (Hrsg.): Parteien auf komplexen Wählermärkten. Wien, Signum 1999

P. Mair/G. Smith (Hrsg.): Understanding Party System Change in Western Europe. London, Frank Cass 1989

M.J. Malbin: Parties, Interest Groups and Campaign Finance Laws. Washington, AEI 1980

T.E. Mann: Unsafe at any Margin: Interpreting Congressional Elections. Washington, AEI 1978

T.C. May: Trade Unions and Pressure Group Politics. Westmead, Lexington Books 1975

W. Merkel: Die Sozialistische Partei Italiens. Zwischen Oppositionssozialismus und Staatspartei. Bochum, Brockmeyer 1985

W. Merkel: Ende der Sozialdemokratie? Machtressourcen und Regierungspolitik im westeuropäischen Vergleich. Frankfurt, Campus 1993

W. Merkel: Der ‚Dritte Weg' und der Revisionismusstreit der Sozialdemokratie am Ende des 20. Jahrhunderts. In: K. Hinrichs u.a. (Hrsg.): Kontingenz und Krise. Institutionenpolitik in kapitalistischen und postsozialistischen Gesellschaften. Frankfurt, Campus 2000. 245-262

W. Merkel: Die Dritten Wege der Sozialdemokratie ins 21. Jahrhundert. In: Berliner Journal für Soziologie. Bd. 10, Nr. 1, 2000: 99-124

P. Merkl (Hrsg.): Western European Party Systems. New York, Free Press 1980

W.E. Miller/E. Levitin: Leadership and Change. Cambridge/Mass., Winthrop 1976

W.E. Miller u.a.: Policy Representation in Western Democracies. Oxford, Oxford University Press 1999

M. Minkenberg/R. Inglehart: Neoconservatism and Value Change in the USA. In: J.R. Gibbs (Hrsg.): Contemporary Political Culture. London, Sage 1989. 81-109

M. Minkenberg: Die neue radikale Rechte im Vergleich. USA; Frankreich, Deutschland,. Opladen, Westdeutscher Verlag 1998

L. Minkin: The Labour Party Conference. Manchester, Manchester University Press 1980, 2. aufl.

A. Mintzel: Geschichte der CSU. Opladen, Westdeutscher Verlag 1977

A. Mintzel. Die Volkspartei. Opladen, Westdeutscher Verlag 1984

U. Mittmann: Fraktion und Partei. Ein Vergleich von Zentrum und Sozialdemokratie im Kaiserreich. Düsseldorf, Droste 1976

P. Moreau u.a. (Hrsg.): Der Kommunismus in Westeuropa. Niedergang oder Mutation? Landsberg, Olzog 1998

L. Morlino: Crisis of Parties and Change of Party System in Italy. Party Politics, Bd. 2, Nr. 1, 1996: 5-30

L. Morlino. Democracy between Consolidation and Crisis. Parties, Groups and Citizens in Southern Europe. Oxford, Oxford University Press 1998

R. Morsey: Die Deutsche Zentrumspartei 1917-1923. Düsseldorf, Droste 1963
C. Mudde: The Extreme Right Party Family. An Ideological Approach. Leiden, Diss., 1998
C. Mudde: Extreme-right Parties in Eastern Europe. Patterns of Prejudice. Bd. 34, Nr. 1, 2000: 5-27
W.C. Müller u.a.: Wählerverhalten und Parteienwettbewerb. Wien, Signum 1995
W.C. Müller: Inside the Black Box. Party Politics, Bd. 3, Nr. 3 1997: 293-313
W.C. Müller/K. Strom (Hrsg.): Policy, Office of Votes. Cambridge, Cambridge University Press 1999
F. Müller-Rommel: Grüne Parteien in Westeuropa. Opladen, Westdeutscher Verlag 1993
J. Mylly/M. Berry (Hrsg.): Political Parties in Finland. Turku, University of Turku, Political History 1984
H.M. Narud: Party Policies and Government Accountability. Party Politics, vol. 2, No. 4, 1996: 479-506
H. Naßmacher: Auf- und Abstieg von Parteien. Zeitschrift für Politik, Bd. 36, H. 2, 1989: 169-190
K.-H. Naßmacher: Öffentliche Rechenschaft und Parteifinanzierung. APuZ B 14/15 1982: 3-18
K.-H. Naßmacher: Öffentliche Parteienfinanzierung in Westeuropa. PVS 1987, Nr. 1: 101-125
K.-H. Naßmacher: Structure and Impact of public subsidies to political parties in Europe: the examples of Austria, Italy, Sweden and West Germany. In: H.E. Alexander/J. Federman (Hrsg.): Comparative Political Finance in the 1980s. Cambridge, Cambridge University Press 1989. 236-267
K.-H. Naßmacher: Parteifinanzen im westeuropäischen Vergleich. ZParl 1992, H. 4: 462-488
K.-H. Naßmacher: Parteien in Nordamerika. Apparatparteien ‚neuen Typs'? ZParl 1992, H. 1: 110-130
K.-H. Naßmacher: Comparing Party and Campaign Finance in Western Democracies. In: A.B. Gunlicks (Hrsg.): Campaign and Party Finance in North America and Western Europe. Boulder, Westview 1993: 233-267
N.N. Nie u.a.: The Changing American Voter. Cambridge Mass., Harvard University Press 1976
O. Niedermayer: Innerparteiliche Partizipation. Opladen, Westdeutscher Verlag 1989
O. Niedermayer/H. Schmitt: Sozialstruktur, Partizipation und politischer Status in Parteiorganisationen. PVS 1983: 293-310
O. Niedermayer/R. Stöss (Hrsg.): Stand und Perspektiven der Parteienforschung in Deutschland. Opladen, Westdeutscher Verlag 1993
E. Niejahr: Sozialklimbim im Ausverkauf. Die SPD trennt sich von alten Gerechtigkeitsideen. Was aber sind ihre neuen? Die Zeit, Nr. 12, 16.3.2000: 21

Th. Nipperdey: Die Organisation der deutschen Parteien vor 1918. Düsseldorf, Droste 1961

D. Nohlen. Wahlrecht und Parteiensystem. Opladen, Leske & Budrich 2000, 3. Aufl.

D. Nohlen: Wahlrecht. In: M.G. Schmidt (Hrsg.): Lexikon der Politik. Bd. 3: Westliche Länder. München, Beck 1992: 510-518

J. Nousiainen: Finlands politiska partier. Helsinki, Schildt 1969

D. Oberndörfer (Hrsg.): Sozialistische und kommunistische Parteien in Westeuropa. Opladen, Leske & Budrich 1978, Bd. 1 Südländer

M. Olson: Die Logik des kollektiven Handelns. Tübingen, Mohr 1968

J.H. Pammett/J. DeBardeleben: Citizen Orientations to Political Parties in Russia. Party Politics, Bd. 6, Nr. 3 2000: 373-384

A. Panebianco: Political Parties, Organization and Power. Cambridge, Cambridge University Press 1988 (ital.: Modelli di partito. Bologna, Il Mulino 1982)

F.U. Pappi: Wahrgenommene Politikdistanzen zwischen Parteien und eigene Politikpräferenzen der Wähler. Die Anwendung eines räumlichen Modells der Parteienkonkurrenz auf das Parteiensystem in West- und Ostdeutschland. In: H.J. Andreß u.a. (Hrsg.): Theorie, Daten, Methoden. Neue Modelle und Verfahrensweisen in den Sozialwissenschaften. München, Oldenbourg 1992: 317-341

A. Parisi (Hrsg.): Democristiani. Bologna, Il Mulino 1979

Partidemokrati: Rapport till Socialdemokratiska partikongressen. Stockholm, Prisma 1972

W.E. Paterson/A.H. Thomas (Hrsg.): Social Democratic Parties in Western Europe. London, Croom Helm 1977

M. Pedersen. The Dynamics of European Party Systems. Changing Patterns of Electoral Volatility. EJPR 1979: 1-25

A. Pelinka: Sozialdemokratie in Europa. Wien, Herold 1980

P. Pennings u.a.: Doing Research in Political Science. London, Sage 1999, Kap. 8.3: Party Systems

P. Pennings/J.-E. Lane (Hrsg.): Comparing Party System Change. London, Routledge 1998

J. Pierre u.a.: State Subsidies to Political Parties: Confronting Rhetoric with Reality. West European Politics, Bd. 23, Nr. 3/2000: 1-24

F. Plasser: Parteien unter Streß. Graz, Wien 1987

F. Plasser u.a.: Politischer Kulturwandel in Ost-Mitteleuropa. Opladen, Leske & Budrich 1997

A. Przeworski: Capitalism and Social Democracy. Cambridge, Cambridge University Press 1985

A. Ranney: Curing the Mischiefs of Faction. Party Reform in America. Berkeley, University of California Press 1976

J. Raschke. Organisierter Konflikt in westeuropäischen Parteien. Opladen, Westdeutscher Verlag 1977

J. Raschke (Hrsg.): Bürger und Parteien. Opladen, Westdeutscher Verlag 1982

J. Raschke: Die Grünen. Wie sie wurden, was sie sind. Köln, Bund Verlag 1993
H.L. Reiter: Party Decline. A Sceptic's View. Journal of Theoretical Politics. Bd. 1, 1989: 325-348
H.L. Reiter: The Rise of the ‚New Agenda' and the Decline of Partisanship. WEP 1993: 89-104
D. Robertson: A Theory of Party Competition. London, John Wiley 1976
R. Rose: Do parties make a difference? London, Macmillan 1980
S.J. Rosenstone u.a.: Third Parties in America. Princeton, Princeton University Press 1984
H. Rühle/H.-J. Veen (Hrsg.): Sozialistische und kommunistische Parteien in Westeuropa. Opladen, Leske & Budrich 1979, Bd. 2 Nordländer
J. Rüttgers: Von der Gremienpartei zur Bürgerpartei. ZParl. 1993, H. 1. 153-158
G. Sani: A Test of the Least Distance Model of Voting Choice. Italy 1972. Comparative Political Studies 1974: 193-208
G. Sartori: Parties and Party Systems. Cambridge, Cambridge University Press 1976
G. Savelli: Che cosa vuole la lega? Mailand, Longanesi 1992
S.E. Scarrow: The ‚paradox of enrollment": Assessing the costs and benefits of party membership. EJPR, Bd. 25, 1994: 41-60
F.W. Scharpf: Sozialdemokratische Krisenpolitik in Europa. Frankfurt, Campus 1987
J.A. Schlesinger: On the Theory of Party Organization. Journal of Politics, Bd. 46, 1984: 269-400
M.G. Schmidt: Wohlfahrtsstaatliche Politik unter bürgerlichen und sozialdemokratischen Regierungen. Ein internationaler Vergleich. Frankfurt, Campus 1982
M.G. Schmidt: The Welfare State and the Economy in Periods of Economic Crisis. EJPR, Bd. 11, 1983. 1-26
M.G. Schmidt: Allerweltsparteien und Verfall der Opposition. Ein Beitrag zu Kirchheimers Analysen westeuropäischer Parteiensysteme. In: W. Luthardt/A. Söllner (Hrsg.): Verfassungsstaat, Souveränität, Pluralismus. Otto Kirchheimer zum Gedächtnis. Opladen, Westdeutscher Verlag 1989: 173-181
M.G. Schmidt: Staatliche Politik, Parteien und der politische Überbau. PVS 1982, Bd. 23, Nr. 2: 199-204
M.G. Schmidt: When parties matter. A review of the possibilities and limits of partisan influence on public policy. EJPR, vol. 30, 1996: 155-183
M.G. Schmidt: Sozialpolitik in Deutschland. Opladen, Leske & Budrich 1998, 2. Aufl.
H. Schmitt. On Party Attachment in Western Europe and the Utility of Eurobarometer Data. WEP, Bd. 12, 1989: 122-139
H. Schmitt/S. Holmberg: Political Parties in Decline? In: H.-D. Klingemann/D. Fuchs (Hrsg.): Citizens and the State. Oxford, Oxford University Press 1995: 95-133
R. Schmitt-Beck: A Myth Institutionalized. Theory and Research on the New Social Movements in Germany. EJPR, Bd. 21, 1992: 357-383

Ph. Schmitter. Critical Reflections on the ‚Functions' of Political Parties and their Performance in Neo-Democracies. In: W. Merkel/A. Busch (Hrsg.): Demokratie in Ost und West. Frankfurt, Suhrkamp 1999: 475-495

W.R. Schonfeld: Oligarchy and Leadership Stability. The French Communist, Socialist and Gaullist Parties. American Journal of Political Science 1981: 215-240

D. Seiler: Partis et familles politiques. Paris, PUF 1980

D. Seiler. De la classification des partis politiques. Res Publica Bd. 27, Nr. 1, 1985: 59-86

D. Seiler. De la Comparaison des Partis politiques. Paris, Economica 1986

P. Selle/L. Svåsand: Membership in Party Organizations and the Problem of Decline of Parties. Comparative Politicial Studies, Bd. 23, Nr. 4, 1991: 459-477

G. Smith. A System Perspective on Party System Change. Journal of Theoretical Politics, Bd. 1 1989: 349-363

M. Spourdalakis: The Study of Political Parties in Greece. EJPR, Bd. 25, 1994: 499-518

K. Strom: A Behavioral Theory of Competitive Political Parties. American Journal of Political Science, Bd. 34, Nr. 4, 1990: 565-598

K. Strom/L. Svåsand (Hrsg.): Challenges to Political Parties. Ann Arbor, University of Michigan Press 1997

D.S. Strong: Issue Voting and Party Realignment. The University of Alabama Press 1977

F. Subileau: Recent Studies of Problems of Militancy in France during the 5th Republic. EJPR 1982: 429-436

P. Taggert: New Populist Parties in Western Europe. West-European Politics, Bd. 18, Nr. 1, 1995: 34-51

A.C. Tan: Party Change and Party Membership Decline. Party Politics, Bd. 3, Nr. 3, 1997: 363-377

R.T. Tannahill: The Communist Parties of Western Europe. Westport/Conn., Greenwood 1978

D. Theisen: Das luxemburgische Parteiensystem 1974-1989. Heidelberg, Mag.Diss. 1995

J.C. Thomas: The Changing Nature of Partisan Divisions in the West. Trends in Domestic Policy Orientation in Ten Party Systems. EJPR 1979: 397-413

J.C. Thomas: Ideological Trens in Western Political Parties. In: P. Merkl (Hrsg.): Western European Party Systems. New York, Free Press 1980: 348-366

D. Th. Tsatsos u.a. (Hrsg.): Parteienrecht im Europäischen Vergleich. Baden-Baden, Nomos 1990

E.R. Tufte: Political Control of the Economy. Princeton, Princeton University Press 1978

J.W. van Deth/J.I.H. Janssen: Party attachments and political fragmentation in Europe. EJPR Bd. 25, 1994: 87-109

J.W. van Deth/E. Scarbrough (Hrsg.): The Impact of values (Beliefs in Government Bd. 4). Oxford, Oxford University Press 1995

S. Vasallo: Il governo dei partiti in Italia 1943-1993. Bologna, Il Mulino 1994

H.-J. Veen (Hrsg.): Christlich-demokratische und konservative Parteien in Westeuropa. Paderborn, Schöningh 1983, 2 Bde.

S. Verba u.a.: Participation and Equality. A Seven Nations Comparison. Cambridge, Cambridge University Press 1978

J. Visser/A. Hemerijck: Ein holländisches Wunder? Reform des Sozialstaates und Beschäftigungswachstum in den Niederlanden. Frankfurt, Campus 1998

U. Wagschal: Staatsverschuldung. Ursachen im internationalen Vergleich. Opladen, Leske & Budrich 1996

A. Ware: Citizens, Parties and the State. Oxford, Polity 1987

A. Ware (Hrsg.): Political Parties. Electoral Change and Structural Response. Oxford, Blackwell 1987

A. Ware: Political Parties and Party Systems. Oxford, Oxford University Press 1996

P. Webb: Trade Unions and the British Electorate. Aldershot, Gower 1992

P. Webb: Are British Political Parties in Decline? Party Politics, Bd. 1, Nr. 3, 1995: 299-322

P. Webb: Anti-Party sentiment in the UK. EJPR, Bd. 29, 1996: 365-382

P. Webb: Die Reaktion der britischen Parteien auf die Erosion der Wählerloyalitäten. In: P. Mair/W.C. Müller/F. Plasser (Hrsg.): Parteien auf komplexen Wählermärkten. Wien, Signum 1999: 31-70

P. Webb: The Modern British Party System. London, Sage 2000

E.S. Wellhofer: The Effectiveness of Party Organization. EJPR 1979: 205-224

What's left?: Prognosen zur Linken, mit Beiträgen von Norberto Bobbio u.a. Berlin: Rotbuch-Verlag 1993

P.F. Whitely/P. Seyd: Rationality and party activism: Encompassing tests of alternative models of political participation. EJPR, Bd. 29, 1996: 215-234

M. Wiberg (Hrsg.): The Public Purse and Political Parties. Helsinki, The Finnish Political Association 1991

A. Widfeldt: Party Membership and Party Representativeness: In: H.-D. Klingemann/D. Fuchs (Hrsg.): Citizens and the State. Oxford, Oxford University Press 1995: 134-182

A. Widfeldt: Losing Touch? The Political Representativeness of Swedish Parties 1985-1994. Scandinavian Political Studies, Bd. 22, Nr. 4, 1999: 307-326

E. Wiesendahl: Parteien und Demokratie. Eine soziologische Analyse paradigmatischer Ansätze der Parteienforschung. Opladen, Leske & Budrich 1980

H. Wilensky: Leftism, Catholicism and Democratic Corporatism. The Role of Political parties in Recent welfare State Development. In: P. Flora/A.J. Heidenheimer (Hrsg.): The Development of Welfare States in Europe and America. New Brunswick, Transaction Books 1981: 345-382

F.L. Wilson: Sources of Party Transformation. The Case of France. In: P.H. Merkl (Hrsg.): Western European Party Systems. New York, Collier-Macmillan 1980: 526-551
F.L. Wilson: The Sources of Party Change. The Social Democratic Parties of Britain, France, Germany and Spain. In. K. Lawson (Hrsg.): How Political Parties Work. Westport/Conn., Greenwood 1994: 263ff.
R.V. Winqvist u.a.: Svenska partiapparater. Stockholm, Aldeus/Bonniers 1972
St.B. Wolinetz (Hrsg.): Parties and Party Systems in Liberal Democracies. London 1980
A.S. Zuckerman: New approaches to political cleavage. A theoretical introduction. Comparative Political Studies, Bd. 15, 1982: 131-144

MIX
Papier aus verantwortungsvollen Quellen
Paper from responsible sources
FSC® C105338

If you have any concerns about our products,
you can contact us on
ProductSafety@springernature.com

In case Publisher is established outside the EU,
the EU authorized representative is:
**Springer Nature Customer Service Center GmbH
Europaplatz 3, 69115 Heidelberg, Germany**

Printed by Libri Plureos GmbH
in Hamburg, Germany